『中国—中亚—西亚』经济走廊国际会展业与旅游产业互嵌融合发展研究

钟 鸣◎著

Research on the Mutual Embeddedness Integration Development of Tourism Industry and International Exhibition Industry in "China-Central Asia-West Asia" Economical Corridor

吉尔吉斯斯坦 塔吉克斯坦 也门 科威特 格鲁吉亚
阿塞拜疆 土库曼斯坦 格鲁吉亚 亚美尼亚 阿塞拜疆 塞浦路斯
卡塔尔 也门 沙特阿拉伯 乌兹别克斯坦 土库曼斯坦
叙利亚 巴林 约旦 伊拉克 伊朗 阿曼 亚美尼亚
伊朗 巴林 巴勒斯坦 以色列 土库曼斯坦 伊朗 土耳其
巴勒斯坦 吉尔吉斯斯坦 塔吉克斯坦 沙特阿拉伯
以色列 黎巴嫩 哈萨克斯坦 阿拉伯联合酋长国 阿富汗

中国经济出版社
CHINA ECONOMIC PUBLISHING HOUSE
北 京

图书在版编目（CIP）数据

“中国—中亚—西亚”经济走廊国际会展业与旅游产业互嵌融合发展研究／钟鸣著．--北京：中国经济出版社，2022.7

ISBN 978-7-5136-7002-9

Ⅰ.①中… Ⅱ.①钟… Ⅲ.①展览会-产业发展-研究-亚洲 ②旅游业发展-研究-亚洲 Ⅳ.①G245 ②F593

中国版本图书馆 CIP 数据核字（2022）第124622号

责任编辑　贺　静
责任印制　马小宾
封面设计　华子设计

出版发行　中国经济出版社
印 刷 者　北京艾普海德印刷有限公司
经 销 者　各地新华书店
开　　本　710mm×1000mm　1/16
印　　张　16.25
字　　数　233千字
版　　次　2022年7月第1版
印　　次　2022年7月第1次
定　　价　69.00元
广告经营许可证　京西工商广字第8179号

中国经济出版社 网址 www.economyph.com 社址 北京市东城区安定门外大街58号 邮编 100011
本版图书如存在印装质量问题，请与本社销售中心联系调换（联系电话：010-57512564）

前 言

在“一带一路”倡议背景下，随着全球经济一体化和信息技术的不断深入发展，“中国—中亚—西亚”经济走廊国际会展业与旅游产业的互嵌融合越发深入。国际会展业与旅游产业均属于以各类资源为依托、以综合服务为传播媒介的第三产业范畴，两大产业的综合性和关联性极为明显。近年来，我国国际会展业发展迅速，会展经济规模逐渐扩大，会展业成为国民经济发展的新亮点和新的增长极，而且，我国与“中国—中亚—西亚”经济走廊沿线国家就此展开了形式多样的交流与合作。相关研究表明，会展活动的举办能够有效带动所在地区旅游业的发展；同时旅游产业的全方位发展也会促使各级政府加强对本地区交通、信息、人员、基础设施等方面的投资和管理，从而为国际会展活动的举办提供相应的保障。国际会展业与旅游产业的互嵌融合发展能够充分发挥两大产业的优势，丰富“中国—中亚—西亚”经济走廊沿线各国产业供给，提高经济效益，共同促进本区域的和平与繁荣！

本书共分六章，第一章对国际会展业进行了总体的分析和研究，重点介绍了会展相关概念与发展现状，中国国际会展业的优势、特点及行业发展趋势，国际会展业与社会经济发展的辩证关系，全媒体及新技术在国际会展全流程中的应用与发展。第二章从国际旅游产业的核心概念入手，对世界主要发达国家和中国旅游产业的发展脉络分别进行了详尽的梳理和研究。第三章分别以产业融合、产业链、价值网络、产业集群等理论为整体切入点，对“中国—中亚—西亚”经济走廊会展业与旅游产业互嵌融合发展的理论基础进行研究和阐释。第四章主要对“中国—中亚—西亚”经济走廊国际会展旅游品牌进行分析，并以此为依据对其进行定位。第五章通过梳理中国国内六大具有代表性的国际会展城市，及哈萨克斯坦、阿联酋、伊朗、土耳其等国家的国际会展业与旅游业发展概况及经验，对“中国—中亚—西亚”经济走廊沿线国家国际会展业与旅游产业互嵌融合经验进行综合分析。第六章针对现有的经验和存在的现实问题，结合实际提出了“中国—中亚—西亚”经济走廊沿线国家国际会展业与旅游产业互嵌融合发展路径。

因笔者能力有限，书中难免存在不足之处，恳请广大专家、读者指正！

目　录

图表目录

第一章　国际会展业总体概述

第一节　会展相关概念与发展现状

一、会展业的核心概念

纵观国际会展业的发展历程，发现它是一个集合体，主要是指人类从事的一切会展活动和会展行为，但深入分析又发现其中包含着会展参展企业、展会组织者和布展展示场馆等诸多因素，而且它们之间相互作用、相互影响，共同促进国际会展业的发展。从众多成熟案例分析中得知：国际会展业对某个地区的经济拉动作用十分显著，尤其是在当今全球化日益深入的背景下，其已经成为衡量经济发展的重要评价指标之一，对于一个地区的发展潜力和国际开放程度至关重要。如今国际会展业已经发展成为独立的经济部门，作为经济衡量者而存在于整个社会之中。

（一）会展

会展是指各种展览、会议、大型活动等集体性的商业或非商业活动等。其研究内涵主要包括在特定或指定的地域空间内，参与这种活动的人会在一定期间内形成定期或不定期、规范或不规范的包括相互传递、交流、探讨信息等在内的群体性社会活动，并不断将其外延扩展，逐渐形成如博览会、展销活动、节庆活动、各类型的规模会议等形式。

国外国际会展业及其相关产业发展较为成熟，且历史悠久。因此，针对会展的具体定义经过多年的发展逐渐形成了欧洲流派、美洲流派及综合流派等。欧洲流派将会展狭义地定义为展览和会议，即“m&e”或者

“c&e”。美洲流派认为会展即MICE，大部分是指Meetings（会议）、Incentive（奖励旅游）、Conferences（大会）和Exhibition（展览）4个英文单词的首字母缩写。

随着经济全球化的深入发展以及受贸易多边磋商机制的影响，国际贸易边际不断扩大，综合流派在欧洲流派和美洲流派的基础上对会展的概念作了整体补充和加强，将原有的MICE引申为MICEE，多出来的字母“E”，即活动（Events）①。

对会展概念的研究在我国整体起步相对较晚。学术界众多学者也多从狭义及广义两个维度对其进行了分析和论述。关于狭义的会展概念，国内学者比较认同国外欧洲流派的观点，也就是单纯的会议和展览。在早期的研究中，这种观点还是较为流行的，但随着会展产业在国内的蓬勃发展，实践促进理论研究的不断深入，对会展的定义不再仅仅局限在会议和展览这两个范围内，而是衍生到综合流派所提及的“活动”这个全新的概念中，此后会展的外延逐渐扩大并丰富，其中包括了各类型会议、国际产品展览展示、定制化的大型活动、奖励旅游、节事活动和其他特殊活动等诸多方面。

（二）会展活动

经过多年的发展，学术界普遍认为会展活动是指会议、展览、大型活动等群体性、规模性活动，也即在某一特定的空间范围内，根据需要设置具体或者规定的主题，参与者被召集在一起进行定期或非定期的信息的传递和交流，并以此形成的社会文化活动。

会展活动的基本形式包括会议、展览会、博览会、交易会、展销会、展示会等，且以博览会为代表的商务交流活动就是具有明显特征的会展活动。狭义的会展活动仅指展览会和会议；而广义的会展活动则囊括了会议、展览会和节日活动等多种形式。在功能类别上，会展活动同时具有经

---

① 这个活动的内涵极为丰富：既有节庆活动，也有各类公司活动，更包括民俗活动等多种形态类型。

济功能、信息传递功能、联系与交易功能、整合营销功能、调节供需功能、技术扩散功能、产业联动功能、信息集散功能等，它们协同配合共同促进经济一体化的深入发展。

（三）会展产业

会展产业是一个关联产业，主要围绕会展活动而展开，并在此基础上形成了会展产业链。即在特定区域内，以会展活动的直接关系者（主办方、承办方、会展场馆、参展商、参观者）为经营主体，以与会展活动有各种联系的不同产业门类（旅游业、餐饮业、酒店业、交通业、建筑业、广告业、通信业等）为共同参与者，以在发展过程中努力使自身利益最大化为主要目标，将关联度高、支持力度大的相关企业纳入会展活动中，从而在互相发展中形成一种长期互相依存的合作战略关系。在该基础上，会展产业的发展以市场专业化服务为依托，并进行合理选择，从而促进会展产业的顺利发展。当然，会展业的发展也会带动它所依托的其他产业形成互动，并使得产业链条上的各个环节都能得到一定程度的提升。

从某种意义上讲，会展与会展产业并不是完全相同的概念。会展是展销、展览和会议等集体性、合集性活动的总称。而会展产业则是指从事会展活动的同类企业的总和，这些企业并非单一独立发展，而是彼此之间互相帮助与影响。随着经济的进一步发展和社会生产力的多元化，社会分工逐步朝着专业精细化方向转变，因此，会展活动发展到一定阶段就会转变成会展产业。

（四）会展经济

在我国，会展产业首次进入民众视野是在20世纪七八十年代。2000年在浙江省台州市召开了全国“会展经济研讨会”，“会展经济”这一概念首次较为明确地被学术界提出来。① 在这样的社会经济环境下提出会展经济，具有巨大的联动效应，并由此产生了各种不同的会展理念，由于学者

① 中经未来产业研究院. 2015年我国会展业发展回顾与2016年展望[EB/OL]. www.wenku.baidu.com/view/3e0594ccbd64783e08122b89.html.

们的研究方向并不完全一致，产生了不同学者对其概念的阐述存在着较大差异的学术现象。本书认为比较有代表性的观点如下：当会展活动与其相关产业以自身的发展轨迹到达一定程度时，会展经济将作为一个综合性较强的经济形态也随之出现。准确地讲，会展经济是伴随着会展活动而展开的。它不仅产生经济利益，而且还会带动其他领域，并最终推动社会全面的发展和进步。[①] 在会展经济整体发展过程中，会展产业又显得尤为重要，是其发展的支撑点，同时又是会展活动的重要依托。在多种类型的展览会和会议中都起到将各种信息和资金等资源相互交融并创造新的商机，并由此起到带动其他产业进一步发展的作用，在各种大型的会展活动中，相关产业也在这样的影响下持续发展。[②] 而像电信业、餐饮服务业以及旅游业等都是其发展的一种具体表现。[③]

二、中国国际会展行业发展现状

（一）近五年总体发展现状

2020 年的新冠肺炎疫情，使展览行业遭受不可抗的外部因素影响，直接导致全国范围内举办线下展览的城市仅有 151 个。全国线下展览总数共为 5408 场，布展总面积约为 7727 万平方米，较 2019 年同期分别减少 50.98% 和 48.05% 。全年净减展览 5625 场次，净减展览总面积约 3119 万平方米（见表 1－1）。

---

① 甘丰恺．会展汇聚珠海高质量发展新动能[N]．珠海特区报，2021－12－31(004)；周路．农业会展经济对品牌农业发展的推动探析[J]．山西农经，2022(3)：172－174；邱湘琪．基于会展经济与城市品牌联动效应研究[J]．老字号品牌营销，2021(13)：19－21.

② 姜习伟．新发展格局下海南会展经济产业生态圈建设探讨[J]．商展经济，2021(17)：1－3；郑钰杰．上海会展业发展因素分析[J]．当代旅游，2021，19(5)：52－54；张敏．产业会展助力构建新发展格局[J]．中国会展，2021(15)：60－63.

③ 余宁玲．会展经济的跨界融合发展模式研究[J]．商展经济，2021(24)：7－9；蒋魏立，陈国庆．经济转型升级背景下会展业创新发展的路径选择研究[J]．商展经济，2021(1)：10－12；陈国庆，方子强．四川省会展业对区域经济发展的影响研究——基于灰色关联分析[J]．商展经济，2020(9)：4－7.

表 1－1　2015—2020 年中国国际会展业展出场数和布展总面积统计

年份	展览场数/场	布展面积/万平方米
2015	8157	10846
2016	9892	13075
2017	10358	14285
2018	10889	14456
2019	11033	14877
2020	5408	7727

资料来源：笔者根据中国会展经济研究会（www. cces2006. org）、中国国际贸易促进会（www. ccpit. org）、中国国际贸易促进委员会研究会（www. ccpit－academy. org/a/1. aspx）相关数据资料整理所得。

随着经济的快速发展和对外交往的不断加深，我国举办各种类型会议的数量也在相应增加，从 2015 年的 19063 万场增长到 2020 年的 53010 万场，5 年间增加了 33947 万场，增长幅度高达 178%（见表 1－2）。

表 1－2　2015—2020 年全国举办各类型会议场次统计

年份	会议场次/万场
2015	19063
2016	21070
2017	31020
2018	35040
2019	43000
2020	53010

资料来源：笔者根据中国会展经济研究会（www. cces2006. org）、中国国际贸易促进会（www. ccpit. org）、中国国际贸易促进委员会研究会（www. ccpit－academy. org/a/1. aspx）相关数据资料整理所得。

（二）近年来中国各主流会展经济带相关发展情况

2020 年，受新冠肺炎疫情的影响，京津冀地区总展览场次及布展规模相应减少，河北省在京津冀地区内处于总量第一的地位（见表 1－3）。

表 1-3　2020 年京津冀地区会展经济带举办展会相关数据统计

项目	北京	天津	河北	总计
展览数量/场	89	41	96	196
布展面积/万平方米	178	50.66	152.98	381.64

资料来源：笔者根据中国会展经济研究会（www. cces2006. org）、中国国际贸易促进会（www. ccpit. org）、中国国际贸易促进委员会研究会（www. ccpit - academy. org/a/1. aspx）相关数据资料整理所得。

表 1-4　2020 年长江三角洲地区会展经济带举办展会相关数据统计

项目	上海	浙江	江苏	总计
展览数量/场	550	438	610	1598
布展面积/万平方米	1107.79	443.17	558.41	2109.37

资料来源：笔者根据中国会展经济研究会（www. cces2006. org）、中国国际贸易促进会（www. ccpit. org）、中国国际贸易促进委员会研究会（www. ccpit - academy. org/a/1. aspx）相关数据资料整理所得。

从表 1-4 可以得知，2020 年长江三角洲地区会展经济带依然保持全国领先的势头，仅江苏省就举办了各类会展 610 场，比京津冀地区三省市的全年总和还多 414 场，在此区域内江、浙、沪三省市会展业发展相对平衡。

2020 年，珠江三角洲地区会展经济发展较好，海南省和广东省为典型代表，虽然海南省举办展会场次总体较少，但布展总面积却居此区域第一名，整体增长较快。广东省的展览总数量虽然较多，但布展总面积却只有海南省的一半左右，而福建省全年举办展会场次虽多于海南省和澳门特别行政区，但布展总面积却在本地区内位列最后一名（见表 1-5）。

表 1-5　2020 年珠江三角洲地区会展经济带举办展会相关数据统计

项目	广东	福建	海南	香港	澳门	总计
展览数量/场	795	239	22	324	245	1625
布展面积/万平方米	1020.03	195.5	21021	513.75	376.23	23126.51

资料来源：笔者根据中国会展经济研究会（www. cces2006. org）、中国国际贸易促进会（www. ccpit. org）、中国国际贸易促进委员会研究会（www. ccpit - academy. org/a/1. aspx）相关数据资料整理所得。

2020 年，东北地区由于所处地理位置不佳及总体经济水平不高，会展经济发展相对缓慢，相比京津冀、长三角及珠三角等地区差距较为明显，在本区域内国际会展发展也极不平衡，辽宁省一枝独秀，在举办场次方面分别是黑龙江省、吉林省的13.6倍和4.4倍（见表1－6）。

表1－6　2020年东北地区会展经济带举办展会相关数据统计

项目	黑龙江	吉林	辽宁	总计
展览数量/场	14	43	191	248
布展面积/万平方米	43.8	191.24	185.49	420.53

资料来源：笔者根据中国会展经济研究会（www.cces2006.org）、中国国际贸易促进会（www.ccpit.org）、中国国际贸易促进委员会研究会（www.ccpit－academy.org/a/1.aspx）相关数据资料整理所得。

2020年，中西部地区会展经济发展也极不平衡，四川省、重庆市、河南省表现良好，而其他地区特别是西部地区各省份发展仍较为缓慢，但同时也应看到其还有较大的提升空间（见表1－7）。

表1－7　2020年中西部地区会展经济带举办展会相关数据统计

项目	四川	重庆	陕西	河南	青海	甘肃	总计
展览数量/场	367	242	37	213	25	30	914
布展面积/万平方米	462.62	447	105	223.85	31.16	33.58	1303.21

资料来源：笔者根据中国会展经济研究会（www.cces2006.org）、中国国际贸易促进会（www.ccpit.org）、中国国际贸易促进委员会研究会（www.ccpit－academy.org/a/1.aspx）相关数据资料整理所得。

2020年，全国民族区域自治地区会展经济总体发展仍较为落后，除广西壮族自治区外其他自治区展览总场次都未超过20场，而西藏自治区全年只举办了2场（表1－8）。我们也能分析得出，广西不仅沿边，而且靠海，南宁是中国—东盟博览会的永久会址所在地，这在一定程度上促进了该地区国际会展经济的持续快速发展。

表1－8　2020年各民族区域自治地区举办展会相关数据统计

项目	内蒙古	新疆	宁夏	西藏	广西	总计
展览数量/场	15	12	16	2	250	295
布展面积/万平方米	48	23	19	2	379.94	471.64

资料来源：笔者根据中国会展经济研究会（www.cces2006.org）、中国国际贸易促进会（www.ccpit.org）、中国国际贸易促进委员会研究会（www.ccpit－academy.org/a/1.aspx）相关数据资料整理所得。

（三）近年来各省、自治区、直辖市会展业发展情况

表 1-9　2019 年和 2020 年全国各省、自治区、直辖市办展数量和布展面积相关数据统计

省份	2019 年		2020 年	
	布展面积/万平方米	办展数量/场	布展面积/万平方米	办展数量/场
广东	1855. 82	1029	1013. 1	795
上海	1906. 31	1043	1107. 79	550
山东	1414. 51	1004	1013. 11	587
江苏	1050. 12	1086	558. 41	610
浙江	820. 02	697	443. 17	438
重庆	913	513	447	242
四川	960. 5	953	462. 62	367
辽宁	692. 66	729	185. 49	191
北京	641. 19	324	178	89
福建	361	343	195. 5	239
河南	446. 64	412	223. 85	213
云南	276. 95	132	221	78
江西	103. 58	101	88. 9	48
湖北	338. 26	274	172	107
吉林	342. 94	180	191. 24	43
河北	338. 98	337	152. 98	107
陕西	286. 15	226	105	37
湖南	308. 13	274	246. 27	202
安徽	260. 43	295	123. 13	139
天津	198. 84	123	50. 66	41
黑龙江	227. 05	45	43. 8	14
广西	93. 49	156	379. 94	250
贵州	158. 46	156	39. 3	32
内蒙古	123. 2	128	48	15
山西	28. 57	164	49. 44	56
海南	90. 97	29	21. 24	22
甘肃	59. 78	78	33. 58	30

续表

省份	2019 年		2020 年	
	布展面积/万平方米	办展数量/场	布展面积/万平方米	办展数量/场
新疆	78.18	39	23	12
宁夏	42	34	19	16
青海	35.89	11031	31.16	25
总计	114453.67	21935	7753.59	5595

资料来源：笔者根据中国会展经济研究会（www.cces2006.org）、中国国际贸易促进会（www.ccpit.org）、中国国际贸易促进委员会研究会（www.ccpit－academy.org/a/1.aspx）相关数据资料整理所得。

从表1－9中相关数据统计总体来看，2019年全国办展总数量及布展总面积分别是21935场、114453.67万平方米。2020年全国办展总数量及布展总面积分别是5595场、7753.59万平方米，同比分别下降了74.5%、93%，相关数据快速下降主要是受新冠肺炎疫情的影响，但从现有的数据中也能看到，有些省市凭借其自身的地理区位、产业及经济优势，国际会展及相关产业发展较快，取得了一定的成绩，而东北、西北及一些民族区域自治地区受多方面因素影响，其国际会展经济发展相对滞后。

表1－10　2020年中国布展面积超500万平方米的城市举办国际展会相关数据统计

项目	上海	广州	总计
展览数量/场	305	134	439
布展面积/万平方米	977.6	636.0	1613.6
线上展会	133	55	188

资料来源：笔者根据中国会展经济研究会（www.cces2006.org）、中国国际贸易促进会（www.ccpit.org）、中国国际贸易促进委员会研究会（www.ccpit－academy.org/a/1.aspx）相关数据资料整理所得。

在国际会展的举办上，上海市整体发展较好，而广州市一直是我国南方第一大对外开放城市，其经济及地理位置优势显著，凭借加工制造业和毗邻港澳的地理优势地位可大力发展国际会展产业（见表1－10）。

表1-11　2020年中国展览数量超100场次的城市举办国际展会相关数据统计

城市	展览数量/场	布展面积/万平方米
成都	211	305.78
沈阳	104	110.92
青岛	177	249.6
长沙	140	216.0
南京	228	244.8
杭州	191	128.8
郑州	113	144.8
苏州	120	123.48
临沂	113	219.28
福州	118	69.81
总计	1515	1813.27

资料来源：笔者根据中国会展经济研究会（www.cces2006.org）、中国国际贸易促进会（www.ccpit.org）、中国国际贸易促进委员会研究会（www.ccpit-academy.org/a/1.aspx）相关数据资料整理所得。

从表1-11中相关数据可以得出，计划单列市和副省级城市近年来在国际会展产业方面发展迅速，已形成了多点互补、从点到面、共同繁荣的局面。

表1-12　2020年中国展览数量在50（含）~100场次的城市举办国际展会相关数据统计

城市	展览数量/场	布展面积/万平方米
合肥	59	97.7
深圳	99	460.5
宁波	56	95.7
济南	87	234.8
北京	89	178
重庆	91	219.4
无锡	60	68.9
义乌	50	0.92
太原	50	41.47
总计	641	1406.66

资料来源：笔者根据中国会展经济研究会（www.cces2006.org）、中国国际贸易促进会（www.ccpit.org）、中国国际贸易促进委员会研究会（www.ccpit-academy.org/a/1.aspx）相关数据资料整理所得。

表 1-13 2020 年中国展览数量在 10（含）~50 场次的城市举办国际展会相关数据统计

城市	展览数量/场	布展面积/万平方米
洛阳	38	29.9
昆明	36	123.7
呼和浩特	16	36.2
乌鲁木齐	12	23.4
中山	32	44.3
南宁	35	62.7
廊坊	13	25.0
昆山	13	20.2
海口	22	21.24
佛山	12	39.8
绵阳	26	32.5
泸州	10	25.2
兰州	30	23.6
温州	22	29.0
锦州	24	29.8
厦门	12	63.2
东莞	35	97.3
武汉	39	89.8
西安	30	91.1
天津	30	81.9
昆明	36	123.7
长春	35	127.7
哈尔滨	27	81.9
贵阳	32	39.3
大连	40	47.4
潍坊	14	37.8
总计	621	1414.2

资料来源：笔者根据中国会展经济研究会（www.cces2006.org）、中国国际贸易促进会（www.ccpit.org）、中国国际贸易促进委员会研究会（www.ccpit-academy.org/a/1.aspx）相关数据资料整理所得。

从表 1-12、表 1-13 中相关数据可以看到：目前我国国际会展业的发展势头良好，不仅仅局限于省会和首府城市，有一定能力的普通地级市也开始举办国际展会。

第二节　中国国际会展业的优势、特点及行业发展趋势

一、优势及特点

（一）中国国际会展业高速发展，各主要城市会展逐步形成特色

随着经济全球化水平的不断提升以及世界各国和地区之间的合作越来越紧密，国际会展业取得了长足的进步，逐渐成为推动所在城市发展的重要引擎和代表城市经济发展程度的亮丽名片，因此会展在城市经济发展过程中具有举足轻重的地位。此外，全球性会展的进步为世界范围内的各参展商提供了可以吸纳更多客户的世界性平台，在这个平台上，参展商和潜在客户群可以更好地进行深度交流以及商业合作，从而形成一条重要的国际贸易营销渠道。

现今中国经济持续健康向上发展，人民生活水平日益提高，各种类型的对外贸易需求量也在不断增加，在这种世界大背景下，中国的国际会展市场规模不断扩大，同时中国经济的逐步转型与发展也为国际会展发展提供了更为广阔的空间。与此同时，中国制造及中国创造的国际知名度也得到了更好提升，提高了中国企业在国外市场的竞争力，并且国内国际展览平台得到了最大限度的充分利用，这些因素助推并带动了中国国际会展业的高速发展。会展企业在这种背景下也得到了长足发展，在数量、技术、产业链、商业模式等方面不断积累优势，从而推动我国对外贸易的规模化、产业化发展，国际会展行业也因此得到进一步发展，在品牌建设、技术创新、产业链等诸多方面，也将保持良好竞争势头。在以上多种因素的共同影响下，国际会展的社会文化环境正日趋完善。

我国国际会展业不断进步与提高，不仅在于中国各主要会展城市与国际经济形成良好的产业融合，吸引了全球优质产业与创新资源，而且在对外贸易大发展的背景下提高了自身在国际会展领域的影响力。另外，现代

服务业的发展已经成为中国经济发展不可或缺的重要组成部分，而会展业发展对整体经济发展具有较强的带动作用，应成为各主要城市的关注点之一。良好的会展业发展可以成为所在城市对外交流的窗口，对合理调整并优化社会资源、提高经济综合发展水平都具有良好的推动作用。因此，中国各主要会展城市逐渐形成了自己的特色。以我国中部地区的郑州市会展业为例，2019 年全市共举办各类型展会 240 场次，布展总面积达 301 万平方米，同比增长 6.6%。[①] 郑州在国际会展产业发展上，积极与各国际知名会展机构进行对接，以吸引更多的国际性会展企业来郑州参与展览活动。此外，郑州还与国内各主要会展城市加强战略合作，从而打造出一系列具有郑州特色的国际性高品质会展项目。除特色会展外，郑州也积极申报并成功举办各行业国际展会，从而带动郑州会展与各产业的融合联动发展。随着国际会展业的不断进步，郑州积极承办了全球跨境电商大会、世界新兴产业大会、世界传感器大会等多项规格高、影响力强且具有明显社会经济效益的国际会展，不仅提高了其在国际会展上的形象，而且也形成了具有郑州特色的国际会展业。

（二）中国国际会展业的规模化、规范化迈向新层次，产业集聚效能不断增强

近年来，随着中国展览市场专业化、规模化和规范化的程度不断提升，一些传统的综合类展览会和展销会的举办数量逐渐减少，取而代之的是专业市场细分程度较高的展会，这标志着我国国际会展不断向世界级层次迈进。在国际会展的举办上，我国各级政府及管理部门、部分展览业规模较大的城市开始进行规范化管理。例如，国务院发布的《关于进一步促进展览业改革发展的若干意见》以及《关于加快建立健全绿色低碳循环发展经济体系的指导意见》等，就为国际会展发展提供了较为明确的规划和政策[②]；成都市规定重大展会前后 4 个月内一般不再举办同类型展会。这

① 笔者根据河南省人民政府（www. henan. gov. cn）所公布的相关数据整理所得。

② 中华人民共和国中国人民政府官网．国务院关于加快建立健全绿色低碳循环发展经济体系的指导意见[EB/OL]. www. gov. cn/zhengce/content/2021 - 02/22/content_5588274. htm.

些条例的出台表明政府不是将展览单纯视为一个经济增长点来支持，而是将其作为具有自身发展规律的产业来管理，以上这些都是中国国际会展业国际化、专业化、规范化程度提升的标志。

当下全球经济稳步发展，各产业都逐步趋向于专业化及规范化，我国的国际会展业紧跟此发展趋势，朝着专业化和规范化的方向发展。只有在此基础上，赋予会展业明确的市场角色定位和精准展览主题，会展业才能具备一定的市场吸引力。在国际会展具体实施操作方面，展览项目的运作与举办也要有整体专业化提升。笔者认为，要推动国际会展业的发展，必须注重从活动组织、管理体制、举办机构和国际规则四个方面进行规划和加强。此外，在国际会展规模化经营层面上，中国国际性展览不仅突破了原有地域性的限制，其发展也逐步向国际化迈进，呈现出向外延伸的规模态势，而规模化同时也带动相关国际会展企业的集团化，可以说二者是相互促进、共同发展的。

（三）中国国际会展业组织管理水平显著提高

近年来，我国国际会展市场规模进一步扩大，办会综合能力进一步提升，具体表现为在国际展览会展业组织管理水平、行业发展相关标准、行业中介组织者等方面取得突破性进展。针对国际会展的举办，我国出台了不同类型的扶持政策，推动会展业快速发展；同时对各产业国际会展明细设置目录，为举办国际会展提供参考依据。在全国性会展行业协会的筹建过程中，行业组织建设以及管理水平也取得了长足进步。例如，2014 年广东省筹建成立的广东会展组展者协会，其根本目的就在于提高本区域内国际会展举办的成功率，推动会展业向国际化发展。而成都、西安等主要会展城市也相继成立了推动本市国际会展产业发展的行业中介组织。

在行业标准建设方面，2013 年至今已出现了由国家商务部、国家标准化技术委员会等部门牵头并联合制定的《商贸类展览会等级分类标准》《会议分类与术语》《会展业节能降耗工作规范》等一大批行业标准。① 浙

① 笔者根据全国信息安全标准化技术委员会公布的相关信息总结所得。

江、广西、山东、上海等省市也相继颁布了一系列国际性会展行业标准，以上这些都标志着我国国际会展业组织管理水平正在迈向一个新的高度。

（四）高科技及周边相关技术进一步在中国国际会展业中运用，科技含量不断提高

随着科学的深入发展，各种新技术得以在国际会展行业中广泛应用，适用国际会展行业发展的技术模块层出不穷。从国际展览活动中的现场数据收集统计分析，到会展举办过程中的信息反馈、效果分析以及会展举办结束后的综合整理、系统评估，从单纯的数据收集到现在的线上线下展会的共同运用，再到会展科技资本的融合，都体现出“高科技及周边技术与会展融合发展”的总体趋势。尤其是近年来，会展业科学技术水平显著提高，高科技技术迅猛发展，移动互联网与会展之间黏合度更强。例如，新型“自媒体”的出现，使会展活动可以通过网络实时推送，微信等即时通信工具让受众的信息来源渠道更加多元化。而国际会展业也可以应用官方微博、官方公众号及时发布与本次国际会展相关的资讯，可以及时与各类别客户取得联系，进行深度互动交流。由此可见，随着高精尖技术的不断运用，中国国际会展业将持续、快速、健康、高效地深入发展。

二、行业今后发展趋势

（一）会展业将与其他产业进一步互嵌融合发展

随着国际会展产业的发展，其相关产业也相互配合，并与不同产业之间形成“需求拉动”的关系。在城市整体发展过程中，会展产业能够带动所在城市内一系列相关产业的进步，涉及服务、交通、旅游、广告、装饰装潢、餐饮、通信和宾馆等门类，这不仅可以在城市发展中培育新兴产业群体，而且在一定程度上可带动这些相关产业协同发展。据有关机构调查研究，国际会展产业带动系数为 1 ~ 10，也就是说，展览活动的开展收入若为 1，那么所带动的社会收入就为 10，可见会展活动的开展能够为其他产业带来良好的经济效益，这也是会展业与各经济产业门类之间关联度相对较高的客观原因之一，在这种高产业关联度作用下，会展业必将会成为带动城市社会经济发展的持续增长点。

（二）绿色低碳及科创会展

所谓绿色会展，主要是指一个具体的会展项目在运作过程中，对其所涉及的资源进行充分合理利用，同时采取积极环境保护措施，最大限度地降低会展项目对环境的负面影响，从而创建环境友好型会展活动，并倡导绿色低碳这一理念。创建绿色低碳生态圈是会展业未来的发展理念和行动方向。早在前几年，国务院就会展业的绿色发展印发了《关于加快建立健全绿色低碳循环发展经济体系的指导意见》①，指出“提高服务业绿色发展水平，要推进会展业绿色发展，指导制定行业相关绿色标准，推动办展设施循环使用”。因此，我国的国际会展业发展要积极探索有效路径，践行生态优先绿色发展理念，与国家的会展总体方针相适应，推动绿色会展技术的应用。

科创会展是指在国际会展业中加入科技创新这一源源不断的动力。在今后的国际会展产业发展过程中，以科技为创新导向，提高运营效率和服务质量，会展营运方式也呈多元化发展。当下以 VR/AR 虚拟现实展览会、全息投影展览会以及移动展会运营平台为代表的会展方式受到品牌会展项目的青睐，并且正不断与传统会展方式相互融合，互相提高。未来的科技创新将会持续推动国际会展业发展，在以高科技信息技术等前沿技术作为支撑的基础上，通过与不同软硬件设施及设备相结合，从而达到会展活动智能化配置、运营，以及产生管理、智能制造、新能源、大数据、5G 等新技术、新产业和一些新的消费领域，也可以反过来作为会展的主题活动以及新增长点，在这样的背景下，科创在会展发展过程中将会越发重要。

（三）参展内容更加国际化、精细化、专业化

在会展内容上，不论是会议还是展览，都必须注重朝品牌化、市场化、专业化、国际化等方向发展。从本质属性上来分析，会展业是现代服

---

① 经济日报—中国经济网．国务院要求推进会展业绿色发展，行业专家这样建议[EB/OL]. www.baijiahao.baidu.com/s? id = 1692552852396738449&wfr = spider&for = pc.

务业的重要组成部分之一，在服务业中有着举足轻重的地位，同时其也具有其他现代服务业的基本特性，其实质就是为企业及消费群体提供服务，要想对其他企业的发展起到有力的黏合和催化的正向作用，就要促进参展内容的国际化、精细化、专业化。

在展示方式和手段上，不能仅拘泥于传统的陈列，也要与时俱进，将内容作为专业化程度提升的标准之一。展览内容的专业化程度越高，精细化导向越明显，则表明整个会展以及相关行业的发展趋势和整体情况也会越来越好，该行业才能吸引更多消费群体或者投资商，有效汇聚产业，实现其高质量发展。

第三节 国际会展业与社会经济发展的辩证关系

一、国际会展经济对区域经济结构的优化升级作用

（一）国际贸易推动效应

国际会展经济对于区域经济的发展有着明显的正向推动效应，尤其体现在推动国际贸易的区域间便利化过程中。国际会展的定期且规模化举办所产生的国际经济产业聚合力，有力地推动了不同国家和地区之间的经济贸易的深度合作，使得不同国家和地区之间的市场形成高度的互补及衔接性，并且带动这些地区之间其他方面的交流合作，从而在会展所在城市的发展过程中起到积极的推动作用。在国际会展的举办过程中，交易会、展览会及洽谈会往往都具有定期性、规模化的特征，且已经成为相关商务合同的签订平台。以第二十一届中国国际高新技术成果交易会为例，据不完全统计，共有境外团组 68 个，全球 3300 多家企业参展，涉及的国家和相关国际组织多达 44 个。其展品主要集中在安防智能系统、无人机及视觉观测、激光产品等一大批高精尖技术领域。① 由此可见，国际会展活动的举行将产生可观的经济效益，它所带来的市场规模效应和发展前景将会更好

---

① 人民日报. 第二十一届高交会参展国家数创新高[EB/OL]. www. baijiahao. baidu. com/s? id = 1650057830023493601&wfr = spider&for = pc.

地推动国际贸易的深度发展。

随着国际会展及相关产业的不断发展，各类专业性及综合性的国际会展逐步成为会展业的主流展览形式，这些模式的会展可以更有力地推动国际区域间技术合作、信息沟通和商贸往来，更好地营造国际贸易发展所需要的良好内外部环境。以中国（海南）国际热带农产品冬季交易会为例，冬交会的成功举办，使海南特色农业盛名远扬。2018 年在海南举办的国际热带农产品冬季交易会共有来自 34 个国家和地区的 138 家企业参会，农产品订单额较上届增加了 106.08 亿元①，达到了会前预期成交金额目标，这也从一定正向层面上反映出国际会展的发展将有力促进国际对外贸易发展。

（二）市场表征效应

国际会展经济具有良好的市场表征效应，将带动市场规模、市场交易各主体、行业市场竞争态势、经销商数量和区域分布状况等多项发展指标共同发展。国际会展经济发展得好，会对举办的展览会规模就会产生直接影响，健康良好的会展经济会带动各产业市场规模不断扩大，并保持一定的增长态势，为国际会展经济打下良好的产业基础。例如，市场垄断较强的行业中的企业通过参加国际会展等提高自己的产品知名度或取得较高销售业绩的空间较小，那么在该行业内推广国际会展就具有一定的阻力和难度；但相反，在市场竞争较自由的行业中的企业就较容易通过国际会展这个渠道扩大自己产品的销售空间。

国际会展经济将会对会展市场的形成产生深远的影响，往往会促进国际会展市场形成较自由的行业市场竞争。市场发展趋势直接影响到展览会的发展前景。了解某一产业的市场发展趋势，就是要在了解该市场现状的基础上，对该产业市场的未来发展趋势做出科学的预测，以此了解举办该产业展览会的发展前景如何。对于策划举办一个国际性展览会而言，需要

① 中华人民共和国中央人民政府官网.2018 年中国（海南）国际热带农产品冬季交易会举行［EB/OL］. www. gov. cn/xinwen/2018 - 12/13/content_5348331. htm.

了解的市场发展趋势包括很多方面，并且这些因素或变量都会受到国际会展经济的影响。

（三）科技引领效应

国际会展经济对于科学技术的提升也有一定的促进作用。随着近年来科技的不断发展和创新，大力发展会展经济成为科技进步的关键因素。国际会展经济在一定程度上能够借助自身平台展示的优势，在国际、城际相互传播科学发展技术、新知识和新观念，并且能够促进新科技成果的应用转化。因此，随着近年来科技和会展之间的不断融合，将成熟的科技成果进行充分展示、推广并且找到下游转化企业也逐步发展成为会展活动的重要功能，加强了各参展主体之间关于技术、信息、资源等多要素的交流合作。例如，2019（首届）海口国际新能源汽车展览会，第一次引进了智能电子门禁系统，实现了入场的便利化及相关信息数据收集的精准化，同时大幅度提高了工作效率。

从科技发展史的角度来看，众多具有划时代特征的发明创造，如电话、蒸汽机、家用电器等无一不是先通过国际会展进行展示推广，进而再被广大消费群体所熟知。因此，在信息技术迅速发展的今天，国际会展具有的集中性、直观性和快速性，对于科学新技术依然有着良好的引导效应，从而起到了更好的科技传播和引领作用。

（四）竞争促进效应

竞争促进效应从表象层面来理解就是由竞争所带来的对于产业发展的促进效应，竞争将会改变产业内部及各产业之间原有的思维定式、发展固有模式，以及低效率或者低收益的商业现状。随着国际会展业的不断发展，会展经济出现了明显的竞争促进效应。国际会展的开放让众多参与企业只有通过竞争才可以进入国际会展平台展示其自身产品，从而部分改变在现有状态下发展的企业或处于低效率的企业。在国际会展经济的正向促进作用下，这些企业得以提高自己的竞争能力以及生产效率。同时会展经济也将会限制或者削减非必要的社会生产及支出成本，并促使行业内相关企业进行重组，使产业发展模式得到最大限度的优化，促进先进技术在产业中的运用，从而提高经济效率，增加企业收益，优化市场竞争模式。同时，国际会展经济有助于主办城市提升国际化水平，某一行业的专业性全球展会往往是其所在产业门类发展的风向标和最新成果展示的舞台，能够全方位地提高所在地的社会和经济综合效益。

二、国际会展经济对区域经济的宏观促进作用

（一）国际会展经济带动区域基础设施上层次和规模

在国际会展经济大背景下逐步形成了低投入、高回报的经济盈利模式。从基础设施来分析，会展场馆、会展物流以及交通基础设施等都具有一次投入、多次使用的经济特征。这些基础设施的高重复利用率将会减少一大部分社会支出成本。同时，举办场次较多的会展设施也会具有一定的品牌效应，从而吸引更多专业参展商。相关数据表明，国际会展及相关产业近年来总的经济效益规模超3000亿美元，同时在促进世界经济增长方面总额超过3万亿美元。[①] 因此，国际会展经济对区域基础设施具有一定的支撑作用。

国际会展业的快速发展对建筑业、餐饮住宿业、交通运输业、零售业等行业提出了新的投入需求。在会展业实际发展过程中，展馆面积会因为展示内容的多元化而有新的标准。之前一些地区的国际会展中心难以达到超出单体10万平方米总规模的要求，大型国际展会的承载能力有限，小型的专业性会展没有合适的场所举行，并且有一部分小型会展周边也缺少完善的交通、酒店、餐饮等配套服务，从而影响了国际会展的顺利举办。而且这种情况并不单纯是一个区域内的问题，而是大多数城市的通病，这就从根本上满足不了国际会展规模不断扩大而带来的各种物质需求。

因此，随着国际会展的不断发展，国际会展经济在社会生活中的作用越来越凸显，而这也就反向推动其基础设施建设的不断加强、综合配套服务不断完善。国家会议中心曾对来自6个国际会议中不同国籍的参与者做

① 疫情之后，这个万亿级行业即将腾飞！[EB/OL]. www. baijiahao. baidu. com/s? id = 1727445580481944835&wfr = spider&for = pc.

过专门调查，并在此基础上得出了科学的数据。研究表明，大多数与会者超过70%的消费支出主要分布在住宿、餐饮及个人购物中，而宾馆住宿又占到其中40%的比例，属于消费的最大支出。① 这些因素助推了国际会展经济在发展过程中带动基础设施和布展规模的高质量发展。

（二）国际会展经济加速区域经济向内及向外双向流动

通过发展国际会展业与城市经济，形成会展经济与区域经济之间的双向流动及良性协同发展。在发展国际会展经济的同时也带动了区域经济的发展，从而进一步带动了城市中各行业经济主体的发展。一定的物质基础会促进国际会展经济的进一步发展，在目前我国经济“新常态”及“双循环”的大背景下，国际会展产业与区域经济之间存在着互相联系、共同发展的关系：推动国际区域会展业的良好发展需要以区域的基础设施和经济发展作为基础，因此国际会展经济也就具有了推动区域经济发展的功能，对于区域经济来说，国际会展经济承担了推动区域经济发展的社会职能，并以经济辐射的模式来发挥这一职能。因此，国际会展经济的发展势头越好，就越能拉动区域经济的发展，同时加深国际会展业与区域经济的深度嵌合，实现双方优势互补、互相促进发展。从目前的发展规律可以得知：综合经济实力较强的城市，国际会展及相关产业发展得越好，越会促进所在城市产业的多样化，提升经济水平及城市知名度，可以说城市经济与会展业双方存在正向的关系。例如，民众熟知的德国汉诺威和法兰克福、美国的拉斯维加斯和纽约、法国巴黎、日本东京、我国的天津和广州以及新加坡等城市，都依托国际会展及相关产业激发了城市活力，形成了国际会展经济集聚效益。

一般来说，经济比较发达城市的国际会展业发展得也很好，反之则反。同样国际会展业的发展也能促进区域经济的发展。国际上很多城市都因会展业的发展而变得更加繁荣，例如美国的拉斯维加斯、奥兰多、纽约、芝加哥，德国的法兰克福、汉诺威，法国的巴黎，中国的香港、上

① 佰鸽．会议业经济拉动系数初探[EB/OL]．www.doc88.com/p-97387125634018.html.

海，新加坡等，都依托国际会展活动放大了经济效益，推动了当地经济的提升。

（三）国际会展经济增加整体就业

国际会展业与众多产业联系紧密，如建筑业、餐饮业以及商贸流通等。在国际会展经济的带动下，所在地经济有了明显的提升，并且各产业之间形成了强大的互利共赢关系，形成了众多就业岗位。一般来说，一场成功的国际会展需要多道程序，涉及较多的中间环节和人力、物力、财力。根据相关调查可知，每增加1000平方米的布展面积，相应就会产生近百个就业机会。以香港特别行政区为例，每年在港举行的国际会展活动在举行过程中共计产生9000多个就业岗位。[①] 据美国会展产业理事会（CIC）发布的《美国会展业影响力研究报告》中的相关数据，国际会展及相关产业每年能为美国本土提供近180万个就业工作岗位。[②] 因此随着国际会展经济的不断蓬勃发展，国际会展的内涵和外延将进一步扩大，将更好地促进所在地就业发展。

三、国际会展经济全方位加强对国家的宣传与营销

随着经济全球化的不断发展，我国与世界各国和地区在诸多方面加强了交往，而国际会展在这一过程中成为中国与世界沟通的桥梁之一。因此，高质量的国际会展举办可以向全球展示中国的综合实力，并为国际会展增添新的发展活力。从某种意义上来讲，如要举办国际会展，对城市的要求主要取决于该区域在本领域的影响力、举办地点的城市形象以及相关基础设施等因素，因此通过国际展会的举办，可以向外传递出举办城市的整体形象和国际会展产业的发展现状，全方位加强对所在国家的宣传和营销，加深参展的展商对举办地的人文理解和印象。随着我国对外交流的不断深入和投资的逐步扩大，国际会展经济将会有一个质的飞跃，并进一步

---

① 笔者根据香港贸易发展局经贸会（www. hktdc. com/sc/）公布的相关数据整理所得。

② 中华人民共和国商务部．美国会展业发展情况调研［EB/OL］. www. mds. mofcom. gov. cn/article/zcfb/201303/20130300070655. shtml.

在世界各地展览商心中树立我国“独立”“自主”“开放”的整体形象。

四、国际会展经济促进“经济走廊”沿线国家经济一体化进程

在全球经济一体化、产业创新加速融合的大背景下，单一孤立的产业模块很难再产生巨大的经济效益。国际会展经济的发展带动了国际各产业展会的兴起，各参展企业不仅可以了解贸易对象国整体营商环境、开拓海外目标市场，而且可以与参会各国客商开展行业交流，助推各国际行业标准建立，为区域经济一体化打下坚实的市场和行业基础。而对于国际展会举办国而言，会展活动可以起到宣传国家形象、扩大招商引资的作用。国际展览也会带动行业发展，推动国际各种文化的广泛交流，并有助于加速建立区域经济中心城市，创造区域经济一体化文化和地理条件。而区域经济一体化也会打破各国间的贸易壁垒，从而实现货物、服务和各生产要素的自由流动，为会展活动的举办提供更为便利的支持条件，以上这些可以扩大展会的规模，提升产品、参展商及观众的整体水平，从而推动国际会展经济发展。

综上所述，国际会展经济的深度发展，必将推动国际区域间政治互信，更好地为国家外交工作服务，创造国际区域经济一体化的政治条件，从而推动“中国—中亚—西亚”经济走廊沿线国家经济一体化的进程。

第四节　全媒体及新技术在国际会展全流程中的应用与发展

一、全新展示形式

（一）场景虚拟化

目前，多媒体技术不断更新和深入发展，在各领域都已经得到深度应用。在国际会展中全媒体及新技术已经成为展会全流程中的主要展示方式。通过场景虚拟化可以让观众有身临其境的全新感受，同时也可提高观众参与国际会展的意愿。场景虚拟化的主要载体是网络平台，与传统平面网页形式相比，其并不只是单纯利用音乐、文字、图片和视频进行简单展示，而是根据人们独特的心理和生理特征，设计出虚拟“游戏”空间，让

网络体验者有独特心理感受。因体验者文化教育背景和生活环境存在一定差异，他们在体验网络虚拟空间时所产生的心理体验各不相同。因此，场景虚拟化凭借其独特的用户感受已经逐步在国际会展中流行起来。

（二）形态个性化

形态个性化全媒体技术的迅速发展，丰富了国际会展展示的全景空间设计，可以让受众体验到不同于传统展会的最新模式，从而更好地感受到参展商所展示的商品，提高会展举办的经济及社会效益。从形态上分析，展览场馆中运用的多媒体技术，主要包括空气投影系统、全息成像系统、环幕、等离子液晶显示及大屏幕等。以2010年上海世博会为例，在各展览馆中运用了大量全媒体技术，通过各种不同的形态进行产品的全景展示。据相关统计，其中全媒体技术所占比例超过60%。[①] 而从形态结构来看，多媒体技术也是各具特色，如台湾馆的4D影像全天域剧场、中国船舶馆中的大型环幕剧场、巴西馆中的360度环幕及韩国馆中的三维电视机等。这一系列不同形态的多媒体技术在实践中的应用，可以让更多的观众对会展现场有重新的认识和期待。

二、全新互动体验模式

（一）多点触摸

多点触摸技术突破了传统单点触控交互单一、人机交互工具繁多的局限性。用户仅凭手部触摸屏或者触摸面板就可以实现多点人机交互，实现多躯体、多手指同时操作，操作简易，仅凭简单手势就可轻松实现媒体内容放大及缩小等功能。例如滚动和旋转，帮助观众随意进行控制，使其更好地了解参展企业和相关商品的详细信息。此外，利用后台资源管理系统与外部输入设备配合，管理员可以随时更新相关商务信息，观众可以在手机移动端上传文本图片等互动信息，也可以在微信等社交平台上进行共享设置。

---

① 根据笔者实地调查数据所得。

（二）电子立体沙盘

“智慧城市”是时代发展和科技进步的新模式，可以带动电子立体沙盘朝智能化、数据化、虚拟化、多样化等高科技方向发展，并将传统会展转向智慧型会展新模式。电子立体沙盘更多地被运用在智慧会展中，通过信息数据化、智能化技术给客户带来更加丰富的线上体验，更直观、更便捷地将会展相关服务内容呈现在顾客面前。相对于传统线下的会展经营模式，电子沙盘智慧会展的线上智能化、数据化和虚拟化可以让观看过程更加便捷舒适，客户可直观地查看展会的建筑和周边环境配套服务设施等场景，电子立体沙盘数据信息会根据会展的实际情况进行实时更新，三维立体可视化构建其具体内容与结构，智慧场景即刻呈现，用户足不出户便可全程观看展会。

电子立体沙盘采用更具观赏性、立体的三维动态数字虚拟模式，旨在不间断地为用户提供更新、更舒适的感官体验。这与当今提倡的绿色科技创新理念相符，更加注重科技对生活的影响，让全媒体呈现日益人性化，让科技虚拟展览更好地服务于人类，实现传统与现代的完美结合。

（三）人体交互感应体验

交互式多媒体技术更多强调的是用户和多媒体之间的互动体验，因此在会展实践应用中具有较大的使用比例。当今会展主要分为展览馆和博物馆两种承办模式，这种传统的展会展示一般以静态作品为主，因此可以通过交互式多媒体技术呈现出全新的动态效果。会展通过动态呈现，构建了互动性、参与性强的展示空间，从而让体验者有不同于以往的生理及心理感受，更好地实现了会展的多种功能。多媒体技术在会展实践中的典型代表是3D和4D会展。3D会展，主要是通过在背景幕布上投射投影，再运用多媒体技术对布展空间进行特效控制从而产生全景氛围的变化。4D会展，则是在运用3D会展特效的基础上，利用电子技术控制通风口、观众座椅等组件，让观众的感受更佳，使会展内容不断发生变化，全方位地向观众展示，为观众带来视觉上的真实感受。

三、全新广告与宣传

随着全媒体的深度发展，融媒体时代已经到来，相关信息及新技术将会推动会展的广告和营销方式等的改变。全媒体的用户交互功能当下已在各类设备的自主及自助服务功能汇总中有所体现。商户对用户、用户对用户的商业模式拉近了企业与企业、企业与消费者之间的距离，提高了展会和各品牌展位相关信息的流通效率，更好地推动国际会展产业向纵深发展。在举办各类型展会之前，应有效利用全媒体进行国际推广宣传，同时利用各种社交平台和APP进行宣传，并通过与平台软件之间的合作，实现点到面的传播。由此可以看出，这种传播方式具有形式新颖、接受者参与度高、在推广中有一定的认可度的特点，因此在国际会展中应用全媒体和新技术，将会助力其更好、更快地发展。

第二章　国际旅游产业整体概述

第一节　旅游产业核心概念

一、国际旅游的概念

国际旅游主要是指一国或地区的民众跨境前往其他国家和地区进行游览、观光等一系列活动的总称，按其行动轨迹可分为入境游和出境游两大类。入境游主要是指其他国家或地区的民众通过合法手续和途径进入本国开展旅游及相关活动；出境游主要是指本国民众通过合法手续和途径进入他国开展旅游及相关活动。

二、国际旅游的行业特点

国际旅游从本质上讲必须是跨越国界的活动，也就是说具有跨国性，这是国际旅游最本质的特征。

（一）国际旅游企业经营管理水平在竞争中日渐提高

随着全球化的进一步发展，各国投资者逐步发现了全球化所带来的各种商业机遇，从而涌现出众多国际旅游企业，企业与企业之间不可避免地存在着竞争关系，企业之间的竞争使得它们必须重视提高自身各方面的能力，以应对来自同行的挑战，尤其是在经营管理方面。因此使得其管理理念与管理手段不断升级，从而逐步形成了先进的现代旅游管理理念与现代化、信息化的管理手段。

（二）旅游消费朝着个性化和多样化方向发展

随着生活水平的不断提高，世界各国及地区的民众不断追求自由化与高质量的旅游休闲活动，因此个人旅游增长的速度要高于团队旅游增长的速度。团队旅游也逐步朝着小型化、私人定制化的方向发展，各式各样的自助旅游——“自由行”逐渐发展起来。尤其是20世纪90年代之后，各种类型的会议旅游、奖励旅游、自驾旅游等在全球快速推广，使得各国旅游者越来越喜欢根据自身的兴趣和爱好来选择旅游目的地、规划旅游的线路和时间，使得旅游消费朝着个性化和多样化方向不断深入发展。

（三）旅游业在世界经济中的地位不断提高

相关数据显示，世界各个国家或地区旅游业年消费额的总和以每年约3000亿美元的速度持续上涨①，许多国家看到了其中的机遇，准备向世界旅游业进军，这使得世界旅游市场的竞争越来越激烈。这些国家和地区不仅开始深度挖掘本国的各类旅游资源，而且也开始对其自身的旅游基础设施进行有计划的改造，以满足国际游客的需求。

（四）受众多因素影响，近期波动较大，发展明显较缓

近年来由于新冠肺炎疫情在世界范围内的传播以及病毒的复杂性，出现了因为旅游而引发新冠病毒传播的情况，这对国际旅游业的持续发展产生了一定的阻碍作用。

除世界范围的医疗公共卫生问题会对国际旅游业的发展产生阻碍作用外，一个国家或地区的国内政治局势、某国新颁发的法律法规，以及近期的反全球化等阻碍因素也会对国际旅游业产生负面消极影响。

三、国际旅游的类型

（一）跨越国界

跨越国界是国际旅游最明显的标志，一般根据游客的行动轨迹可划分为出境游和入境游两种类型。

（二）以国际旅游活动为中心的多行业、多产业协同发展

国际旅游产业的兴盛不仅会带动世界各国和地区旅游业的发展，同时

---

① 资料来源：www. max. book118. com/html/2018/0225/154629275. shtm。

也会带动以国际旅游活动为中心的多行业、多产业协同发展，从而最终带动各国经济的整体发展。旅客进行国际旅游不只是为了欣赏异国他乡的美景，同时也会对其美食、历史以及极具国家特色的文化满怀期待，这就会增加此类行业的消费者需求，从而带动自身的发展。

（三）以提供劳务为主的服务性行业

一次国际旅游的亲身体验会为游客目的地国带来数量庞大的新消费者，由于旅游者的旅行消费包括行、住、食、游、购、娱等项目内容，同时在每个消费项目中又包含众多能够为旅游者提供服务的工作岗位，因此，国际旅游产业是一种包括直接和间接的以提供劳务为主的服务性行业。

四、国际旅游的发展条件

（一）经济基础条件

第二次世界大战以后，国际政治环境在一段时期内相对稳定，各国和地区都开始致力于经济建设。通过各国和地区的努力，全球经济迅速增长，人均收入水平不断提高，各国民众进行旅游活动的支付能力显著增强。相关数据显示，1949 年世界各国和地区 GDP 总和达到了 25000 亿美元，到 1960 年，世界各国和地区 GDP 总和达到了 62000 亿美元，到 1990 年，仅美国一个国家的 GDP 就超过了 70000 亿美元。[①] 对于发达国家而言，其总体经济增长速度较快，即使是处于社会底层的民众，也会将一部分收入用作旅游的资金储备。目前有些发展中国家的经济也在快速发展，民众收入水平迅速提高，人均生活水平也有较大的改善和提升，旅游消费支付能力也大为增强，增加了国际旅游的需求，为国际旅游产业的蓬勃发展创造了巨大的发展空间。

（二）多种资源条件

随着时代的发展与进步，交通运输工具也在不断更新，其运量增大、

① 资料来源：www. max. book118. com/html/2018/0225/154629275. shtm。

速度加快、价格降低、安全性升高等优势都有助于提升运输能力，使旅行的时空距离进一步缩短，且缩短了旅游者旅途时间，使数量庞大的游客跨国出游成为可能。

互联网技术以及计算机的普及，使得旅游预订系统形成了一个庞大的国际网络，能够更加方便快捷地满足世界各国和地区人民对跨国旅游的需求。

信用卡交易通行世界，使得国际旅游的支付方式更加方便和灵活，世界各国及地区民众进行国际旅游的经费结算更加便捷。

通过以上这些条件的完善和措施的进一步实施，国际旅游业呈现出蓬勃发展的良好态势。

（三）地理区域条件

我们所处的世界是一个拥有庞大自然系统的网络。有的国家或地区一年四季如春，有着美丽的植被，群岛环绕；有的国家或地区常年冰封千里，有着晶莹剔透的冰山与特有的资源储备；有的国家群山环绕；有的国家拥有沃野千里的平原地区。每个国家由于地理条件的局限性，不可能同时拥有地球所有的自然风光与地貌特征，为了能够饱览世界各国的美丽景色，各国家或地区的民众就萌生了国际旅游的意愿，这也在一定程度上推动了国际旅游业的快速发展。

（四）文化条件

世界上每个国家或地区都有着自身独特的历史文化。随着经济的发展以及民众生活水平的提高，人们除了追求物质满足，也在追求精神上的满足，想要亲自领略各种文明，这在一定程度上促进了国际旅游业的发展。

（五）政策法规条件

第二次世界大战结束后，由于国际政治形势的变化，陆续出现了联合国、亚太经济合作组织、世界银行等一系列国际组织。这些国际组织的出现，加强了世界各国之间的联系。二战的惨痛经历和教训，使全世界都深刻认识到和平是全球发展的主题。目前世界处在相对和平稳定的状态中，全球化趋势不可阻挡，在这样的时代背景下，各国都意识到了全球化趋势下的机遇，因而纷纷出台一系列有关顺应此发展趋势的政策及法律法规。这些法律法规一方面会促使各国之间开展政治、经济、文化方面的交流，另一方面也为世界旅游业发展提供了必要的前提和保证，使其得以良性、快速发展。

第二节 世界主要发达国家旅游产业历史发展脉络综述

一、旅游产业的萌芽时期

根据相关资料，19 世纪中期之前，是世界主要发达国家旅游产业的萌芽时期。经过多年的发展，“旅游”已含有“旅行”与“游览”两层意思。19 世纪中期之前的旅游只停留在旅行阶段，并没有达到游览这一更深层面。旅游与旅行虽然从字面意思来看差距不大，但从理论意义上讲还是存在着一定的区别。具体而言，旅游主要体现在旅行者个体有动机，是旅行与游览的结合体，但是旅行只是一个空间和时间的流动过程，重在一个“行”字，而没有游览的动机和思想感悟。19 世纪中叶之前，世界各国人民生活水平普遍不高，这时的旅行只是为了生活或者一些其他特殊目的，并没有真正达到游览的目的，所以称不上现代意义上的旅游，因此称这段时期为国际旅游产业的萌芽阶段。

1558 年的英国，开始了新的欧洲旅行活动，这得益于英女王伊丽莎白一世登上皇位后的一些政治主张和措施。她鼓励各级贵族将自己的后代送往欧洲大陆，去学习新的思想文化与相关技术。他们在欧洲学习的过程中逐步发现旅行可以使旅行者开阔眼界且全方位地增长知识，因此旅行在此阶层逐渐风靡起来，在欧洲大陆兴起一波“海外大旅行”的热潮。但受到当时相关技术条件的限制，所谓的大旅行只是去往意大利、法国等欧洲大陆国家，旅行的半径范围还较小。

随着哥伦布发现新大陆以及洲际新航路的开辟，美洲土地迎来了越来越多的旅行者，这是迄今为止有历史资料可考在美洲土地上的第一批旅行活动者。西班牙人是最早前往北美洲土地进行旅行探险活动的，当时的旅行条件极其恶劣，只能步行或者依靠马匹行走，虽然早期欧洲探险者的美洲大陆旅行有着种种其他目的，但是从客观意义上讲这对今后美洲旅游业的快速发展也起到了一定的推动作用。

二、旅游产业的雏形时期

19 世纪中期到第二次世界大战结束的这段历史时期为世界主要发达国家旅游产业的雏形时期，其标志为英国人托马斯·库克包租车辆进行组团旅游，并且成立了世界历史上第一个正规的旅游组织机构。

19 世纪中期，随着英国工业革命的完成和殖民主义的全球扩张，英国的国际地位日益上升，为了向其他国家展示自己的工业成就，英国于 1851 年在伦敦举办了“万国博览会”，这一博览会被会展学界普遍认为是第一届世界博览会。此外，在 19 世纪初，英国还大力发展自身海岛国家的温泉度假旅游，着力打造了世界闻名的温暖旅游胜地——巴斯。

美国旅游产业在 19 世纪中期到 20 世纪初处于雏形阶段。这一阶段也是美国社会从农业化向工业化、从农村社会向城市社会转型的关键时期。由于美国民众对工作和休息时间的合理分配，劳动者有更多可自我支配的休闲时间。受历史因素的影响，美国人喜爱迁徙又有着追求富裕和平等的价值观，这使得他们对旅行满怀期待，向往着去更远的地方寻找更好的工作发展机会和生活。同时随着经济的飞速发展，美国民众的整体生活水平呈现出跨越式的提高，大部分民众拥有更多休闲时间，积累了更多财富，有很大的可能性会将金钱与时间投入旅游活动中。当时最流行的就是海滨度假旅游活动，例如当时非常出名的罗得岛新港，吸引了一批又一批从全美各州前来观光游览的民众，在很大程度上推动了当时美国旅游业的发展。旅游业的快速发展直接推动美国于 1853 年在纽约举办了第二届世界博览会，根据相关资料统计，参加这届世界博览会的国家达到了 23 个，展会内容相比英国的第一届世界博览会有所扩展，包括了英国世界博览会上没有的农业展览。

法国的地理位置优越，尤其是南部地区常年气候温和，日照充足，并拥有着悠长的海岸线及优质的海滩，这些使得法国的海滨度假活动闻名世界，吸引了来自世界各国旅游爱好者的目光。除此之外，埃菲尔铁塔、巴黎圣母院、巴黎凯旋门等历史文化景点也闻名于世。法国于1855年在巴黎成功举办了第三届世界博览会，该届博览会举办于法国大革命胜利100周年之际，参加本届博览会的国家达到了35个，在布展内容上有了更大的拓展，涉及了教育、艺术、农业等九大类内容，让世界再次更加深入地了解和认识了法国及法兰西文化。

三、旅游产业的形成发展时期

第二次世界大战结束至今，世界主要发达国家的旅游产业进入了形成发展时期。二战后，世界经济快速增长、交通运输工具不断更新换代，科学、信息技术、旅游教育等的不断进步为世界各国旅游产业的快速发展奠定了坚实的基础。

1945年以后，作为最早发展旅游业的国家，英国政府一直将旅游业作为国家振兴与发展的重点产业，颁布了一系列的法律法规与政策来推动本国旅游业的持续发展。英国政府认为旅游业不仅能对本国经济形成极大的正向推动作用，而且还能为英国劳动力市场创造大量的就业岗位，普遍提高本国居民的生活水平。因此，在政府的大力支持和鼓励下，英国旅游业得到了飞速发展，英国目前已经成为全球重要的旅游客源区域和入境目的地。

第二次世界大战后，美国占据了资本主义社会的霸主地位，其经济发展也一直居于世界首位。20世纪中期，美国逐步发展成了世界级旅游强国。但这段时间美国旅游业的发展存在一个不同于其他国家的突出特点，即不存在一个实体的国家旅游行政机关，在整个旅游业发展中非政府组织管理的作用十分巨大。

经历过第二次世界大战之后，通过美国全方位的改造和扶持，日本进入了恢复发展的新阶段。其前期虽然经济发展速度较快，但是旅游业的发展仍相对滞后，旅游经济在整个社会经济中的地位和影响力有限，没有得到国家的重视。直到20世纪60年代，日本政府才开始关注旅游业的全面发展，颁布了多部法律和法规以规范旅游及相关产业发展，如《旅行业法》《翻译导游法》《国际旅游振兴会法》和《旅游基本法》等，从侧面促进了本国旅游及相关产业的顺利发展，并在1964年正式实现了出境旅游的个人自由化，至此日本旅游业进入了发展期。相关统计显示，2019年日本国内旅游总人数达到了4.8027亿人次，其中外国入境旅游总人数达到了1.1566亿人次。①

第三节　中国旅游产业历史发展脉络综述

一、新中国成立前的旅游业

中国作为四大文明古国中唯一一个文明没有中断的国家，拥有着五千年的历史，旅游业的发展史也十分悠久。根据学术界的相关研究和划分，新中国成立前的旅游业发展情况可以分为两个阶段，分别为古代旅游发展阶段和近代旅游发展阶段。

我国古代旅游发展阶段结束于清朝末期（即公元1840年）。远古、夏商周和春秋战国时期，并不存在真正意义的旅游观念，外出游历在当时人们的思想意识中不仅仅以游览自然景象为目的，还包含着其他的目的。当时主要有山林生存之旅、辟地探险之旅、诸子百家游学、游说之旅等旅游形式。进行旅游的人群主要是帝王、诸侯、贵族等处在等级制度上层的群体。

秦汉和魏晋南北朝时期，除了帝王诸侯的巡游之旅、壮行之旅、宦游之旅外，士族阶层形成并且逐步活跃于旅游业中，还出现了僧人和道士的玄游、仙游和释游等。在该阶段也逐步出现了大量的如林园建筑和佛教道教的名山圣地之类的人文旅游景观，旅游者开始注重人与自然的情感交流，并留下了大量的诗歌文字。

① 日本国土交通省观光厅．令和元年（2019年）全年的观光及住宿情况统计[EB/OL]．www.blog.sina.com.cn/s/blog_672bd47b0102z3t6.html.

隋唐时期，大体上以封建帝王的封禅之旅、文人士子的边塞漫游之旅、僧侣的布道求法之旅等为主要的旅游形式。该时期由于全国行政的统一、经济的高度繁荣及其对外交往的进一步融合，全国陆路及水路交通通畅，官府创立的驿站以及全国各地民间客栈的普及，都在一定程度上促进了旅游业的快速发展。

宋元时期，大体上以西征之旅、宗教之旅、悟理求知的格致之旅等为主要的旅游形式，且旅游者中知识分子占主导地位。航海技术与造船技术得到了快速发展，旅游形式从之前的以陆上旅游为主逐步发展成为陆上、水上旅游共同兴起，我国旅游地理空间范围不断扩大。

明代和清朝前期，包括郑和下西洋和傅安出使西域在内的海上与陆路上的异域之旅盛行，同时科学考察之旅、帝王巡视之旅也时常出现。

清朝末期（公元 1840 年），西方列强与清政府进行了第一次鸦片战争。至此进入我国近代史，旅游业也从此进入了近代旅游的发展阶段。在清朝末期到新中国成立之前的这段时期，大体上以师夷求强的出境之旅、西学渗透的入境之旅、出使国外的考察之旅等为主要的旅游形式。进行旅游活动的旅游主体以文人士子、政府官员、政治家、传教士为主。这一时期我国的旅游业由境内旅游逐步转向境外旅游，该时期我国已沦为半殖民地半封建社会，内忧外患，常年爆发战争，没有一个适宜旅游者旅游的和平安全环境。

二、1949—1978 年的旅游业

1949 年新中国成立后，国内政治及社会环境逐步趋于稳定。因为政治环境的需要，新生的中国迫切需要同其他国家或地区建立良好的外交关系，但是以美国为首的西方阵营对我国实行全面的封锁政策，这在一定程度上制约了中国旅游业的发展。新中国成立初期，因为国内的生产力水平较低，人民的生活水平普遍不高，导致人们对旅游的需求不高，旅游业的发展缺乏必要的市场条件。受国际环境与我国国情的双重制约，这一时期我国的旅游业整体发展较为缓慢。该时期我国旅游业的发展主要经历了以

下几个阶段。

1949 年 11 月，我国在福建省厦门市成立了华侨旅行社，主要负责海外侨胞回国探亲和进行观光旅游事宜。1952 年，经过我国与一些国家和地区的协商和积极争取，“亚洲及太平洋区域和平会议”最终在我国顺利召开。会议期间，大批与会人员和境外记者来到我国，为更好地完成此次接待任务，当时的政务院批准了中国国际旅行社总社成立的议案，该旅行社于 1954 年 4 月 15 日正式成立。

1955 年之后，来华旅游的国外入境旅游者逐渐增多，起初，入境旅游者以苏联和原东欧各社会主义国家的旅游者为主。后来，随着中苏两国关系的逐渐恶化，上述国家和地区的游客明显减少，但是西方国家来华旅游者人数却逐年增多。相关统计资料显示，进入 1963 年之后，入境旅游者以欧美国家游客为主。随着周恩来总理出访亚非 14 国取得圆满成功，我国与上述地区的国家分别建立了外交关系，之后第三世界国家来我国入境旅游的人数逐渐增加。

进入 20 世纪 60 年代中期之后，受国内政治因素的影响，我国旅游业的发展跌入低谷。

1971 年，周恩来总理主持召开全国旅游工作会议。这次会议的主要目的是力求改变我国旅游业发展的状况，“宣传自己，了解别人”的旅游业总方针在这次会议上被明确提出。这次会议过后，我国旅游业的发展出现转机，一改以往的颓势，进入了新的发展阶段。

回顾这段时期我国旅游业的总体发展可以看出，在新中国成立初期，最重要的任务是巩固社会主义政权，所以在政治上采取向社会主义阵营一边倒的外交政策，并在经济上主要实施计划经济政策。该时期我国的经济基础薄弱、生产力落后，旅游业仅仅是服务于外交工作，即“宣传自己，了解别人”，我国旅游业以有选择的入境旅游为主。由于当时我国旅游产业结构不完整，且总体规模很小，采取直接通过国营企业介入的模式运行，并且对旅游相关企业实施优惠政策，给予其国家专项补贴。

三、1978—1990 年的旅游业

1978 年，我国提出了“对内改革、对外开放”的伟大决策。由于旅游业特有的灵活性和联动性等优势，改革开放选择其作为突破口。1978—1990 年，邓小平同志多次提到旅游业的发展问题，也在多方面提出了发展旅游业的大政方针，确定了旅游业发展的基本思路，在很大程度上推动了我国旅游业的深层次改革与发展。

（一）1978—1980 年：中国现代旅游业的起步阶段

1978—1980 年，我国刚刚推出改革开放政策，当时受全国经济状况的制约，人们对旅游的需求不是很强烈，国内旅游市场未真正形成规模效益，国家也并未将旅游业真正归属于经济性产业的范畴，主要经济收入仍以入境游为主，但总量较小。当时我国对旅游业实行“三不”政策①，尚未将旅游业的性质明确定义为经济性产业。基于此，这段时期我国现代旅游业仍处于起步发展阶段，但已开始逐渐走向正轨。

（二）1981—1985 年：中国入境旅游初级阶段

1981—1985 年，由于改革开放政策的逐步落实与实施，我国对外开放程度不断加深。在这段时期我国优先发展国际旅游，同时在政策、资源等多方面给予其照顾，因此国际旅游得到了快速发展。据相关统计数据，境外来华的旅游总人数由 1978 年的 180.92 万人次迅速上升到 1985 年的 1783.31 万人次。②

（三）1986—1990 年：中国入境游继续发展，国内游逐步开始

1986—1990 年，我国入境旅游继续推进，其他国家来华的旅游总人数由 1986 年的 2281.95 万人次增长到 1988 年的 3169.48 万人次。③

1985 年之后，我国经济快速发展，人民生活水平不断提高，国家开始实施“因地制宜，正确引导，稳步发展”的旅游政策，以推动国内旅游业

① “三不”政策主要是指：不提倡，不鼓励，不反对。

② https://baijiahao.baidu.com/s?id=1643680072900430570&wfr=spider&for=pc.

③ 郑世卿．中国旅游产业组织演化研究（1978—2008）[D]．上海：上海社会科学院，2009：31.

的深入发展。这一政策激发了国人进行国内旅游的热情，国内旅游业开始慢慢兴起。1986 年，国务院第一次将旅游业纳入国民经济和社会整体发展计划，在一定程度上推动了我国旅游业的持续健康发展。

四、1990—2000 年的旅游业

邓小平同志南方谈话以后，我国的改革开放迎来了一个新的历史时期，在国内改革开放水平进一步提升的条件下，国内经济有了质的飞跃，居民可支配收入持续增加。1991 年国家依据旅游业的属性，将其定义为“产业”，并于 1992 年将其正式划分为第三产业，明确提出了重点发展旅游业的总体方针和政策。该战略的正式确立，极大地激发了国内民众对旅游的热情，我国国内旅游业开始不断向前迈进。在这段时期，除了国内游增长势头强劲之外，我国旅游业还出现了其他方面的显著变化，主要表现为入境旅游呈规模化发展以及出境旅游呈井喷式增长。

（一）入境旅游呈规模化发展

在这段时期，我国调整并制定了适应时代发展的旅游政策，使得旅游业进入快速发展的正轨。在经过 1990 年的调整之后，入境旅游在 1991 年达到并超过 1988 年的发展水平，其他国家或地区来华旅游总人数首次突破 3000 万大关，达到了 3334. 98 万人次，外汇总收入达到 28. 45 亿美元。经过多年的高速发展，2000 年我国入境游客总人数达到 8344. 39 万人次，外汇收入 162. 24 亿美元①，我国旅游市场成为世界上成长最快的旅游目的地市场之一。随着我国将旅游业确定为第三产业，并将其作为第三产业中发展的重心，入境旅游业开始呈现出规模化发展的势头，在第三产业中占据十分重要的战略位置。

（二）出境旅游呈井喷式增长

随着国家对外开放程度的不断加深以及全球化浪潮的推进，我国社会经济得到全面发展，人民物质文化生活得到极大丰富，民众已不再满足于

---

① 郑世卿．中国旅游产业组织演化研究（1978—2008）［D］．上海：上海社会科学院，2009：31 - 34.

国内游，一部分人将关注点放在了出境旅游上。基于上述市场新特点，我国国家旅游局和公安部于 1997 年联合制定了《中国公民自费出国旅游管理暂行办法》，并于当年 7 月 1 日起正式实施。该办法不仅标志着旅行社等旅游机构开展出境旅游业务得到了我国政府的允许，还标志着我国出境旅游市场在该办法实施之日起正式形成。据相关数据统计，自该办法正式实施起，我国出境游人数总体规模逐年扩大，由 1992 年的 293 万人次增长到 1999 年的 923 万人次①，出境旅游呈井喷式增长态势。

五、2000 年至今中国旅游业的基本情况

进入 21 世纪以来，我国经济快速发展，国际地位不断上升，旅游业在此基础上得到快速发展，开启了全新篇章，出现国内旅游、出境旅游、入境旅游等三方面都进一步蓬勃发展的新局面。

我国相关部门通过科学的市场调查和分析，于 2000 年制定了“黄金周”旅游发展政策，极大地满足了国内民众的旅游需求，国内旅游也因此得到了快速发展。据相关数据统计，当年我国国内居民进行国内旅游的总人数接近 8 亿人次，国内游总收入达到 3000 多亿元。②

2001 年 12 月 1 日，我国正式加入世界贸易组织（WTO），对外开放程度进一步提高，为中国旅游业在全球的推广提供了新的平台和发展机会，旅游业达到了一个新的发展高度。

2003 年非典暴发，突发的公共卫生事件对我国的旅游业造成了巨大的冲击，国内旅行社整体亏损，利润严重下滑。不过，这也使国内旅游业存在的深层次问题暴露出来：国内旅游市场需求不断扩大，企业进入门槛不断降低，导致旅游从业企业数量的增幅大于旅游市场需求。我国现有的旅游企业以中小型为主，综合竞争能力普遍不高，且经营存在诸多实际问题和困难。通过这次事件，企业以及相关部门发现了自身存在的问题，从而

---

① 郑世卿．中国旅游产业组织演化研究(1978—2008)[D]．上海:上海社会科学院,2009:36.

② 高梦浠．改革开放 40 年来我国旅游业的发展历程、成就与展望[J]．价格月刊,2018(11):73 - 77.

进行了有针对性的改革与创新，这也为我国旅游业之后的整体高质量发展奠定了基础。

2010 年我国成为全球第二大经济体，超越了日本，仅次于美国。这得益于经济的快速增长，对外贸易也发展迅速，使得中国制造及终端产品遍及全世界。随着我国综合国力的提升，以及在政府层面与其他国家或地区合作举办跨国旅游年活动的增多，我国旅游业的国际影响力逐年提升。

相关数据显示，我国国民进行出境旅游 2012 年的消费总额超过 1000 亿美元①，成为全球第一大国际旅游消费国，超越了当年的美国和德国。我国居民在国内进行旅游的总人数在 2015 年超过了 40 亿人次，并且在旅游及相关产业创造消费总金额约 3.5 万亿元人民币②，成为当年全球最大的国内旅游市场。

2018 年全年，境外来华旅游的总人数超过了 1.5 亿人次，我国境外旅游的总收入接近 1300 万亿美元③，成为全世界最大的入境旅游接待目的地国之一。与此同时，各省、自治区、直辖市国民经济中支柱产业或先导产业都是旅游业，因此，旅游业对我国经济发展有重要促进意义，如表 2－1 所示。

表 2－1 旅游业在中国各省、自治区、直辖市国民经济中的地位

所在地区	产业地位	所在地区	产业地位
北京	第三产业中的支柱产业	湖北	支柱产业
天津	第三产业中的重点产业	湖南	支柱产业
河北	第三产业中的重点产业	广东	支柱产业
山西	支柱产业	广西	支柱产业
内蒙古	第三产业中的先导产业	海南	支柱产业
辽宁	先导产业	重庆	支柱产业
吉林	第三产业中的重点产业	四川	支柱产业
黑龙江	支柱产业	贵州	支柱产业

①②③揭筱纹，尹奇凤．新中国成立七十年来旅游业发展历程和演变特征［J］．广西财经学院学报，2019，32（6）：1－8.

续表

所在地区	产业地位	所在地区	产业地位
上海	新的经济增长点	云南	支柱产业
江苏	支柱产业	西藏	支柱产业
浙江	支柱产业	陕西	支柱产业
安徽	支柱产业	甘肃	支柱产业
福建	支柱产业	青海	支柱产业
江西	第三产业中的支柱产业	宁夏	第三产业中的重点产业
山东	支柱产业	新疆	支柱产业
河南	支柱产业		

资料来源：根据笔者多年实地跟踪调研分析所得。

2020 年年初，全球范围内暴发了新冠肺炎疫情，这对我国旅游业的发展产生了极大的负面影响。疫情暴发初期，为了保护人民的生命健康安全，国家文化和旅游部及时下发了紧急通知，要求在全国范围内暂停旅游企业的经营从业行为，这就使旅游业被迫按下“暂停键”。由于党中央的坚强领导、防控措施的科学化及精准化，2020 年国内疫情得到有效控制，国内游已逐步恢复，但境外游尚在恢复中。新冠肺炎疫情暴发至今，由于疫情的反复性、复杂性和极强的传染性，我国旅游业整体受其影响较大，针对这种客观存在的情况，如何继续在新冠肺炎疫情常态化管理下有序发展我国的旅游业，是十分值得旅游企业以及相关管理部门认真思考的现实问题。

第四节　中国国际旅游产业的发展现状及分析

一、行业发展现状

（一）入境总人数持续增多

我国地理类型多样，幅员辽阔，物产丰富，全境纬度跨度较大，形成了许多独特的自然奇观，例如天下闻名的贵州喀斯特地貌、甲天下的桂林山水、冰川文化、高原文化、黄河文化及长江文化等，不胜枚举。旅游资源的丰富以及我国综合国力的逐年提升，在一定程度上吸引了众多的国外旅游者，入境旅游市场规模不断扩大，入境旅游人数持续增多。相关数据显示，2019年我国入境旅游者总人数达到了1.45亿人次的规模①，比2018年增长了2.9%。②

（二）国内游总人数增加

随着我国整体经济水平的不断提高，大众物质文化生活水平相应提升，大部分人开始寻求精神层面的满足。经济高速发展，民众的生活节奏加快，人们生活压力普遍较大，大部分人在节假日选择进行旅游活动，试图在旅行中缓解自身的压力，从而达到精神上的满足，以便能够更好地适应繁重的日常工作和生活。经过多年的发展，旅游及其相关产业已成为我国第三产业中的重点产业，国家也以多种形式鼓励人们进行国内游，以此来带动国内消费，拉动内需，因此国内游总人数不断增加。相关数据显示，2019年国内游旅总人数达到了60.06亿人次，比2018年同比增长了8.4%。③

（三）星级饭店数量、规模及服务水平

饭店挂星，主要用来评价饭店及宾馆的规模、配套设施、市场知名度及服务水平，一般最高为五星，最低为一星，挂星数量与饭店的等级呈正比例关系。④

自2015年以来，我国星级饭店的数量逐渐减少。相关数据显示，2019年，我国星级饭店的总体数量为8920家。2020年则是7222家，与2018年相比，减少了1698家，下降了19.04%。其中五星级饭店由2019年的822家下降到了2020年的742家；四星级饭店由2019年的2443家下降到了2020年的2118家；三星级饭店由2019年的4350家下降到了2020年的3462家；二星级饭店由2019年的1268家下降到了2020年的879家；一星级饭店由2019年的37家下降到了2020年的21家。如图2－1所示。

---

① 2020年，受新冠肺炎疫情暴发的影响，旅游业整体受到了较大的影响和冲击。

②③ 新华社．2019年我国国内游人数突破60亿人次[EB/OL]．www.baijiahao.baidu.com/s?id=1660778135552966068&wfr=spider&for=pc.

④ 目前有些国家的宾馆饭店并没有按照“星级”来评定，如在朝鲜民族主义人民共和国，主要分为特级、一级、二级等不同类型。

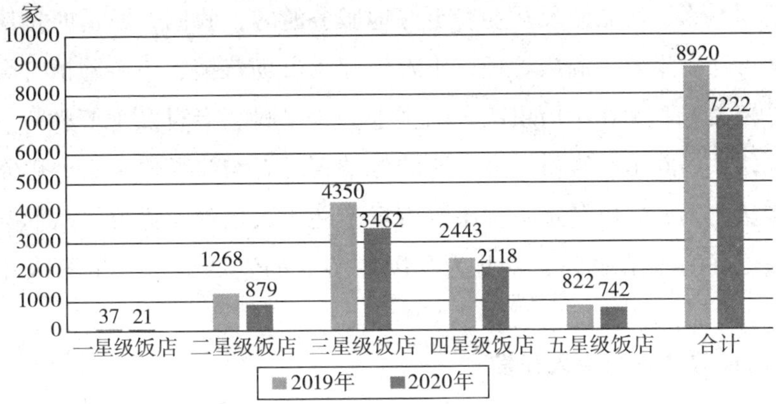

图 2－1 2019 年和 2020 年全国各星级饭店数量

资料来源：笔者根据中华人民共和国文化和旅游部前瞻产业研究院发布的相关数据整理所得。

通过上述分析可以看出，2019—2020 年我国在星级饭店数量方面，各星级饭店的数量减少较为明显；在持星数方面（饭店规模、服务水平），一星级饭店所占比例最少，五星级饭店所占比例次之，三星级饭店所占比例最多。由此看出，总体上我国星级饭店的规模、服务水平及地理分布等正进一步向合理范围发展，开始由“量”到“质”转变。

（四）旅行社国际化规模不断扩大

自党的十一届三中全会以来，我国对外开放力度不断扩大，层次规模不断提升，国际知名旅游企业通过跨国设立分支机构、合资经营、合作经营等多种方式逐步进入我国旅游业市场。我国国内各从业旅游企业也开始朝着国际化方向发展，大都制定了向国际化发展的长期计划。随着 2001 年我国正式加入 WTO，我国对外开放进一步扩大，旅游企业以及旅行社的发展战略更加倾向于国际化，且国际化经营规模不断扩大。

（五）旅游相关专业培训水平及规模更具层次

随着旅游及相关产业逐步成为我国第三产业的重点发展产业，以“旅游”为主体的相关各类专业培训慢慢兴起。到目前为止，旅游相关专业培训已具有一定规模。我国旅游市场规模的快速扩大与旅游从业者的专业化程度较低的矛盾不断显露，使得各级政府及相关部门开始重视旅游相关专业的培训。为了使旅游及从业者更好地服务游客，我国开始适时按照市场实际需求开设旅游、酒店管理、旅游管理、市场营销、旅游外语、会展与旅游等相关专业。在学历层次方面主要分为本科、专科及中等教育，通过多层次体系培养出高素质、懂专业的旅游管理者与旅游服务者，以及相关高技能从业人员，以满足我国旅游市场不断扩大的现实需要，从而为旅游者提供更好的旅游服务，以此为我国旅游业的发展提供一定的人才智力支持。

（六）旅游资源深入开发

1. 旅游精品品牌不断增加

相关研究表明，一个成熟的旅游品牌，能够提高一国旅游及相关产业的整体竞争力，同时还会延长旅游项目的生命周期，进而推动本国旅游业的深入发展。随着该重点工作任务的提出，我国各旅游企业以及相关部门开始着手加强自身品牌的建设。在我国旅游企业自身努力与政府相关部门强有力的政策支持下，我国旅游精品品牌数量不断增加，例如中国国旅、凯撒旅游、德莱克旅游俱乐部等都是国际市场中有较大知名度的旅游品牌。

2. 旅游文创产品

旅游文创产品对于一个国家的旅游业非常重要，它既可以使旅游者的旅游体验更加多元化，又可以提高旅游目的地的经济收入，进而为当地旅游业的发展提供原动力。我国近年来已经充分意识到了旅游文创产业的重要性，开始着力推动旅游文创产业的发展，并且出台了许多相关政策以提高各旅游从业企业研发人员的薪酬待遇，如已在全社会颁布实施的《关于实施旅游休闲重大工程的通知》等。经过近几年的深入发展，我国旅游文创产品已经呈现出立意好、种类丰富的市场局面，但同时也存在着发展不均衡，同质化、低端化、地摊化严重等现实问题，如何改变此种状况需要我们不断思考。

二、我国国际旅游业发展过程中存在的问题

虽然我国国际旅游业正处在不断深入发展的阶段，但在国际旅游与相

关产业融合发展的大背景下，我国国际旅游业依然需要不断改革与进步，这样才能保持自身在竞争激烈的国际市场大环境下的产业优势，达到绿色、低碳、可持续发展的远景目标。

（一）部分旅游文化资源尚未得到科学有效开发，同质化现象仍然存在

首先，我国部分地区在发展自身的文化旅游产业进程中，前期准备和论证工作并不是很完善，往往没有对各类旅游文化资源进行详细的调查分析和筛选，就仓促地进行项目启动与开发，旅游文化产品原创力发展后劲不足，文化产业在内容层面的缺失会导致我国旅游文化产业很难转型成为高端产业。

其次，我国旅游文创产品仍存在着地区发展不均衡，同质化、低端化、地摊化严重等问题。我国虽然旅游资源丰富，但是大多数景区所出售的旅游产品趋同性强，并没有体现出当地的文化特色和创意。旅游文创产品的同质化现象不但容易使游客产生审美疲劳，而且还不利于体现不同景区之间的独特之处，这将在很大程度上降低境内外旅游者的旅游消费体验。

最后，目前我国的旅游文化产品市场推广覆盖面还不足，但也应看到旅游文化产品拥有着自己独特的细分市场潜力，是我国旅游文化产业市场发展的关键。

（二）部分旅游区域基础设施及交通网络有待进一步完善

现代旅游及相关产业的快速发展得益于多个相关产业的协同联动，比如航空、公路、铁路、海运等多个交通运输门类，餐饮、住宿、商业消费等多个服务产业以及现代通信产业的快速发展。同时，这些行业的发展也在不同程度上制约着旅游业的整体发展，因此旅游区域的基础设施及交通等对于旅游业十分重要。近年来，得益于我国经济的整体快速发展，以上这些行业步入了快速发展的轨道，但由于我国经济发展的不平衡性，仍有一部分地区相关行业发展较为缓慢，特别是一些地理位置较为偏远的贫困地区，基础设施及交通网络有待进一步完善，这些都对当地旅游业的发展

产生了直接负面的影响。

（三）旅游专业人才相对缺乏，高技能且掌握“经济走廊”沿线国家语言的国际导游人才匮乏

人才对于任何行业来说都是支撑其发展的重要力量，对于我国旅游业来说，亦是如此。我国旅游业飞速发展，除得益于各级政府、各项政策支持以及旅游企业自身努力等之外，人才也是至关重要的一个因素。旅游专业人才以专业的素质为游客服务，能够给予游客完美的旅行体验，可以稳定并增加该地区旅游业的客户群。

目前，我国旅游专业人才的总体供给不足，无法满足市场对旅游专业人才的需求。每年旅游及相关专业的毕业生就业时会有一大批流失到其他产业中，使得本来就供小于需的旅游人才市场陷于更加尴尬的境地。

除此之外，我国精通“中国—中亚—西亚”经济走廊沿线国家语言的双语人才也比较匮乏，大部分语言专业人才学习的都是英语、法语、日语等发达国家的语言，而对“经济走廊”沿线国家语言感兴趣的很少，且有关院校也未开设相关语种专业，使得此方面的人才较少。

（四）相关法律法规不健全，应积极与“经济走廊”沿线诸国签订双方旅游备忘录

就目前实际情况而言，我国针对旅游行业制定的法律、法规及行业管理办法仍不健全。笔者根据实地调查将其分为两种情况：一种情况是法律法规中涉及旅游行业管理，如《中华人民共和国民法典》第一千一百七十六条的“自甘风险”规则；第八百一十五条关于“霸座”的相关规定等。另一种情况是针对旅游行业行为主体的法律法规，如《旅行社管理暂行条例》第四条旅游行政管理部门对旅行社的管理，实行统一领导、分级管理、分散经营的方针，第八条开办经营第三类旅行社必须具备的条件，等等。虽然这些法律、法规都涉及了旅游管理的多个层次，但是其法律约束效力不高、强制性不足。许多法律法规的出台都只是为了解决临时出现的问题，以避免扰乱今后的旅游市场秩序，而且颁布的很多法律法规在实行较短的时间后就遭到废止，这就造成法律法规的连续性、规范性、严肃性等都较低的情况。

同时，“中国—中亚—西亚”经济走廊沿线诸国逐渐成为我国入境旅游主要的客源输出国与出境旅游的主要客源输入国，但是目前我国与“经济走廊”沿线诸国关于旅游的双边及多边相关协议备忘录相对较少，在此方面还不健全。

（五）中国旅游业与“经济走廊”沿线国家的合作层次与规模尚待提高

随着“中国—中亚—西亚”经济走廊的提出，“经济走廊”沿线各国来华旅游人数不断增加，相应地，我国居民前往“经济走廊”沿线国家旅游的人数也在不断增加，因此我国旅游业从业者非常注重与“经济走廊”沿线国家进行广泛合作，以期实现共赢。但是我们也应看到，目前双方合作的层次和规模还有待进一步提高，主要表现为针对相关国家多元化的旅游线路、针对不同客户群的私人定制游产品、出行交通工具新选择等还较为欠缺，同时双方在文化旅游资源等方面宣传力度不够，我国在相关政策的倾斜力度上还有待进一步加大。对于部分国内受众来讲，“中国—中亚—西亚”经济走廊沿线国家仍然是一个较为陌生的概念，到“经济走廊”沿线国家的出游意愿不像到欧美和新马泰等传统旅游目的地国家和地区那样强烈。

三、我国与“经济走廊”沿线国家在国际旅游业合作发展方面的对策

针对我国目前与“中国—中亚—西亚”经济走廊沿线国家旅游产业之间的紧密联系，需要从政策、宣传等方面加强与有关国家的深度合作，在金融融资方面，建立沿线国家“国际旅游合作项目专项基金”，在边境管控方面，我国要在有效的新冠肺炎疫情常态化防控条件下，逐步扩大“经济走廊”沿线国家旅游者的入境人数总量。

（一）在政策方面：加强国家合作

中国与“中国—中亚—西亚”经济走廊沿线国家在旅游相对距离和地理区位等方面都具有较大的合作潜力。我国各级政府应当与相关国家之间通过交往和沟通，建立和完善走廊建设背景下的全方位旅游合作机制，并

制定相关的政策和措施。

加强与“经济走廊”沿线各国家之间的深度合作，着力培养符合本地区国际旅游市场需求的旅游及相关专业从业人员，重点培养大批既了解相关国家文化旅游资源，又懂得多种语言的复合型高技能人才。

（二）在金融融资体系方面：建立沿线国家“国际旅游合作项目专项基金”

在全球化深入发展的今天，世界各国和地区迎来了诸多发展机遇，但同时也面临着许多挑战，主要表现在经济方面。为了保证我国同“经济走廊”沿线国家的国际旅游业合作顺利进行，相关国家之间可以通过协商，共同出资建立沿线国家“国际旅游合作项目专项基金”。在国际旅游产业的发展过程中，“中国—中亚—西亚”经济走廊是一个统一的有机整体，运用该合作基金可以以最快的速度和最佳的方案助力各国旅游及相关配套产业的发展，并保证沿线各国国际旅游业合作的平稳进行，以此推动本地区国际旅游业的全方位发展。

（三）在边境管控方面：在有效的疫情防控条件下，增加沿线国家旅游者的入境量

近几年来，新冠肺炎疫情肆虐全球多个国家和地区，因为其所具有的反复性，以及较强的传染性，在未来一段时期内仍需全人类共同面对其挑战。在疫情蔓延全球的严峻形势下，世界各国都出台了相应的政策以保护本国公民的生命财产安全，甚至有部分国家直接封闭国门，这在很大程度上对国际旅游业造成了严重的冲击。以上现实问题需要“经济走廊”沿线国家在边境管控方面做出协调努力，保证不能发生疫情跨国蔓延的公共卫生突发事件，做好出入境游客的核酸检测以及中高级疫情风险地区出入境人员的隔离工作。以便在有效的疫情防控条件下，逐步增加沿线国家旅游者的相互入境量，以推动各国国际旅游业在新形势下的高质量发展。

第三章 “中国—中亚—西亚”经济走廊国际会展业与旅游产业互嵌融合发展研究的理论基础

第一节 产业融合理论

一、产业融合的核心内涵

（一）产业融合的概念

产业融合主要是指在包容的产业体系中为适应社会整体需求的不断变化，处于不同时空中、不同领域中及不同层次上的各类型产业等，随着诸多方面创新的出现和传播，通过横向链接和纵向渗透，最终形成了一个具有稳定结构的新型产业模式，进而实现产业升级的一个全过程。这也是社会经济发展的必然结果。这种产业模式可以是一条具体的产业链或者一个庞大产业网络集群。产业融合的延伸主要包含技术集成、产品融合、企业重组、制度吸收、市场交叉等。

技术集成属于产业融合的一个组成部分。产业融合虽然是由多个不同产业协同完成的，但是也应看到这个“不同产业”是具有限制条件的。首先，具有相同技术基础是不同产业之间实现融合的必要条件；其次，产业融合的第一步就是促进技术的创新结合。追根溯源，技术融合思想产生于20世纪罗森博格对美国机械设备制造业演化的研究，而企业融合则泛指不同类型的企业通过并购或战略联盟等手段通过生产经营活动逐步向对方产业内渗透，使得不同类型的企业的生产经营业务内容逐步向同一方向融合，其实质是企业生产业务的多元化、趋同化。

企业通过一系列的设计活动使其产品功能发生改变，最终呈现出一定趋同性这一过程在学术界被称为产品融合。随之产生的融合性产品，对产业融合有着重要的影响。市场融合则是随着技术融合与产品融合的发生，不同产业或不同类型企业服务顾客发生融合的经济过程。多类型产业中的各项制度①向一个方向的汇合过程称为制度融合，在不同产业的互动过程中，制度融合发挥着协调与催化剂的作用。

（二）产业融合的经济分析工具

目前国内研究产业融合的方法主要有案例研究法、溯因推理法、历史分析法以及实证研究法等。对于实证研究，各国学者通过专利分析法、赫芬达尔系数、熵指数、集中度和剩余法等对产业融合的程度进行测度和分析。将专利作为产业间融合的第一显示指标的方法称为专利分析法，其研究内容主要包括分析不同产业中研究专利的参考文献，量测科学领域或不同产业间的理论距离，以此来研究不同产业融合的深度与广度。赫芬达尔系数、熵指数、集中度都是反映不同产业集中度的综合指标，学者通过上述这些综合指标对不同产业门类中的企业所获得的专利进行研究，从而了解不同产业之间相关技术融合的程度。

二、产业融合发展的动因

通过长期的跟踪研究发现，推动产业融合的积极因素主要有三种：技术创新与改进、企业基于自身发展及利益的考虑、各级政府的管制措施。

由技术创新所带来的替代性或关联性的技术、工艺或产品，在逐步融入其他生产产业中时，对原有产业的影响主要体现在以下几个方面：首先，改变了产业生产的原定技术路线。其次，推动了技术融合的发展，即通过丰富原有产业经营的范围以及模式，使产业之间的技术实现共享，从而使相关技术得以深度融合，逐步升级改造成适应社会生产的新的综合性

① 各项制度主要包括宏观和微观两个层次。

技术。新兴融合技术在不断地传播和实施的过程中，逐渐形成有效的正向反馈，促进新的技术融合，使得生产形成螺旋上升的发展态势。最后，不同技术的融合增强了原有技术的通用性，使其适用于更多产业门类，从而削弱并减少了不同产业之间的技术壁垒，使各产业体系更为开放，使实现产业融合的条件限制变得更低，整体呈现出加速发展的趋势。

综上所述，新技术的发展与传统技术的相互渗透，大大提升了不同产业之间结合速度，实现了对产业体系的技术更新，推动了产业的结构转型。

企业的根本目的是获得更多价值，产业融合能帮助企业获取更多利益，因此，可以说产业融合是企业追求更多利益的必然结果和选择。衡量一个企业的价值往往以获得的效益多少为指标，因为只有充足的盈利，才能保证企业具有足够的集聚能力，吸引投资人的目光，获得更多投资来扩充其生产和业务范围。当生产中存在范围经济的可能性时，企业就会选择横向扩展产品种类，以此获取范围经济所带来的竞争优势。换言之，当企业存在闲置资源时，从财务收益率角度来分析，单纯出售闲置资源企业并不会获利，此时企业将会有两种选择：一是将闲置资源用于扩大再生产。这种选择虽然较为理想，也是很多生产者的阶段性生产目标，但是由于受到诸多现实条件的限制，比如市场的限制、自身资本的限制等，生产者只能等到各方面条件成熟后才能实施。二是选择横向扩展产品种类，进行多元化经营，将范围经济效应最大化。因此，通过技术发展与革新，以及不同技术之间相互渗透结合，可以改变产品的成本结构，降低支出，使得不同产业之间的各企业能够成功从事多产品生产，实现高效的范围经济。由于生产和相关业务范围的扩大，企业所面临的市场将会出现变化，不同的产品市场出现融合，从而实现产业融合。

由此可以看到，产业融合并不仅仅是由少数几家企业来实现的，只有当一些先驱企业通过多元化生产而充分获益时，才能够吸引更多的企业争相效仿。当绝大多数企业的多元化生产方向一致时，才能实现真正的产业融合。

在产业融合过程中，政府管制也起到了重大作用。政府的限制干预使不同产业间形成无形的界限，技术不能有效融合，企业不能自由进出不同行业领域。因此，减少政府管制能够刺激和推动技术、生产模式的创新以及经营范围的扩大，使各产业之间充分地相互渗透，加快产业融合的脚步。

三、国际会展业与旅游产业的互嵌融合

（一）国际会展业与旅游产业互嵌融合的模型

1. 竞争性与和谐性

会展业、旅游业同属于第三产业门类。专门来到异地开始一次旅游，或者参加一场展会的游客或者参展商，一般来说，其目的并不是单独购买具体的产品，而主要是为了进行信息交流和文化沟通、体验风俗、放松身心等。因此，对于这类客户，最正确的做法是针对其个人好恶提供定制化服务。但随着不同产业的逐步融合，产业边界逐渐模糊，产业之间壁垒逐渐消除，旅游业和会展业等分属不同行业的企业相互融合，逐渐进入对方市场，从而促使原产业内的企业规模迅速扩大，并持续有新的参与者加入其中，最终降低了企业市场集中度。

2. 综合性与专业性

会展业与旅游业都是综合性产业门类，涉及住宿、餐饮、邮电、交通、娱乐、会计、法律、保险等多行业部门的协同配合。但我们也应看到在关联产业方面存在的较大差异，由于举办会展的目的是为参展商展示其产品，为方便买家参考等提供一个高效的平台，从而促进行业间信息交流、地区间贸易发展，并增加其效益，带动所在城市经济发展，成功举办一场会展活动需要工商、货运、设计、消防、保险等多个部门共同协作。而旅游则是当人们的生活水平达到一定的程度时，已不再满足于对物质的追求，进而产生的精神层面的需求。人们会对不同地方的文化风俗和自然风光产生好奇，正所谓“读万卷书行万里路”，以此来丰富内心世界。因此，旅游业相关联部门包括交通、餐饮、旅游公司、建筑等。通过对会展

业与旅游业两者的比较和分析可以看出，在所依托资源方面两者也有很大不同，会展业主要依靠所在地各类产业及消费市场进行带动，而旅游业则主要依靠地理优势及地方宣传等带动。

（二）国际会展业与旅游产业互嵌融合的动因

1. 内部动因：追求经济利益

（1）产业融合能够产生范围经济

两个不同产业如果发生融合，处于这两个产业中的各类企业的经营内容与形式也就相应扩大，会展业与旅游业也不例外。这在很大程度上解决了企业对客户、旅店等资源综合利用不充分的问题。例如旅游业的发展存在淡季与旺季之分，但是当旅游企业扩大经营范围涉及会展活动时，就能较好地解决淡季问题。举行会展活动可以引起广泛的关注，带动大量的人流，会展结束时，部分会展参与者有可能会继续在当地旅游，这就可以较好地带动淡季的旅游活动，从而使旅游业摆脱淡季带来的影响，同时还会加速淡季时期交通、住宿、餐饮等相关行业的运行，带动并盘活整个地方市场的整体发展。

（2）产业融合能够降低交易成本

旅游业的季节性特征以及会展业的服务特性导致其在经营各自业务时，客户、旅店等资源过剩，此时企业就有可能选择在市场上出售这些资源，但是由于其经营业务单一，要想将这些资源售卖给客户，势必要经历更多的中间环节，导致生产与消费的距离被拉长，从而增加市场交易成本。产业融合可以消除产业间壁垒，即内部组织成本替代了市场上的交易成本，从而减少了市场交易成本。

（3）产业融合能够产生网络经济效应

经济网络主要是指某一产业网络不仅具有原始业务功能，同时还能完成其他业务，以提高其适用性，并使其能够经营多项业务。随着展览产品需求的不断增加，旅游产品需求势必不断增加，旅游与展览产品呈现出相辅相成的局面，因此，旅游需要不断增加新的产品种类和营销策略。通过产业融合，会展业与旅游业相互链接共同形成了一个大的产业网络，从而使得网络中的节点数远远超过临界值。所以像会展与旅游这样的互补型产业如果独立进行生产，其分别所能创造的效益与成本相抵过后的获利并不理想，而当它们联合生产时，可产生网络经济效应，所产生的价值与成本的差值将逐步增大，使企业获得远超以前的利益。

2. 外部动因：品牌专业化与经济发展

会展业与旅游业的相互嵌合可以进一步加快餐饮、交通、住宿等其他行业的共同发展，有关研究显示，会展的产业联动系数比为1:9。如德国会展公司给餐饮、交通、住宿等其他行业带来的经济收益约为250亿欧元。美国航空总收益的30%及以上、饭店总收益的20%及以上都来自全美每年举办的两百多场各类国际会展活动。①

会展业和旅游业还可以提升当地政府及国民的经济收入。在国际上，会展业的利润率普遍在20% ~25%，从此可以看出会展业具有巨大的经济效益优势。如德国的各类会展企业年均营业额总收入约为25亿欧元，而美国每年举办的各类会展活动直接产生的经济收益大于等于33亿美元。同时，会展业与旅游业还可以帮助就业，提升地方就业率。相关研究数据显示，会展布展面积扩大1000平方米，就能带动增加100个就业岗位。如在德国汉诺威举办的世界博览会，就为当地提供了约10000个直接就业岗位，我国昆明世界博览会也为当地提供了约50万个就业岗位。剖析旅游业不难发现，它属于劳动密集型产业，旅游策划、旅游宣传、旅游管理、旅游营销等方面都需要投入大量的人力、物力和财力，而且旅游业的相关从业工作都较为基层，技术含量及人员文化水平普遍要求不高。旅游业能带动与其相关的其他行业领域产生更多就业岗位，可直接或间接提供就业岗位。有关资料显示，旅游业直接就业与其相关行业岗位需求人数比例为1:5，由此可以看出旅游业在带动当地就业率方面做出了巨大贡献。

作为第三产业，在推动产业结构调整、加速当地第三产业向更深更广方向发展方面，会展业与旅游业有着巨大的正向助推力和贡献力。同时，

① 马勇．中国会展经济发展解读[J]．经济地理，2002(3)：293－296.

会展业与旅游业的协同发展需要其他配套设施的同步跟进，这样才能加快推动其他行业的进步。通过一段时间的融合发展，其所在城市的基础设施、行业水平都会得到较大程度的提高，人力、物力、财力等都将聚集于此，同时又会产生扩散效应，对周边地区产生较高的辐射力。

（三）国际会展业与旅游产业互嵌融合的形式

1. 双向品牌共享

一般来说，会展宣传招商的工作任务与所在地旅游特色相辅相成。会展主办者在选择会展开办地点时一般会进行综合考虑，尤其会考虑地理条件、政治条件、经济状况、地方市场定位、相关产业发展基调、旅游资源等地方因素。相对于会展业，旅游业的起源更早，其发展得也更为完善，尤其在旅游设施、行业推广、旅游宣传、部门框架等方面。基于此，将旅游业的成熟架构应用于会展行业之中，并将会展举办地的包括文化风俗、特色物产及自然优势等在内的特点作为吸睛点，用于旅游业内容的升华和扩充，可以真正达到互惠互利的目的。例如上海的国际旅游会展促进中心，旨在推动政府相关旅游组织和展览公司积极参加各类国际会议、展览组织以及国际旅游，从而将上海这张名片推广到全世界。会展业与旅游业的互嵌发展将打破传统产业门类的普通机械式结合模式，将是工业经济和文化产业的第一次尝试。特别体现在城市建设、城市发展和城市推广一体化等方面，这种全局性的、高层次的结合，产生了其他任何企业或行业结合到一起都难以达到的效果。

2. 双向业务互嵌融合

通过逐渐消除展览公司和旅游公司之间的商业壁垒，双方将扩大彼此的业务范围，进行多元化经营，在展览业与旅游业的各自领域成立多个业务互融互通的子公司，从而形成一个跨国大型会展旅游企业集团。PCO（或 DMC）除了向会展游客提供餐饮、住宿、旅游和其他服务外，还为其业务扩展后直接进入会展业的组织提供服务，这些 PCO 或 DMC 一般由各星级酒店、各菜系餐厅、旅游相关从业机构等充当。现如今，中青旅控股股份有限公司、中国国际旅行有限责任公司及春秋旅行社分别加入了 UFI

和ICCA等国际会议、会展等相关组织，以扩大其业务范围，包括会议和展览、旅游、海外预订、票务和其他相关服务领域。

一般来说，会展都是规模较大的活动，在正式举办之前都会召开筹备新闻发布会和分享交流会等，以此来吸引多家参展商和客户来到现场。基于此，对会展场地所涉及的基础设施就会提出更高要求，比如布展场地的设计风格、展厅数目、会议厅规模、容纳参观总人数、相关服务配套设施等，以此保证参展顾客的良好用户体验。与此同时，会展场地附近的住宿、餐饮、交通等相关联行业的完善也是必不可少的。有一个品质优良的酒店，是让客户给予会展活动一个良好评价的重要因素。服务体系完善的承办酒店还能够协助会展主办方发放邀请函、接待宾客，并且能够充分利用当地的旅游特色，联合其他从事旅游相关服务的机构一起为顾客制定专属化的观光游览活动，将会展业融入旅游业中，打破了传统的经营模式，丰富了双方产业的经营内容和形式，拓宽了收入渠道，同时产业融合后使得产业全局水平都得以提高。

通过对市场的田野调查，一些敏锐的企业家也察觉到了旅游业与会展业互嵌融合发展的必要性，融合的主要方式包括投资、合并和合作等，并将这些方式应用于创建适应当今国际经济发展需要的新型会展旅游企业，将相关的旅游企业直接与实力雄厚的会展公司进行融合发展，从而形成大型会展旅游集团。

3. 两产业向高层次纵深发展

从历史上看，会展业出现的主要动因是应对商务信息的不完全与不对称。会展活动在促使买卖双方进行信息交流方面起到了不可或缺的作用，使得卖家有了更多的客户资源和选择空间，使买家能够了解产品细节信息，有了更多的选择，从而使交易更加透明、价格更加公平。而旅游业在会展业这个大产业中起到了添砖加瓦、锦上添花的正向作用。由于会展业与旅游业开始发生深度融合，旅游业在会展行业中不再只起到附属作用，以旅游为核心的会展活动也逐渐出现，两者相互融通、互惠互利，双方形成正反馈继续推动两种产业深度结合，同时联动相关产业，共同为当地带来巨大的经济和社会效益。

大型展馆和会议建筑并不是每天都会举办大型活动，若不能充分利用，投入就不能实现完全产出，从而形成巨大的资源浪费。因此，将大型展馆或会议建筑作为旅游宣传的标志性卖点不失为一种促进会展与旅游两大产业深度融合的良好方式。比如到历史上著名的会址、展览活动场所进行实地参观等，都可以通过结合当地特有风俗文化以及事件本身的历史底蕴来创造旅游价值概念，吸引各地游客前来体验，进而充分挖掘其内涵价值，带动地方经济发展。

（四）产业融合理论对会展旅游业的意义

从产业规划的角度来看，产业融合对于指引会展旅游业的发展具有重要的现实意义，会展旅游业将会展业和旅游业互相融合、共促发展，是具有划时代意义的新兴经济产业项目，其优势具体表现为会展业与旅游业可通过广泛吸纳彼此优点发展自身的新兴产业。会展业和旅游业同属于第三产业，产业关联性较强。二者既有相对独立的部分，又有相互交融的部分，其交集就集中体现在会展旅游业中。

第二节　产业链理论

一、产业链相关研究

随着信息化时代的到来，社会经济格局发生了根本性的变化。各产业体系不仅呈现出自上而下的部门细化，也呈现出产业横向融合，相较于以往情况，各生产门类企业都更加依赖彼此的相互合作。基于此类现象，国内研究者提出了一个新名词——产业链。这个新名词，受到了学者的广泛讨论与关注。由于这个新名词的相关研究参考资料有限，还没有对其外延及内涵形成统一的认识，目前学界主流观点主要有以下几种：

首先，以企业为中心思想展开讨论，即产业链主要是指在一个行业中的领头核心企业充分带动关联产业中的其他企业联动发展从而形成的战略联盟关系链。其次，剖析产业链的内在本质，认为产业链的本质是各类企业之间的上下产业关系，即产业链是由不同部门以一定的技术经济关系、特定的逻辑关系和时空分布等为基础，并在不同产业部门之间客观建立起来的关系链条。再次，认为产业链是企业之间扩大再生产活动的集合体，故也称之为价值链，即环绕主要的最终产品，从该产品的原材料、生产、加工、运输、售卖再到最终消费等，参与到该过程的各个产业部门之间存在的动态联系。最后，认为从原始资源到形成最终消费品，在其整个过程链条中所触及的全部产业关系就是一个产业链。

二、国际会展旅游产业链分析

（一）国际会展产业链与国际旅游产业链的构成

1. 国际会展产业链的构成

国际会展产业链的节点包括三大部分，即主办方、专业会议、展览组织者（PCO/PEO）。会展活动的主办单位首先需要寻求专业会务组织者PCO/PEO的合作，PCO/PEO的工作范围和职责主要包括按照主办方的预先设想制订活动计划、把控成本支出、协调各部门之间的工作事宜等，通过这一系列组织工作保证会展活动正常顺利开展。管理公司DMC的职责主要是按照主办方的会展活动计划，布置会展场地，安排各参展产品一一对应到相应展览位置以及展览次序，确保会展活动的相关各部门工作有序进行。在展台搭建、展位设计、展品运输等具体的实施过程方面，DMC也同样面临着技术、人才、资金和信息等方面的匮乏，需要广泛寻求相关部门的帮助。会展活动的成功举办，需要供求双方都具备相关材料条件，在决定好参展产品之后，DMC需通过多种媒介平台吸引买卖双方即参展商以及买家，只有交易双方主体都落地，会展活动才能得以最终开展。

2. 国际旅游产业链的构成

游客具有的旅游心理需求是一切旅游活动开始的前提。对于游客而言，旅游的主要驱动力是前往的目的地存在着一定的吸引力，这个吸引力足够激发游客的好奇心。游客从开始筹划旅游到最后到达旅游地，一路上的产品与服务消费涉及诸多行业，因此对于各旅游目的地来说，旅游业带来的并不只是单纯的人流量，而是整体相关产业的联动发展。在旅游过程中，游客由于不熟悉当地文化、风俗以及消费场所等，不能快速有效地选择适合自己的旅游路线和消费计划，此时就需要诸如旅游批发商和旅游零售商等作为中介，针对不同游客制定适合他们的旅游计划。所以从客源地再到旅游目的地这一过程中所涉及的所有行业通过信息交流联合起来就形成了一条完整的旅游产业链，而旅游者的地域流动就是旅游产业链的轴心。

国际旅游产业链的节点也同样包含三部分：主体需求方，主要是指国内外不同国籍、职业及各年龄段游客；旅游中介方，主要包括旅游经营商、旅游批发商及零售商；供应方，包括所有为游客提供产品和相关旅游服务的行业，例如住宿、交通、餐饮、手工艺及纪念品，还有其他共同促进旅游业发展的行业。

（二）国际会展旅游产业链的构成分析

1. 会展业务的策划与申办

会展活动的策划与申办是会展旅游产业链的核心环节。申办环节主要由主办方派遣相关人员向政府部门协调申报。而策划工作则一般由主办方根据实际需求与展览组织者协作完成。任何一项活动想要成功举办，人流量是关键，只要有客流，各种消费与投资就会随之而来。因此，一个会展是否能够吸引到更多的参展商与游客参展是开展会展旅游的核心要义。孵化具备足够知名度的展会品牌是构建会展旅游产业链的开端。

2. 会展相关业务的组织与管理

会展组织与策划是国际会展旅游产业运行过程中不可或缺的关键一环。会展活动的策划工作是由主办方根据实际需求与 PCO/PEO 协商出一整套活动方案，再由 PCO/PEO 按照方案筹备会展，在筹备过程中以会展为主干，辐射周边餐饮、酒店、旅游等相关行业，以确保会展高质量开展，从而能够获得参展商与游客的正面反馈。组织策划会展活动是会展产品的主要生产环节，会展活动的组织策划不仅是整个会展旅游的产业链中心，更是起到了协调产业链内各部门之间工作的重要作用。

3. 会展业务的招展与招商

会展活动的宣传、招展、招商等工作是会展产品的核心销售环节。是否能在将投入成本收回的基础上实现盈利，是评价该环节成功与否的标准，它取决于会展开展的前期策划。招展是指向参展商出售展会现场场地以及提供现场服务。招商环节则是指主办方通过联系各大互联网媒体平台、纸面媒体、社交平台、电视传播等多种营销方式和手段招揽参展商，而参展商的层次①也是会展活动顺利开展的因素之一。

4. 会展业务的实施

会展活动的实施是会展旅游产业链实现价值的最终环节。只有当参展者如期抵达会展现场，并将各类会展产品成功交换，才能实现一个完整的会展活动。实施环节是展会产品满足观众需求的主要过程，参展者的满意度才是证明会展活动成功的关键因素，基于此，旅游业才能在这一环节中发挥更多的作用，产生更多的经济和社会价值。

5. 会议旅游

会议旅游是以会议为主要目的的附设型旅游活动。首先，其以会议作为目标，同时也将旅游作为吸睛点，最大限度地吸引旅游者。其次，旅行的过程中会议也可作为旅游的另一种主要形式存在，许多会议中与会人员的目的主要是休闲放松，以此来达到在旅游中沟通、交流和解决问题等多种商务目的。目前在个别地方会议已经逐渐演变成了旅游企业业务的一部分，在此类业务中旅游企业承担会议、旅游的策划、接待和会后配套业务。现如今，会议旅游已经成为旅游特色文化产业的一个重要组成部分。

6. 展览旅游

从学术界的分类来研究，展览旅游属于商业活动范畴，其主要是指因国际博览会或交易会而产生的外出商务活动。所谓国际博览会或交易会，一般是指在某一固定地点举办大批的特色产品或服务项目展会，通过全方

① 其主要考量因素和指标有：参展商及相关产品在市场中的知名度、信誉度、美誉度以及市场占有率等。

位的宣传手段，吸引公众或专业人员前来参观和选购。长期实际调查发现，展览旅游还具有较强的区域辐射效应，可以扩大对周边的影响力，提高举办地及其周边的知名度，可以极大地带动当地的旅游业发展，进而带动当地住宿业、交通业、娱乐业等行业迅速发展。

7. 奖励旅游

奖励旅游是指企业达到特定的目标，如收益、技术创新等达到一定目标后，对企业内帮助达到该目标的参与人士给予一定旅游假期作为奖励。需要特别强调的是，奖励旅游与普通的员工旅游性质不同，它是由相关企业提供一定的活动经费，并委托专业旅游业者进行策划、经营设计的一种定制化的旅游活动。

（三）国际会展旅游产业链的结构特点

1. 国际会展旅游产业链属于互补的子产业，是由分到总发展起来的

在融合初期，会展业和旅游业等各子产业契合度不高，随着两大产业融合的不断推进，会展旅游紧密结合现今市场需求，会展业与旅游业也逐渐互嵌，最终形成一个互利共生、分工明确的产业集群圈。

2. 产业链上相关企业呈现出向内互嵌关联

会展旅游产品并不是某一种具体的物质产品，而是借助会展、旅游等媒介为消费者提供的一系列服务。一场完整的会展活动，一般涉及多个行业的联动，它们紧密衔接，逐渐形成一条完整的产业链，处于横向产业链中的任意一个环节中的产业部门都有机会直接面向消费者。

3. 消费者处于产业链的核心位置

会展旅游产品并不是可触摸得到的有形物质性产品，而是提供的一种服务，只有与消费者面对面时，相关配套服务才能进行，交易才能完成，价值才能得到实现。在国际会展旅游产业链的各环节中，参展商和游客才是此产业链的核心环节，所涉及的相关企业的一切活动都是以吸引顾客以及满足顾客需求为首要任务。

（四）国际会展旅游产业链的发展环境

1. 地理区位条件

地理区位条件对于会展活动也有着重要的影响。开展会展活动时，区位条件所包含的自然资源、地理位置等因素都需要考虑到。良好的区位条件应该是无论在地理位置方面还是政治经济文化方面都应足够通畅，具有开放、便利等条件，为产业链发展带来得天独厚的巨大优势，同时也反映了会展旅游的目标市场，并在一定程度上反映了竞争态势。

2. 政策与制度

产业政策是指根据国际经济的总体发展趋势和一国国民经济发展的总体目标，由国家层面选择和确定支持哪些产业、限制哪些产业，最终促进经济结构优化。产业政策是以供给结构调节为重点的政策，供给结构是产业政策的直接调节对象。而相关商会、研究所和培训机构等具体实施部门是产业链发展的关键保障因素。在一些地理位置偏远及经济发展水平相对落后的地区，由于法律法规制度不够健全完善，生产商与客户信息闭塞，导致供货及销售渠道保障性较差，而且因信息交流不充分，企业与劳动力市场也存在不适配现象，研发与生产发生分离，导致出现交易成本增加、创新力后劲不足的现实问题。

3. 产业基础

笔者通过长期的跟踪研究发现，产业链的发展具有很强的路径依赖性。一般来说，国际会展旅游的产生往往得到了当地强大的产业基础支持，特别是制造业的相关产品，这些产品需要会展活动来打开市场。国际会展旅游产业链最重要的根基是产业基础。经济发达的地区其产业基础往往更为牢固、民众消费水平也较高，其国际会展旅游产业链也发展得更加完善。由此可以看到，整体经济水平越发达，国际会展业就越能凸显其不可或缺的地位，进而才能促进国际会展旅游业的高质量发展，以满足人们随着经济发展而瞬息万变的多方面需求。

4. 会展功能设施

随着社会经济的进一步发展，会展综合配套设施的设计与技术更新已经逐步成为发展会展旅游的焦点问题之一，是举办国际会展旅游活动必不可少的基础与前提。参展者由于身份、职业和自身素质等不同，对会展设施提出了高水平、个性化、多功能的实际要求。① 大型、高水平的会议和展览只能由设施与时俱进的大型展馆承办。

5. 旅游资源

多元化的旅游资源为国际会展旅游业产出衍生产品提供了丰富的基础保障，因此，国际会展业通常在旅游资源较为丰富的地区举办。由此可见，与旅游资源相对匮乏的地区相比，旅游资源多元的区域具有内在的比较优势，在国际会展旅游发展方面尤为突出。

（五）产业链对于国际会展旅游产业发展的现实可行意义

1. 产业关联的多面性

为进一步研究会展业与旅游业的关联性，笔者通过长期对世界范围内知名会展旅游业的调研发现，其关联性主要体现在以下几个方面：首先，不同产业之间以及同一产业内各部门之间存在联系；其次，从宏观经济角度来分析，市场波动会对各相关产业内部产生一定的影响；最后，从微观经济角度来看，各相关部门之间的分工协作以及硬件设施的地理区位条件会对生产过程中的要素分配产生一定的影响。

国际会展旅游产业链分工高度专业化，分布要素高度集聚化，使国际会展旅游业内部形成相互依存、相互作用的交叉结构态势。这种结构并不是两个不同产业单纯的物理性叠加，而是一种存在内部联系、有着稳定结构的合作体系。专业化使得企业个体专门地提供某种特定的服务，这样可以更好地了解市场和客户需求的变化趋势。由于高度专业化且资本雄厚的企业更容易产生规模经济与范围经济，相比之下这样的公司所提供的服务更加系统和完善，其所生产的产品质量更有保证，价格也相对低廉，其经营成本也会低于单个会展业或旅游业，可以培育出一些区域性或国际性的

① 会展设施主要包括酒店、饭店、会议室、展览场地等。国际会展旅游的发展很大程度上依赖于以上硬件，也称之为会展功能设施。

会展品牌。

2. 作用发挥的协同性

国际会展旅游产业链的协同效应主要体现在主办企业和运营企业两个方面。从展会地点来看，在会展举办期间，会展活动吸引了大量的游客与参展商，可以为相关行业带来相应的消费者，例如交通、餐饮等行业，随之而来的是大规模的投资与消费，进而促进地方相关产业的发展。从微观运行层面来看，处于国际会展旅游产业链的企业，会通过多种方式深化与产业链上下游各类企业之间的联系，从而形成一个有着稳定结构的“产业树”，使自身产品与服务足够丰富，以满足顾客的不同需求，为顾客提供更好的个人体验，从而提高产业价值以及行业竞争力。另外，因为国际会展旅游产业链的协同性，产业链上任何一个环节的改变都会影响产业内部其他企业的产出方向，因此要策划一个具备足够吸引力的会展主题，或提供让客户满意的旅游服务，不仅要从产业链的整体出发，进行全面优化调控，更要对其内部环节进行逐条梳理，尤其是业务流程和业务资源。这就对国际会展产业链的发展提出了更高的要求，即成员企业间相互协作，通过技术创新和技术共享，消除不同行业间的壁垒。

3. 地理分布的集聚性

会展和旅游相关活动都是在地理分布相对集中的目的地进行的。国际会展旅游业，是指以一个核心企业为中心，具有地缘优势且产业内容上互补的不同旅游企业与会展企业融合为一个整体，进而共同开拓市场、共享劳动力和硬件设施以及信息技术等。由于地理分布的集聚效应，上述过程能在较短的时间内完成，使会展业与旅游业相互依存、彼此作用，产生一定的规模经济，从而能够更有效地应对外部变化所带来的有利或不利的影响。

第三节 价值网络理论

一、价值网络的相关理论

（一）价值网络的内涵

笔者经过研究，将关于价值网络的内涵研究总结为以下三种：

1. 顾客导向

随着科学技术高速发展，各方面技术不断更新，价值网络这一新型商业模式随之出现，它采用数字信息高效运输产品，避免了层层叠加的代理成本，能够以更短的时间、更低的成本满足客户的不同需求，并将合作供应商聚集到一起，使得提供定制解决方案更为方便，并实行战略层面的运营，以适应不断变化的外部环境。企业只有改变传统经营模式，形成以客户为核心的经营理念，才能够不断获得收益，从客户偏好、销售渠道、产品服务、投入公司的资产要素以及核心技术等方面逐一调整，紧跟需求变化趋势，做出正确的预判。

2. 价值交换

一个企业与客户甚至利益相关者之间的交易活动，实质上就是一个交换各自所拥有的价值的行为过程。现如今具有价值的不仅是看得见、摸得着的有形物质资源，还有包括信息、技术等在内的多种无形资源，这些无形资源甚至比物质资源具有更大的市场价值。价值网络是一个开放的系统，不论是在产业内部各员工之间，还是产业相关部门与外界之间，信息交换都在不断地发生。

3. 模块化

在价值网络中，每一个节点都具有特殊的职能和地位，它们小范围地分别整合到一起便形成一个稳固的结构，这个过程被称为模块化。供应商、顾客、外商、业务部门以及项目组等共同构成了具有不同功能和层次的模块，这些模块部门的分工运营就是公司的日常活动。价值网络的运行效率，即价值网络的资本增值，决定了这些模块化部门的专业化分工程度。因此在价值网络中，资本运作能力表现为模块化部门专业分工的协作效率。而不同模块之间的连接，则靠签订合同来实现。这种连接的效率和可靠性直接影响模块的集成度，从而最终影响价值的交换与创造。

（二）价值网络的优势及内容

从价值链角度来分析，如果一个企业能够开发出全新的个性化产品、具有特色服务的商业模式，那么将给企业带来巨大的行业竞争力。在价值网络中，每一个具有稳定结构的模块所涉及的生产环节与相关企业之间都是紧密衔接、相互依存、共享共荣的，从而减少了大量的交易成本，产生了一定的规模经济，使得企业竞争力更上一层楼。

价值网络由于其特性，在运行过程中更加需要一个明确清晰的管理协作规则，以有效地协调各部门间的合作。因此，企业需要选拔一批具有高素质管理水平与执行能力的内部员工或者外包执行人，对不同部门的业务做到有的放矢，从而提高协同效率。而对于外包合作公司，企业应该重视与其的业务联系，通过知识信息共享来提升企业创新能力，为吸引不同层次的客户群提供可能，使资本在各模块之间的周转速度更快。

随着社会经济的不断发展，社会需求不论是从纵向上还是从横向上来看都会变得更加多元，同时产品淘汰率也逐渐提高，这些方面的变化都会切实影响到价值网络的每一个模块，因此产品的更新迭代亦要不断加快，以适应变化的需求。所以价值网络中的各模块部门的创新能力，成为它们适应环境变化的刚需，只有拥有核心竞争力，才能在这个日新月异的经济社会中脱颖而出。

二、价值网络对国际会展旅游的意义

（一）使国际会展旅游企业的竞争战略发生变化

在分工细化的生产服务框架内，价值网络由处于价值链不同阶段的企业和相关利益者组成，并在特定的价值转移机制和管理框架下，由彼此共有的专门资产将各企业相对牢固地关联在一起，共同为顾客创造更大的价值。在同一张价值网络中，每一阶段的不同产品都与上游或下游企业生产有着不可分割乃至互补的关系，因此相互联结的各企业应该更加紧密联系，从而最大限度地消除壁垒。在价值网络中，企业应当明确自己的行为处于其他企业价值链的哪一个环节，从而将业务集中于该环节，专攻该环节的核心技术与特色服务。这是任何经营战略的基础，因为不论是已经形成价值网络的企业，还是处于价值网络中某一环节的企业，其目标都是提高自身的核心竞争力。对于价值网络中的成员企业来说，只有具有核心优势才能进入更大的网络空间，从而创造更大的价值，如果失去了核心竞争力，那么终将被整个产业链所淘汰。

（二）使国际会展旅游企业的客户关系发生调整

会展业和旅游业融合形成的国际会展旅游业，归根结底仍然属于服务行业。服务业的核心要义就是为客户提供优质的服务产品。从历史发展脉络来看，服务业已经历了从为生活服务扩展到为生产服务等多个发展阶段，服务业的社会性质也随着经济社会的发展而发生动态的变化。随着信息化和全球化程度的不断加深，客户需求的多样性也呈指数级上升，而一些企业由于自身资本规模限制，只能在某一个行业或者较小的领域中发展，无法提供多维服务以全方位地满足客户的多元需求。因此，处于这种情况下的单个企业突破自身的最优方法就是融入价值网络，将自身的优势发挥到极致，并且吸收关联部门的技术信息，以完善自身结构与功能，从而顺应时代发展的要求创造出更优质的服务价值。

（三）完善国际会展旅游的危机应对管理机制

在价值网络中，各生产门类企业之间应在技术和信息层面具有强大的互补性，以及基于风险分担一致性的系统共享机制，以便及时传播技术和信息，致力于用最低的成本和最短的时间来检测并及时规避风险，从而及时且精准地化解产业危机。在模块化的结构机制下，价值网络可以确保任一环节的联合部门能够系统化应对风险。这就从根本上完善了整个价值网络的危机应对管理机制。

第四节 国际会展旅游产业集群

一、产业集群相关理论

依据著名的波特理论进行分析，在产业生产、技术创新、技术共享等领域内有联系的，在地理位置上相互靠近的生产部门的集合称为产业集群。从产业脉络上看，源端是供应商，中间环节是销售渠道，终端是客户，脉络支线则包括辅助性产业。这在教育行业、专业技能培训以及行政机构等部门表现得相对明显。根据科斯定理的相关研究，经济学家通过交易成本的说法，重新梳理了市场和企业两种基本组织形式。通过对现实经济组织结构的剖析发现，在现实中不是纯粹市场企业组织之间任何一部分占比较大，即市场与企业间存在着很大一部分重叠的现象，这部分重叠区域称为中间产业组织。就本质而言，产业集群就是一种中间性产业组织，就作用而言，产业集群可以产生规模经济与范围经济效应，从而大大降低交易成本。

综上所述，产业集群是指由于某些地方具有特定的地域优势，当地的互补型企业以及一系列相关产业出于共同追求利益的目的联合集聚，从而逐渐形成当地不可替代的产业链。产业集群不仅使得不同企业的生产功能得到互补，降低了交易成本，也使企业联合创造的价值高于独立生产，支出的费用则低于独立生产，各自都得到较好的发展，而且激发了地方经济发展活力。

二、国际会展产业集群

（一）国际会展产业集群的核心内涵

产业集聚进一步产生产业集群效应。由于国际会展业自身的特性等，展览场地具有不可随意移动性。因此国际会展业要形成产业链，就必须以展馆为核心，联动周边产业如酒店、餐饮、旅游、交通等，在当地逐渐形成一个具有巨大辐射力的产业集群。当一个产业集群开始具有强势竞争力后，自然而然就会出现强有力的凝聚力，吸引周边各类生产要素向其汇聚，从而进一步产生产业集群效应。这种产业集群效应又会反过来形成正反馈，进而巩固其现有集聚效应成果，使得国际会展业得到进一步发展。

通过历史经验可以得出，经济较为发达地区的会展业基础配套设施更加全面，产业更容易发生集聚。从我国目前的情况来分析，上海、北京、广州、大连等一些经济较为繁荣且国际会展产业也较为发达的城市，会展业已经出现了显著的集聚趋势。进一步从世界范围来看，“世界展览之都”——德国的汉诺威、法兰克福等地也因为其国际会展产业的发达而展现出产业集群的发展态势。通过研究这些地区的经济发展模式发现，在具有相关配套及旅游资源优势的地区，国际会展业更易产生产业集群效应。

（二）国际会展产业集群的具体特征

1. 空间集聚性

由于产业的集群效应，国际会展产业集群的各企业在地理位置上相互接近，这种现象被学术界称为空间集聚性。从地理定位来分析，大量的国际会展旅游业及其相关产业相互集中在特定的地域范围内。从企业类型角度来看，产业集群的企业主要包括生产方、零售商、参展者、中介服务机构等。通过这种地理集中性，产业集群为该地带来了巨大的商业经济优势。首先，由于产业的集聚，生产规模得以扩大，业务范围得以延伸，从而使企业能够达成规模经济和范围经济。其次，产业集群的强势竞争力所带来的强向心力吸引着各类生产要素向产业集聚，其中就包括劳动力，通过自由竞争极大地刺激了企业技术创新的步伐。

2. 经济外部性

会展企业及其相关产业包含的企业类型较多。国际会展业产业集群不仅可以促进其内部企业的发展，更可以带动其他相关领域内企业快速地发展。通过这种产业集群效应，国际会展产业成为带动地方经济发展新的增长点。另外，通过产业集聚效应，辐射联动周边关联产业，使得关联产业的各方面发展水平也能够以国际会展业为核心得到迅速提升，形成高质量的服务水平，从而具备吸引大量人流的条件，只要具有一定规模的客流量，大量的消费与投资就会随之而来，继而形成良好的外部环境反哺会展产业集群发展。

3. 功能互补性

密切的经济合作可以有效带动地方经济的发展。国际会展产业集群发展能够降低交易成本，最大限度地发挥各生产部门的优势，创造出比各自独立发展更大的价值优势。通过集群内成员间相互依赖、相互补充的联动作用，满足顾客的全方位需求。通过完善会展企业间的集群生产能力，进一步提高国际会展产业集群效应。通过创立相应的会展品牌，来维护多方面共同的利益。

三、旅游产业集群

（一）旅游产业集群的内涵

地理空间的集中及产业内各企业之间的联系是旅游产业集群两大核心要素。只有聚集旅游资源，才能保证旅游产业集群的稳定形成和顺利发展。通过对目前世界上诸多成功实例研究发现，许多旅游企业集中在具有较大吸引力的核心物体周围，且在产业领域方面具有共通性和互补性，所以两者才能紧密地结合在一起。可以将旅游产业集群定义为一个以企业为基础的旅游服务体系，由特定区域内主要旅游景点的所有者彼此通过相互联系、相互作用组成，从而共同协商开发新的旅游思路，更新旅游服务，孵化旅游服务品牌，充分发挥当地旅游资源的先天优势与企业的核心竞争力。

（二）旅游产业集群的具体特征

一是旅游业的行业价值没有具体实物参照，其主要依靠提供相关服务而得以实现，因此其具有无形性。二是生产及消费是同时发生的，因此具有同步性特征。三是具有不可储存性，因为服务无法长距离运输，所以服务产业集群同消费市场相互靠近、相互吸引。就产业性质而言，旅游产业是以资源聚集为主的产业集群。由于旅游产业集群的空间集聚性特征，其具有不可储存性，因此形成相应的旅游产业集群，在地理位置上既接近消费市场又接近旅游资源较为发达的地区，例如主要依托当地异质性、丰富的旅游资源发展起来的深圳华侨城主题公园旅游产业集群、湖南湘西旅游产业集群、海南槟榔谷黎苗文化旅游产业集群等。

通过集群效应聚合在一起的各类企业，其内部分工明确，主要目的就是为顾客提供一次完整的、高质量且令顾客满意的服务。但在现实生活中存在的一些价值网络中，其模块化程度并不高，上下产业环节部门之间的衔接也不够密切，以至于没有实现理想状态的集聚效果。目前很多旅游目的地企业就处于这样一个尴尬中间位置，与其相关旅游服务产业的分工并不细致，导致其彼此之间并不存在投入产出的正比例关系。

四、国际会展旅游产业集群

（一）两产业内资源共享关系

由于会展业与旅游业为互补型企业，其业务范围重合也就较多，生产经营目标也大多一致。因此，会展业与旅游业的集聚可以实现多种信息的充分交流、各个部门的优势互补以及资源共享，从而实现更大范围的经济红利。会展旅游产业由于自身的特殊性质，高度依赖相关基础及配套设施等硬件条件。因此，基础设施的完善能够给产业发展带来极大的外部经济，为国际会展旅游业的繁荣创造良好条件。同时，基础设施的大量建设也会给当地带来投资，从而增加当地就业机会，吸引高素质人才进入，培养创新潜力，推动地域经济协调快速发展。只有会展与旅游保持持续稳定的客源，才能保证基础设施在一定程度上有充分的使用率，并在常态化使用中逐渐探索出针对不同顾客群体的需求特征变化，进而不断更新设施建设，以适应顾客持续变化的需求。

（二）两产业互相带动关系

随着国际会展业的发展，会展业的市场占有率逐渐提高。与此同时，其相关的旅游业也迎来了空前的发展，展览活动的大部分经费都使用在媒体宣传、薪资发放、活动设施建设、旅游服务等方面，只有少部分活动经费用于支付会展活动举办地的租金。旅游业的嵌入式发展，则给会展业带来了极大的促进作用，同时也为自身扩大了经营范围，迎来了更广阔的市场。由于会展与旅游这两项活动在具体操作层面上有大量重合，参展商、观众及游客的界限比较模糊，其身份可以随着需求的变化而随意改变。参加会展活动的参展商和游客也有着不同的知识文化及认知层次水平，这就要求旅游服务产业进行纵向深化的信息提升，以适应不同需求的参展商与观众，从而构建辐射范围更为广泛的品牌优势。

旅游业为会展业的发展提供了强有力的产业支撑。将两大产业相互融合发展，将有利于会展活动质量的整体提升，丰富其活动内容与形式。随着旅游业的深度融入，参展商与游客参加会展，不再是单纯地进行参观或交易，同时能够更加便捷地欣赏到当地风景文化，享受到地道的娱乐服务与美食，从而能够获得高质量的体验。从心理学的角度来说，以上这些还能在一定程度上促进交易的顺利进行。旅游业将它成熟的产业服务体系融入会展业当中，形成优势互补、互惠互利的发展局面，不仅扩大了生产规模，还降低了相关交易费用，充分发挥出范围经济与规模经济的作用。

（三）两产业形成巨大合力带动外延产业

会展旅游的周边涉及部门范围较广，要顺利地开展一场成功的会展旅游服务活动，需要多个行业部门的共同协作。要举办一场会展活动，首先，有关机构需要租用适当的展览场地，然后进行场馆布置、展品摆放、室内装潢设计等与活动设施建设相关的工作。其次，通过各大新闻及融媒体平台、联系 KOL 等方式进行活动的深度推广与宣传，从而吸引更多的客流量。这个过程中就涉及了网络营销与新媒体行业整体介入的问题。当切实吸引到大批参展商和游客时，所带来的就是大量的消费与投资，当地的制造业与零售业就需要针对不同层次的客户需求提供多元化产品，让客户有充足的选择空间，以满足他们多元化的需求，由此反向促进了制造业与零售业的产品与质量的提升。除此之外，为确保参展商、游客、工作人员等的人身安全，避免昂贵展品的意外损坏，以及举办展会过程中所涉及的知识产权不被侵犯等，需要保险业、知识产权业的参与。从以上分析可以看出，会展与旅游的产业融合将形成巨大合力，联合多方外延产业共同发展，形成联动机制。

（四）形成区域精品品牌

会展组织者在选择目的地时，需要参考当地自然资源、地方发展基调、基础设施条件、人口结构、开发上限等一系列关键因素。这些信息与举办地的旅游发展水平息息相关。相对于会展业，旅游业出现得更早，其产业体系也更为完善，在许多方面都有更加成熟的制度与布局。借助旅游业成熟的平台，会展业只需要利用旅游业的市场营销网络，并结合会展举办地营销的特点作适当的提升和补充，即能达到双赢的效果。会展与旅游的融合发展，从长远来看改变了两者独立发展的状况，为地区经济发展创造了良好的发展条件，同时也为外部规模经济贡献了自己的力量，从而更容易形成区域精品品牌。

（五）形成技术创新优势

通过旅游会展产业集群内的企业竞争与合作、分工与协作的并存关系，在彼此间形成一种互动性的关联。通过这种互动作用产生的行业压力对集群内企业的持续创新能力有着非常大的促进作用，所取得的效果就是可以带来大量产品的技术创新，从而促进产业生产和加快产业创新。通过多种形式的接触，企业间知识和信息交流变得更加畅通。在地理位置上相互靠近，可以深化各类企业在教育培训、金融、技术开发、市场营销等方面网络化的互动与合作。通过这种互动可以有效解决“马歇尔困境”，即马歇尔提出的竞争和垄断相互矛盾的问题。

总的来说，无政府管制的自由竞争必然导致一些具有竞争优势的企业不断提升自己的市场份额，使得其他企业没有机会和能力与之抗衡，进而被大企业所吞并或者被迫倒闭，随着其他竞争企业的不复存在，优势企业几乎占据整个市场，形成绝对垄断乃至成为寡头企业，使得竞争条件发生根本性的变化，在一定程度上扼杀企业的生产力和创造力；而会展旅游产业集群的互动性较好地避免了此类问题的发生，即集群一方面通过一致对外的强硬垄断而获得外部规模经济和范围经济；另一方面互动性又可有效鼓励内部竞争，通过技术创新降低制造成本，从而通过不断创新提高产品质量，进一步提高其市场占有率。

（六）促进“经济走廊”经济互通、民心相通

通过推动国际会展旅游业的进一步融合发展，可以使“中国—中亚—西亚”经济走廊沿线诸国的根本利益和诉求得到进一步契合，形成更大的互惠互利商业经济圈，进而持续扩大我国同有关国家的利益，使得多国民众从持续合作中获得更多的实惠，增强各地人民满意度。同时加强相关国家民众之间在人文、地方、旅游、媒体、智库等领域的沟通交流，进而形成形式多样、丰富多彩、深入人心的交流合作局面，促进文化交流，缩短心理距离，从而加深其相互了解和认同，使相互间的友谊变得更加牢固。

第四章 “中国—中亚—西亚”经济走廊国际会展旅游品牌

第一节 品牌的核心内涵

一、品牌的概念

目前学术界关于品牌的定义主要是指一个公司的商标、标志、广告等无形资产因子，其共同构成了此公司独特的市场及产品形象。

（一）关于品牌的定义

直到现在，人们关于品牌的定义和认识还存在多种不同的说法，笔者经过研究发现主要有以下几种：第一，品牌是用来识别一种（一系列）产品或服务的名称、术语、标记、符号或图案，或是它们的相互组合，目的是区别自己的产品与他人的产品。[①] 苏勇、方凌智（2018）通过情感营销研究综述的分析，进一步对品牌情感的形成及其拓展作了深入的研究[②]；邹统钎、黄鑫等（2021）通过建构表现力、吸引力、竞争力模型，对旅游目的地品牌基因选择进行研究。[③] 第二，一些学者则认为，企业或主体（包括城市、个人等）的一切无形资产总和的浓缩就可以视作一个“品

---

① ［美］菲利普·科特勒，凯文·莱恩·凯勒．营销管理［M］．何佳讯，于洪彦，译．上海：上海人民出版社，格致出版社，2016：303.

② 苏勇，方凌智．品牌情感的形成及其拓展——基于情感营销的研究综述［J］．中国流通经济，2018（6）：53－61.

③ 邹统钎，黄鑫，等．旅游目的地品牌基因选择的三力模型构建［J］．人文地理，2021，36（6）：147－156.

牌"，并且可以利用某种特定的"符号"来对这一"浓缩"进行辨别[①]；胡其波、冯芷菁、王纯阳（2021）认为品牌个性和品牌溢价对旅游地有直接正向的影响和作用[②]；蔡洁（2019）认为品牌竞争力对区域经济发展有促进作用并提出优化建议。[③] 第三，张剑、韦雅楠（2021）通过分析认为，品牌是企业组织和它提供的有形的以及无形的产品或服务的集合体，主要用来识别不同组织的产品或服务[④]；杨超、梁蓝波（2021）从"融民族性"入手分析了国际品牌形象设计[⑤]；罗萧、蒋明华（2019）重点研究了内容营销、品牌认同与消费者品牌忠诚之间的关系问题。[⑥]

随着时代的不断进步以及世界经济的快速发展，品牌的内涵和外延也慢慢变得丰富起来。通常来说，品牌（Brand）的组成部分包括品牌名称、商标和品牌标志，是一种可以被人轻易识别的特定标志，也是一种代表着创新精神的美好象征，同时对于具体企业来说，它是一个表现自身社会价值以及管理理念的鲜明旗帜。

（二）关于品牌定义的来源

英语中"Brand"的意思是品牌，它来源于挪威语，有"灼烧"的含义。当时的人们用这个词来辨别在社会生活中各种各样的私有财产，最典型的代表就是作为家庭经济财产象征的牲畜。

在中世纪的欧洲，为了让消费者识别产品所属的生产者，工匠们使用了品牌化方法，即把他们的手工艺品打上烙印作为消费的保证，这样既保护了消费者的合法权益，又区分了生产者，逐渐产生了原始商标。

16 世纪时，一些蒸馏威士忌酒的生产商为了防止自己生产的产品被不

---

① 林铭亮，杨明慧．文化遗产的品牌个性感知——以广东江门启明里为例[J]．热带地理，2022，42(1)：43－54.

② 胡其波，冯芷菁，王纯阳．品牌个性对旅游地品牌溢价的影响[J]．经济地理，2021，41(9)：232－239.

③ 蔡洁．品牌竞争力对区域经济发展的促进作用及其优化建议[J]．商业经济研究，2019(24)：56－58.

④ 张剑，韦雅楠．互联网传播中品牌情感营销策略探析[J]．青年记者，2021(22)：113－114.

⑤ 杨超，梁蓝波．国际品牌形象设计的"融民族性"表达[J]．包装工程，2021，42(22)：359－366.

⑥ 罗萧，蒋明华．内容营销、品牌认同与消费者品牌忠诚[J]．商业经济研究，2019(23)：73－76.

法商人假冒，就在装运酒的木桶上烙上生产商的名字，以示区别。

（三）关于品牌的主要特性

通过对品牌的概念与来源的梳理研究，笔者将品牌的主要特性归纳为下列五点：

1. 品牌的排他性

品牌的排他性又称品牌专有性。协助顾客辨别出生产者的产品或服务的特殊性是品牌的主要作用。所以相关部门通过有关的法律程序认定某个品牌之后，该品牌的申请者便会享有该品牌的专有权，其他国家的企业或个人不能仿冒。

但就近几年的整体趋势而言，在国际竞争中许多中国企业没有使用相关的法律武器来保护自己的合法权益，并没有充分发挥品牌专有权的市场作用。在现实国际商务活动中，到目前为止我国有超过 100 个企业的相关品牌已被日本抢注，澳大利亚抢注了我国企业 180 多个品牌。据此，我国企业应及时反省，并积极学习借鉴国外其他企业相关经验，在遇到实际问题时能运用品牌的专有权知识来捍卫自身的合法利益，以免蒙受不必要的损失。

2. 品牌的无形性

品牌的主要价值是指品牌所有者可以通过该品牌所具有的影响市场的能力，不间断地持续得到利润。品牌的价值与物质资产价值有着较大的区别，后者可以用实物的形式进行表达，但前者则是无形的，具有推动后者增长的能力。不仅如此，品牌本身也可以作为交易品在市场上进行定价和交易，因此我们称品牌是企业的一种无形特有资源。

品牌作为企业的无形资产，其价值可以量化，并作为商品进行交易。例如，一个品牌可以作为股权建立一个企业；可以利用一个品牌的影响力进行一定区域的特许经营；还可以加入一个品牌寻求更好的发展。

3. 品牌转化的不确定性

不确定性也可以理解成风险性。一个品牌建立起来后，在其成长过程中，由于市场条件的不断变化，品牌的发展具有很大的不确定性，可能会继续壮大，也可能会逐渐萎缩，甚至遗憾退出市场竞争。

品牌在成长过程中遇到的一系列的风险性问题或者不确定性问题，都会对品牌价值造成一定的负面影响，进而减缓其发展速度。品牌资本运作目标不清晰导致在操作过程中出现问题、企业生产过程中出现事故、企业服务人员存在问题等，这些都会给一个品牌的成长带来风险与不确定性。

4. 品牌的表象性

由于品牌是企业的一种无形资源，其既不会占据企业的空间，又没有一定的实体，但由于品牌最初的目的就是让人们记住某一产品或企业，因此其虽属于无形资产，但必须具有物质载体，需要通过这些社会物质载体来表现出自身行为特征并发挥其积极作用。如果没有物质载体，品牌就无法展现自己的特色，更不可能达到有效的传播效果。因而品牌有着表象性的特征，必须具备一定的物质载体才能发挥作用。

5. 品牌的拓展性

品牌具备识别功能，其代表着特定的产品、特定的企业，所以企业应当充分发挥品牌的拓展性，不断提升自己品牌的市场影响力，并进一步开拓区域市场。

二、品牌的类型

随着时代的不断进步以及商品贸易的不断发展，出现了数量庞大的品牌，可以根据不同的分类标准将这些品牌划分成不同的种类。

（一）根据企业品牌的知名度和辐射区域进行划分

（1）区域品牌。区域品牌主要是指品牌在一个较小的空间区域内进行生产和销售，例如某地的特产等。

（2）国内品牌。国内品牌主要是指品牌在本国国内具有较高的知名度，并且以本国市场作为目标市场，例如“安踏”“农夫山泉”“李宁”等品牌。

（3）国际企业品牌。国际企业品牌是指品牌在国际市场上具有一定的知名度，并将本品牌的商品进行全球销售，例如“百事可乐”“奔驰”

“华为”等品牌。

（二）根据品牌生产经营进行划分

（1）制造商品牌。制造商品牌主要是指产品制造商为其生产的产品设计的品牌，例如“宝马”“长虹”等都是制造商品牌。

（2）经销商品牌。经销商品牌主要是指经销商依据自身的某种需求以及对自己要进入市场的了解和自身企业未来发展，而定制化设计的品牌，例如“西尔斯”“王府井”等品牌。

（三）根据企业品牌来源进行划分

（1）“本田”“永丰”“摩托罗拉”“东风”“全聚德”等企业依据自身实际发展的需要，并经过一定经营周期打造的品牌称为自有品牌。

（2）由某些企业通过特许经营、兼并或其他形式收购的品牌则称为外来文化品牌。

（3）通过合资和合作的方式，将双方原有的品牌嫁接到新产品上形成的品牌称为嫁接品牌，如“琴岛—利勃海尔”等品牌。

（四）根据品牌的生命周期进行划分

（1）某些品牌因为个别原因在市场竞争中存续时间较短，进而导致品牌产品生命周期较短，学界将这类品牌称为短期品牌。

（2）某些品牌经营的延续时间和生命周期都较长，并可以根据市场的实际需求变化不断创新，以适应其发展变化的需要，同时在民众中有较高的知名度，这类品牌则称为长期品牌，如我国的“全聚德”“内联升”等民族品牌。

（五）根据品牌针对的目标市场进行划分

世界上各国家和地区都有着符合自身发展需要和要求的法律、文化、技术等宏观社会环境，而这些宏观环境的差异性导致各国间有着诸多方面的不同。

因此，同一企业生产的同一类型或型号的产品可能在不同国家和地区有着不同品牌，同时该种产品在国内市场上也会存在一个独立的品牌。按照销售地区的不同，笔者将其分为内销品牌和外销品牌两大部分。即同一个产品在国内销售时的品牌称为内销品牌，而销往国外时的品牌则称为外销品牌。

（六）根据品牌产品所属行业进行划分

各个行业都拥有许多产品，依据该品牌产品从属的行业，可以把品牌划分为日用化工品牌、汽车工程机械制造业品牌、商业银行品牌、服务业品牌等类别。

（七）根据品牌的独创性和可扩展性进行划分

以“海尔”系列品牌为例，该品牌下有海尔冰箱、海尔彩电、海尔空调以及海尔的高端家用电器品牌——卡萨帝等。从海尔的经营案例中我们可以看到，某些品牌的可拓展性较强，在主品牌下还存在着副品牌和副副品牌等不同层次，可以满足不同目标客户市场群的需求。又如宝洁有限公司，“宝洁”品牌下还拥有“海飞丝”“飘柔”“潘婷”等子品牌。某些品牌在符合市场经营规律的情况下可以再延伸分为母品牌、子品牌、孙品牌，其作为一个整体相互补充。

（八）根据品牌所代表的主体进行划分

品牌依据其代表的主体不同可以划分为个人品牌、企业品牌、城市品牌、民族品牌、国际品牌等。如有张艺谋、王楠等个人品牌，有哈尔滨冰雪节、宁波国际时装节、CBD节等城市品牌，有金字塔、长城、中华等民族品牌，而像宾利、雅诗兰黛等就属于世界级品牌。

（九）根据品牌管理层次发展理论进行划分

某个企业按照自己品牌管理层次发展理论，又可以把品牌划分为企业文化品牌、家族品牌、单一品牌、品牌修饰四个主要层次。以“通用别克”为例，“通用”指的是企业文化品牌，“别克”则主要指的是家族品牌，“君威”“赛欧”“荣御”指的是单一产品品牌，“G2.0”“GS2.5”可以作为品牌修饰。

三、品牌的作用

世界营销管理学大师菲利普·科特勒认为，对于一个企业来说，其自身品牌存在的意义是其最大的优势和无形资产，它是企业商业定位的外在表现形式，品牌力始终贯穿于企业发展的各经营阶段。

（一）品牌集中体现了产品或企业的核心价值

消费者或者相关用户通过品牌来记忆商品，他们使用并享受了该商品或者服务之后，各种需求得到了满足，享受到良好的产品体验并为再次购买打下了良好的基础，同时也对这一品牌进行了多方面的宣传，进而潜移默化地培养了消费者对该品牌的忠诚度。

目前许多企业采取了一系列措施和手段，建立了自己的品牌文化，为品牌树立正面的市场形象，使其能够充分代表并有效传递其自身的企业文化，从而使建立起来的品牌及产品给消费者带来最好的消费体验。

（二）品牌是消费者识别商品的分辨器

适应某一产品市场竞争的需要是品牌产生的主要因素，在竞争激烈且规模巨大的市场环境中，企业通过创立自身品牌来使消费者记住并识别自身的产品或服务，从而区别于其他竞争对手。因而企业设计的品牌要有独特的专属个性，也就是要与竞争企业之间存在明显的差异性。目前从市场发展规律来分析，更多的消费者或用户更加注重产品的品牌，其经常通过品牌这一辨识工具来帮助自己进行购买决策。

（三）品牌是产品质量和企业信誉的保证

任何一个企业都希望自己的品牌能够成长为行业名牌，从而提升自身产品的国内外市场竞争力，这是企业创立品牌的初衷。基于此，企业要更加注重产品的质量，完善企业的服务资源。因为从企业创立自身品牌开始，该品牌就已经与企业产品的质量及企业信誉挂钩，因此企业要想长远发展，必须严格把控产品质量，维护好自身的品牌发展和企业信誉。综上所述，消费者购买商品时第一时间都会想到名牌产品以及名牌企业，因为它们代表着产品的高质量以及企业的高信誉。

（四）品牌是企业获得高收益的可靠保障

各品牌之间的竞争归根结底是产品质量的比拼，谁生产的产品质量好谁就能在激烈的市场竞争中占据优势地位。品牌中通常还蕴含着所在企业的文化，这就在一定程度上给予产品自身性能之外的商业附加值。品牌一旦被市场广泛认可就会形成一定的追随度和认可度，品牌一旦拥有较为忠实的顾客群体，便可以为相关产品制定一个相对合理的价格，并从中为企业争取到更大的利润空间。尤其是知名品牌在这方面的表现较为突出，如海尔家电，其市场销售价格一般比其他同等品牌产品高。由此可见，对于一个企业来说，品牌尤其是知名企业品牌，可以带来巨大的商业利益。

综上所述，品牌是一个企业竞争力重要的外在表现形式，在国际市场营销的实践过程中，拥有举足轻重的地位，主要体现在以下几个方面：

1. 品牌的主要功能是帮助消费者选择产品，缩短他们的购买决策过程

对于广大消费者来说，如果想要在购买产品时省事、可靠，同时又最大限度地减少财务风险的话，购买一个知名企业已成熟品牌的产品肯定是最优的选择。特别是在一些大众熟知的产品行业领域，消费者在面对众多不同品牌的产品没有办法做出正确的判断时，一般会相对优先选择购买知名品牌的商品，这是因为知名品牌象征着产品的高品质与高质量，以及企业的高水平与高信誉。

2. 造就强势品牌使企业可以享有较高的利润发展空间

笔者之前的相关市场调查结果显示，强势品牌产品投入市场后平均利润要比同类型企业生产的次一级品牌产品平均利润多出三倍。由此可以看出，企业拥有强势品牌就相当于拥有高利润与高收益的经济保证。事实上，强势品牌的优势并不仅仅是规模经济，还有消费者对相关品牌产品价值的认可度，即价格差异。

3. 品牌可以超越产品的生命周期，是企业的无形资产

从长期发展来看，在市场竞争中，由于消费者需求的不断变化和市场竞争的广泛存在，大多数企业的产品不会长久地被消费者接受。因此对于一般企业的产品来说，其自身发展都会存在着一定的产品周期规律，一般来说都会经历“研发—投放市场—被市场接纳—被淘汰退出市场”这一过程，这就是美国经济学家弗农和威尔斯共同提出的“产品生命周期理论”。

但是品牌不同于产品，通常会展现出比产品更强劲的生命力，它的持续时间可以超越产品的生命周期。一旦一个品牌拥有了大量的回头客，不管其产品经过了多少次的更新换代，品牌都可以根据市场的变化和消费的进步进行适时调整，改进或创新产品以满足消费者需求，并且保持品牌文化的始终如一。

配合国内外市场的不断变化和消费者日益增长的定制化需求，品牌就可以长期延续下去。除此之外，由于品牌与产品的相对独立性，出现了品牌的延伸这一概念。品牌形成之后，企业将采用品牌本身具有的影响力，运用相关产品或类别中的企业发展策略，使得同一品牌拥有多种类别的产品，从而品牌也就名正言顺地成为产品的核心。

第二节 国际会展旅游品牌定位

会展旅游是一国在经济、文化、科技等方面交往发展到一定程度的产物，其目前已经成了旅游服务产业不可或缺的重要组成部分，表现出了强劲的生命力，备受各国旅游管理企业以及政府各相关部门的重视。与此同时，世界旅游产业目前正在悄然掀起一股国际会展旅游的潮流，未来势必能够助力城市旅游业的发展，也是实现区域相关产业健康发展、改善外汇收支状况的关键因素。换个角度分析，我们在判断某国或某地区的经济发展水平时，也可以将会展旅游的发展水平作为重要的参考指标。

拥有能力或有机会发展国际会展旅游的“中国—中亚—西亚”经济走廊的沿线城市，今后势必会从战略层面科学规划其发展，具体而言，就是针对各国不同消费者的差异适时推出具有特色的会展旅游产品或相关服务，笔者通过多年的研究归纳，认为总体上可以从以下几个方面来完成战略定位，并且有一些已被成功落实。

一、国际会展旅游市场定位

（一）市场定位的概念

早在 20 世纪 70 年代，杰克·特劳特教授就提出了“市场定位”这一经济学名词，其核心概念为：结合目标市场内竞争对手相关产品的实际情况，围绕客户群对此类产品的某些属性或特征的关注程度，有针对性地设计出能够吸引消费者的产品形象，这样就完成了产品在销售中的定位。

从本质上看，市场发展定位科学地划分了本企业与其他企业，从而有助于帮助客户深入了解本企业与其他企业的差异性，进而做出最合理的选择。

市场定位有对现有产品的再定位和对潜在产品的预定位的双重功能，前者通过改变现有产品的产品名称、价格和包装等因素来确保消费者坚信现有产品值得消费；潜在产品的前期定位则要求营销人员必须从头做起，保证产品特点与目标市场的匹配性。在明确品牌的市场发展定位时，相关人员首先要调查清楚竞争对手的产品在目标市场中的层次定位；其次要明确目标产品的哪些特征和属性比较能够吸引消费者；最后要基于前两点来打造能够充分体现本品牌文化产品特色的形象。

（二）“中国—中亚—西亚”经济走廊国际会展旅游品牌市场定位的实施步骤

目前，针对现有品牌进行市场定位时应该通过目标市场的调查和第一手数据分析来科学区分本产品与竞争产品之间的区别，以此体现本产品的优越性。

通常情况下，在经济学中价格竞争优势和偏好竞争优势是比较常见的两个概念，前者就是利用低价来吸引消费者，进而打败竞争者；后者则是通过研究消费者的购物偏好，从而推出具有定制化的产品或服务，这就需要企业具有聚焦产品功能的能力。

因此，可以按照如下步骤来完成“中国—中亚—西亚”经济走廊国际会展旅游企业品牌市场定位的全过程管理，共同组成一个完整的商务经济链条。

（1）通过对目标市场进行分析，突出国际会展旅游品牌的竞争优势

在具体的实践操作中需要结合如下内容来完成这一步骤的实施：一是了解消费者对品牌的满意程度；二是通过分析竞争对手的数据，加深对其

产品情况的了解；三是综合分析竞争对手的市场定位和潜在顾客重视的产品属性，以便推出符合消费者购物习惯的产品或服务。通过运用多种调研方式，科学地对上述三个方面的资料和研究结果进行收集、整理、分析，从中提炼出有利于展现国际会展旅游品牌优势的信息。

（2）总结品牌竞争优势，完成目标市场的初步定位

竞争优势主要是指各相关企业具备的在市场竞争的过程中能够超越对手的要素及要素组合。它可以是现在已经拥有的，也可以是通过发展而产生的。企业从纵向和横向两方面对比本企业与竞争对手实力的过程，其实就是逐渐明确自身市场竞争优势的过程，一般会从技术开发、经营管理、生产、采购、财务和产品、市场营销等方面来进行精确对比，以加深对竞争对手的了解，并逐一分析自身存在的优势。采用此种方法可以帮助企业科学地筛选出优质项目，使得企业在目标市场中的定位逐渐明晰。

（3）凸显品牌竞争优势，必要时重新进行定位

这一阶段的工作内容以不同的宣传促销活动为纽带，向潜在顾客群准确地宣传国际会展旅游品牌独特的竞争优势，并使客户对“中国—中亚—西亚”经济走廊沿线国家国际会展旅游品牌的特色产生好感。为达到这一目的，首先，要将本品牌的市场发展定位现状如实告知广大消费者，加深本企业品牌文化的印象，并使之高度认同品牌文化，这样才能肯定品牌在市场中的定位；其次，要综合运用多种手段对消费者的这种认知和了解进行阶段性的维持和强化，确保消费者的市场态度始终如一，进而拉近消费者与企业品牌之间的距离，最终对诸品牌产品进行消费；最后，要及时发现消费者在了解品牌文化过程中的一切问题，避免其错误地把握品牌的市场定位，如一旦出现此种情况，可能会出现消费者对品牌形象认知与市场定位错位的问题。

重新定位，即企业针对已明确的市场定位产品进行新形象的打造，以取代旧形象的一系列过程。这一举措旨在巩固相关产品的市场地位，使之定位更加明晰，同时也应看到这一举措可能会导致消费者对产品的原有认知发生根本性变化。在下列情况出现时，即使国际会展旅游品牌在最初定

位十分恰当，也应该反思其现有定位是否准确：当竞争者推出了与原有产品定位差别不大，且辨识度不高的新产品时，就无法有效提升新产品的目标客户市场份额；除此之外，本企业产品的销售业绩也会因为消费者偏好和需求的改变而有所下降。

对于国际会展旅游品牌而言，重新定位是其抢占更多市场份额及全面落实市场营销战略的必由之路。只有通过适当地调整国际会展旅游品牌发展策略，在重新定位时考虑定位转移的成本和新定位的收益问题，才能在竞争日益激烈的国际市场中始终立于不败之地。

（三）“中国—中亚—西亚”经济走廊国际会展旅游品牌的市场定位战略

整体而言，“中国—中亚—西亚”经济走廊沿线的主要城市国际会展旅游发展水平并不均衡。中国的会展旅游产业因为得到了各级政府的大力支持而呈现出蓬勃的生命力，越来越多的城市具备了发展会展旅游的硬件条件，拥有成熟的场馆与完善的基础配套设施，未来中国的国际会展旅游会朝着更广阔的方向发展，但是也不能盲目乐观，现阶段还需要进一步提升总体实力，打造一批具有典型性且极具特色的旅游会展城市。因此，笔者认为最初的发展阶段选择 SO - ST 战略理论比较科学和全面。

1. SO 战略

这是一种以内部优势为纽带，抓住外部机遇进行运用，展现特色，并形成会展旅游产品竞争力的发展战略。此种战略不仅有利于实现会展旅游的可持续绿色发展，而且可以提升其对中国乃至“中国—中亚—西亚”经济走廊经济的贡献力。

2. ST 战略

这是一种采用联合经营、多元化方式来应对和消除威胁，实现现有资源价值最大化的发展战略。“中国—中亚—西亚”经济走廊沿线国家国际会展旅游品牌要想在日益激烈的国际市场竞争中脱颖而出，就必须明确细分市场，除了要在本国市场中稳步发展之外，还要朝专业旅游市场、地区会展旅游市场方向发展，体现出发展道路的多元性。除此之外，为了共享资源、降低经营风险，还应该尝试跨国行业联合，并形成各行业组织、各相关行业、各主要城市之间的协同联动。

以市场定位战略综合模型为纽带，通过研究梳理分析发现，应明确“中国—中亚—西亚”经济走廊沿线国家国际会展旅游品牌的市场定位，找准发展方向（见图4－1）。在会展产业蓬勃发展的今天，越来越多的城市开始着力聚焦会展旅游的发展，国际会展业的发展情况同时也是人们评估其品牌定位准确与否的重要依据。一方面，地理位置的优越性加之较为便捷的交通运输网络是其最大的优势所在。另一方面，需要从不同的方面开发“中国—中亚—西亚”经济走廊沿线国家国际会展旅游特色市场，打造专属的“中国—中亚—西亚”经济走廊会展旅游知名品牌。目前沿线诸多国家已经针对“会展旅游”这一发展命题制定了明确的发展目标，积极抢占相关国际市场份额。我国在发展经济走廊国际会展旅游品牌时也应该采取这一国际通用做法，朝着“特色化、专业化、互联化、区域化”的方向发展，在成功举办全国性展览会后，主动评估并总结经验教训，依托区域性的会展中心和优势产业，突出各行业会展的特色，积极培育国际化会展市场，打造国际知名会展品牌，吸引海外众多消费者，经过努力打破国际会展旅游发展模式单一的现状。

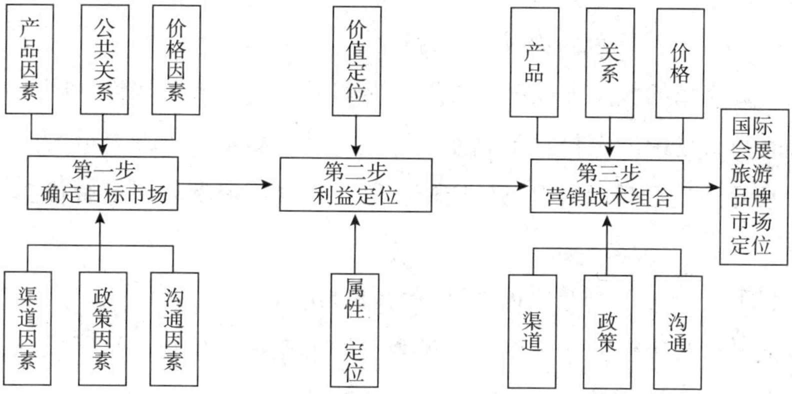

图4－1 国际会展旅游品牌市场定位战略综合模型

二、国际会展旅游产品定位

（一）国际会展旅游产品定位的含义

会展旅游产品定位主要是指为在目标客户群心目中寻求和确定最佳会展旅游产品的种类和层次，旅游产品开发者设计相关产品或者产品组合的活动。

对于旅游产品开发定位，美国旅游营销学者莫里森曾提出过一种5Ds模型理论，即识别需要（Document），对目标客户所聚焦的要素或利益进行识别与分析；决定形象（Decide），针对目标市场的特点，打造与之相匹配的产品形象；识别优势（Differentiate），全方位了解竞争对手，并基于所得信息，推出能够与竞争对手拉开差距的产品与服务；传递涉及（Design），在推出产品或服务的过程中体现出不同于竞争对手的优势，并综合运用各种营销方式向目标市场推广这些优点；落实承诺（Deliver），向消费者兑现关于产品或服务的承诺（潘齐欣、王贵文等，2021；姚延波、侯平平，2017；杨祎、梁修存，2015）。

（二）国际会展旅游产品定位的方法思路

实际上，国际会展旅游产品的开发与定位可以有多种不同的方法和实现途径。较为常见的会展旅游产品定位思路，可概括为以下几种：

（1）以产品特色为出发点进行定位

针对产品的特点和优势，或产品能够吸引消费者的属性来明确产品在目标客户市场中的定位，是企业首选的方法。譬如，“世界最大的主题公园”便是迪士尼乐园对自己的定位，这就是加深消费者对品牌优势了解的一种做法。

（2）以价格和质量之间的联系为基础进行定位

此种产品定位方法主要以质量为关键要素制定价格。毫无疑问，价格与产品质量密切相关、互为因果。越具特色及性能越好的产品，其销售价格自然也就越高。例如一个高端主题游乐园门票价格处于较高价位，会对游客起到一种暗示作用，即游客在这里可以得到更丰富的游玩体验。

（3）以产品用途为基准进行定位

此种定位方法主要是指在进行市场定位时，将产品的某种独特的用途作为主要依据。例如，某家饭店内的各种设施一应俱全，如会议设备多元化、场地足够大，那么其便向市场传递出有条件举办大规模会议或大型活动的信息，当会议和会展组织者或者演出活动的主办者寻找活动场所时，这家饭店就能够引起他们足够的注意，以此在市场竞争中获得更多的商务机会。

（4）对产品类别重新区分并进行定位

通过改变产品类别的归属，在此基础上重新对其进行定位，可能会有利于扩大目标市场范围。这一定位方法在很多工业企业中已有相关成功案例。例如，某些酿造酒品的企业所生产的产品酒精浓度符合所在国家的相关标准和要求，在对外营销宣传中将其定义为饮品，而非酒类，这样就能扩大产品在消费市场中的份额，有效扩大产品的市场规模。另外，在旅游业中，有些度假酒店已不再满足于将自己定位成单纯的住宿宾馆，而将自己定位为休闲温泉养生中心等，从而吸引更多的客户群体前来消费。

（三）“中国—中亚—西亚”经济走廊国际会展旅游产品特色定位

特色是国际会展旅游企业诸多产品的共同灵魂，因此突出自身品牌特色就成为一个旅游文化产品策划的核心目标。会展旅游产品特色的提炼和定位深受相关基础设施、会展旅游资源品质、会展旅游资源区域分布、会展旅游目的地可进入的便捷性、会展旅游地的城市形象定位和市场定位等因素的共同制约。

1. 国际会展旅游资源品质

在对国际会展旅游服务产品进行品牌定位时要充分考虑目的地旅游相关景区的自然与文化资源的品质。换言之，除了要明确产品定位之外，还要凸显会展旅游各类资源的特征和优势，这样才能形成强大的竞争优势。

不仅如此，明确“中国—中亚—西亚”经济走廊国际会展旅游产品特色定位时，不但要对会展旅游资源的品质和特色进行深入的了解和明确界定，还要针对目标市场展开考察，具体的步骤和措施就是要综合分析和判断会展旅游信息资源的特色、区域分布、市场经济需求以及是否具有实现会展旅游企业产品特色社会定位的执行能力。

2. 国际会展旅游资源区域分布

国际会展旅游各类资源的区域分布对会展旅游产品的特色定位有重大影响，甚至能够让会展旅游城市自身资源的特色得到充分的彰显和最大限度的商业利用。

旅游资源区域分布阴影理论认为，如果目标区域内同时出现了若干类型相同的会展旅游产品，那么它们就具有彼此取代的能力，其中缺乏特色的会展旅游产品被特色鲜明的会展旅游产品取代的可能性就很大，这就需要重新进行产品的定位以增加其特色。以山东曲阜——孔子故里为例，其孔府、孔庙、孔林等大型历史建筑群已经被列为世界文化遗产，人文特色旅游资源丰富，孔子拥有极高的历史地位，而孟子就出生于距离曲阜数十公里的邹城，这里同样拥有着宝贵的“三孟”历史文化资源。然而根据阴影区理论，“三孔”阴影区部分覆盖了“三孟”，可能会弱化产品推广效果，为解决此问题，当地政府相关部门及文化旅游从业企业围绕“孟母三迁”等历史典故进行策划和包装，并适时推向市场，从而扭转了被动局面，助力了当地旅游产业的快速发展。

3. 国际会展旅游地可进入性

客源地到会展文化旅游活动目的地的距离、交通条件，以及耗费时间和费用等是综合判断会展旅游地可进入性的重要指标，这其中还包括便捷性、区位优势条件、舒适性、基础旅游服务设施等。

可进入性也直接影响着会展旅游产品特色的定位。一般而言，不同的客户在选择产品类型时，对可进入性的需求也有所不同。如果游客偏好奇妙的自然风光和独特的文化资源，虽然可及性和服务都较差，但经过一番艰难险阻后获得了美的价值享受，也会得到身心的极大满足。如果游客偏好度假地具有便捷的交通、较为完善的景区设施、高质量的服务等，那么就会更加追求良好的度假环境，这就对可进入性提出了更高的要求。

综合上述分析，在进行“中国—中亚—西亚”经济走廊国际会展旅游产品的特色定位时，我国各级政府、相关部门及各企业都应认真考虑可进入性这一因素。

三、国际会展旅游顾客定位

（一）国际会展旅游顾客定位的重要性

顾客定位的目的是为相关企业找到精准的客户群体，面对瞬息万变的国际会展旅游市场，企业如何通过市场定位来识别并区分可能的潜在客户群，是企业进行市场定位时极为关键的一步。

国际会展旅游行业规模每年保持超过10%的快速增长。同时旅游发展行业进行线上线下B2C市场经济的竞争日益激烈，行业格局已趋于固化，围绕旅行社B2B企业级服务的市场却才刚刚兴起，而且呈现出高频刚需的发展特点。随着消费能力的升级，人们对高端、特色且定制化的会展旅游产品有着巨大的需求。但我们也应看到，由于目前该行业的企业自身能力较弱，能够提供的产品类别和规模还较为有限。

伴随会展旅游业的深入发展，会展旅游行业的市场潜力巨大。而国际会展旅游行业对不同客户群的精准市场定位，也意味着对自身企业服务、产品、内容、营销活动方式等诸多方面的精准定位。

（二）国际会展旅游顾客定位的方式

针对会展旅游行业的各类不同企业，精准定位顾客的思路各有不同。基于此，在进行“中国—中亚—西亚”经济走廊国际会展旅游顾客定位时，应主要采用以下三种定位方式。

（1）建立健全国际会展旅游相关企业网络平台，针对会展旅游信息类综合服务网站，可以按照其对用户在线行为的各种标签（搜索、点击、链接、收集和购买广告）进行分类，建立网站客户数据资源库及查询系统。

（2）各类景观场所、主题公园、特色小镇、风情街道、酒店等，通过无线信号探头、蓝牙等硬件设备采集客户各类消费行为，采集的信息具有针对性和私密性。同时通过对游客线下行为的识别，建立企业自身发展所需的客户信息资源库，并对潜在目标客户群进行锁定。

（3）甄别客户信息，定向锁定目标客户，进行信息深度肖像处理和研究。

作为国际会展旅游企业相关产品和营销策略制定的重要依据，以上三种定位方式都需要依赖大数据分析处理工具与平台的协同工作。

四、国际会展旅游品牌形象定位

（一）国家形象定位

国际会展旅游具有影响力强、盈利性较高、辐射性持续和交流性广泛等特点，需要国家政府及相关部门给予长期的关注，而政府及相关部门常常是各类会展旅游活动的发起者、组织者、推动者。因此，在会展旅游行业发展的过程中，明确政府职能、彰显国家形象有利于打造国际会展旅游品牌，同时，这也关系着国家整体形象和各地会展旅游行业的长远发展。

1. 我国国际会展旅游发展背景概况

会展旅游这一概念于20世纪80年代传入我国。我国在2001年加入WTO后，经济不断发展、国家综合实力显著提高，与此同时，旅游资源宣传力度加大，旅游基础及相关配套设施日渐完善，在各级政府的监督及支持下，会展旅游在我国得到快速发展。

2. 国家形象与国际会展旅游品牌形象密切相关

明确会展旅游的内涵与特点，从中不难发现，国家形象与国际会展旅游品牌形象密切相关。会展旅游是会展活动与旅游活动有机融合、会展业与旅游业相互交融发展、会展经济与旅游经济协调发展的必然趋势，其行业发展优势和特点、重要性及辐射带动作用都影响深远，会展旅游品牌形象与国家形象塑造之间的紧密联系不容忽视。

（1）会展旅游影响力大

目前，我国国际会展旅游发展比较快的城市主要有大连、上海、郑州、广州、珠海、厦门及深圳等。随着中国经济社会的不断发展和对外开放的进一步深入，这些城市举办了一些独具特色的国际品牌展会，在海内外均产生了较大的影响力，如北京的高新技术国际周、上海的汽车展、广州的广交会、深圳的高交会、珠海的航空展、大连的国际服装周等。这一系列品牌会展活动的举办，极大地提高了所在城市的知名度、影响力，而凭借会展旅游活动的巨大影响力，能够实现以现有资产吸引未来更多的投资活动，增加更多的无形收入，这都在一定程度上推动了区域经济的纵深发展。

（2）会展旅游辐射范围广

国际会展旅游行业相关性很强，一次大型会展活动的创办，通常能带动周边集住宿、交通、餐饮、购物等于一体的“旅游文化消费链”。正因如此，国际会展旅游在带动经济增长的过程中表现出极强的辐射性。同时会展旅游业的发展能激发市场活力，创造就业机会；能够挖掘城市潜力，推动相关基础设施建设；能够推动相关产业快速发展，推进区域经济综合可持续发展。

（3）会展旅游交流面宽

会展旅游的客户群一般会在相应城市停留较长时间，并且一般都具有很强的消费能力，而会展旅游作为城市和地区经济活动的推动力，彰显了较大范围内的物资、信息、资金等方面的沟通能力。因此国际会展旅游行业是丰富的资源整合与交流汇聚区。巨大的交流面，将有助于激发城市的发展潜力，促进旅游支柱产业的建设，给相关城市提供巨大的发展带动力。

3. 国际会展旅游品牌国家形象定位

（1）各级政府及相关组成部门应将发展国际会展旅游的关注度放在科学性与适宜性相互统一的层面上

当前在发展会展旅游时，各级政府应重视两种倾向的协调关系：首先，对于发展会展旅游显现出的急迫性；其次，在发展会展旅游时，表现出的跟风及盲目性。为协调这两种负面倾向，各级政府必须在进行国际会展旅游品牌定位时，准确意识到推进会展旅游的自身优势。

国际会展旅游与国际会展经济的发展相辅相成、相互促进，同时国际会展经济又为会展旅游的发展提供了全新的舞台。国际会展旅游是旅游行业的一个分支，是最有可能创造经济收入的特殊旅游项目之一，代表着现在世界旅游行业最新的流行趋势和发展动态。国际会展旅游与其他旅游产品之间既存在相互竞争、互补关系，又存在相互替代的多重关系。各级政府应制定通过精准引导使其产业健康发展的措施。

（2）相关企业与个人凝心聚力以行动彰显国家形象

国际会展旅游是会展业与旅游业通过一定方式相互嵌合、共同发展的产物，它是一种新型“会展+旅游”的商务模式。通过创建会议和举办展览的凝聚效应、辐射效应，会展业可以推动旅游产业向更深层次发展与进步。在具体实践中，相关企业及个人凝心聚力，打造高质量会展旅游产品与服务，是彰显国家形象和塑造品牌的重要方式之一。

（二）所在城市形象定位

城市形象，尤其是典型的景观形象，对于一座以旅游著称的城市而言，是十分重要的“地利”优势，而在会展活动举办的全过程中，城市总体形象也是会展活动最终选址的首选条件和重要因素之一。

1. 我国国际会展旅游发展形势与其所在城市形象定位的相互关系

目前我国国际会展旅游业仍处于发展进程的最初始阶段，但发展潜力巨大。随着城市功能及基础配套设施的相应完善，城市俨然成为国际会展旅游发展中至关重要的角色。

在国际会展旅游业的整体发展过程中，城市形象定位表现出以下三种趋势。

（1）集群化趋势。某一城市创办的国际会展旅游活动，通常会在相邻的城市自发形成区域性会展旅游热潮。这些会展旅游活动相互促进、相互融合，可以发挥各自不同的辐射效应，推进区域会展旅游共同发展。

（2）联盟化趋势。相邻城市有望结成会展旅游战略伙伴关系，共同发展，应对其他竞争对手的挑战。通过联盟这种形式，整合优势资源，共同提高市场竞争力。

(3) 品牌化趋势。为避免与其他城市直接竞争产生同质化效应，各城市都十分注重突出自身的“特色”，发挥自身的资源及产业优势，培育本地的专业门类特色展、名牌展。

2. 产品特色与会展旅游城市形象定位

旅游产品的特色定位是旅游形象定位的支撑体。通过研究发现，旅游形象定位既离不开旅游产品的特色定位，又对旅游产品特色定位产生深远的影响。通常的步骤是在旅游形象定位后也就明确了旅游地的产品特色定位。一旦产品特色定位明确，旅游发展方向和投资重点也就随之变得明确。两者之间相辅相成、相互依赖。一般而言，通过对国际会展旅游城市进行持续的跟踪调查研究，分析其城市形象定位与会展旅游资源之间的相互关联，在此基础上设计并确立的会展旅游产品，才能既体现当地特色，又符合整体城市形象定位。反过来，如果产品定位与城市特色不相符，旅游产品对游客的吸引力也就不足。

(三) 相关企业形象定位

消费者对企业形象的认识是从信赖到最终产生好感的一系列过程。旅游企业形象主要由产品、服务、员工、组织和管理等五大形象要素共同构成。塑造良好的企业形象需要精准把握这五大要素属性及其相互之间的内在关系。

1. 重视相关企业形象定位的重要性

(1) 会展旅游行业和产品的特殊性

国际会展旅游行业产品具有不可分离性、不可储存性、不可感知性、差异性以及缺乏所有权等五大特征。由于公众了解产品信息的渠道有限，销售人员主动介绍成为其获取信息的主要渠道之一，但由于相关差异性，消费者不能直接进行各产品之间的比较，企业形象成为消费者进行产品选择时所要考量的重要因素，因此旅游企业的整体企业形象直接影响着消费者对其产品的认知程度，良好的企业形象会让顾客更加信任其会展旅游产品并产生进一步的消费行为。所以与其他类型企业相比，会展旅游企业应该更加注重自身企业形象的全方位深入塑造。

（2）有助于增强企业核心竞争力

塑造良好的企业形象是提高会展旅游企业核心竞争力的有力手段。会展旅游企业的核心竞争力由现实竞争力和潜在竞争力两大部分构成。虽然企业形象不能直接带给企业可观利润，也无法像企业广告宣传的那样直接提高企业的区域市场认知度，但是随着大众物质生活水平的提高，越来越多的消费者追求个性化的消费，并开始关注产品使用价值之外的其他多项附加价值，企业形象作为产品附加价值的一种表现形式也越来越受消费者关注。良好的企业形象对于提高本企业在目标消费者心中的地位确有一定的影响力，同时也可增加企业的潜在客户群体的数量及规模，进一步吸引更多其他优秀的企业与其合作，实现双赢，助力增强企业实力。目前国际市场一致认为，重视企业形象塑造已成为提升企业核心竞争力的重要决定因素之一。

（3）有利于增强企业内部员工凝聚力

良好的企业形象不仅可以吸引更多人才的加入，也能创造出更加良好的企业内部环境，为保住企业人才提供坚实的保障。当企业有良好的内部机制，以及适宜的企业文化氛围时，则更容易激发员工的工作积极性，提高其工作的整体效率。同时，良好的企业形象也会让员工有更强的自豪感、归属感和职业成就感，从而进一步激发企业内部员工的核心凝聚力。

2. 相关企业形象定位的建议

（1）树立强烈的形象塑造意识

目前我国会展旅游相关从业企业的整体形象塑造与包装意识仍较为淡薄。大型企业由于消费群体与合作伙伴相对固定而忽略了企业形象的进一步深度塑造。其实，企业的知名度需要有良好的企业形象作为衬托。对于我国会展旅游企业来讲，大众对其认识程度不高是普遍存在的现实问题，因此提高企业形象塑造意识刻不容缓。消费者通过对企业整体形象的认知，可以加深对其产品的信任，增强自身购买欲望，在此条件下企业也需提高自身全方位形象宣传的意识。

（2）加强企业文化建设

会展旅游相关从业企业的竞争从本质上来说就是"文化"的竞争，企业需要通过加强自身的文化建设形成自身独特的竞争优势。企业文化和企业形象都是企业软实力的展现。与企业形象不同的是，企业文化是一种客观存在，是人类认识对象的本身体现；而企业形象则是企业文化在人类头脑中的现实反映，属于人类的主观意识。所以企业形象受企业文化的指导和制约，而企业文化对员工的行为起着导向作用。

（3）提高企业成员整体素质

提高领导和员工的综合素质有助于会展旅游相关企业塑造良好的企业形象。员工的素质在很大程度上取决于企业管理制度的制定与监督。领导的素质好、决策能力强，会在提升企业的知名度、美誉度等方面的建设中起到不可估量的作用。而会展旅游业作为服务行业，员工所提供的服务质量水平直接关系到整个企业的口碑和形象，因此企业成员整体素质的提升对于企业形象塑造的作用不可忽视。

第五章 “中国—中亚—西亚”经济走廊沿线国家国际会展业与旅游产业互嵌融合经验

第一节 中国国际会展业与旅游产业发展概况及经验

本章将以我国大连、天津、北京、广州、重庆和乌鲁木齐等城市为代表，分析国内会展业与旅游业的发展现状、发展条件及相关经验。

一、大连国际会展业与旅游产业互嵌融合研究

（一）发展现状

1. 国际会展及相关产业

目前，东北地区有国际影响力和知名度的展会大多在大连举办，如大连进出口商品交易会、大连国际汽车展览会、第十四届中国国际软件和信息服务交易会等，这在一定程度上促进了大连市会展经济的整体发展。2017 年 4 月 10 日，中国（辽宁）自由贸易试验区大连片区正式挂牌，进一步促进了大连会展业的国际化。

据相关统计数据，截至 2019 年年底，大连市会展业呈良性发展态势。2019 年，全市举办国内外各类型展会共计 141 场，布展总面积达 150 万平方米，涉及参展企业总数 3 万余家，其中境外参展企业共 2379 家；参展商总人数超过 13 万人次，其中境外各国参展商共 10000 人次，各类会展参观总人数达 1029.7 万人次。① 2020 年，受新冠肺炎疫情的影响，大连市全年举办

① 大连市统计局．大连市 2019 年国民经济和社会发展统计公报［EB/OL］．www.stats.dl.gov.cn/art/2020/7/7/art_3812_557276.html.

展会35场，布展面积42.0万平方米，参观人数140.1万人次（见图5-1）。①

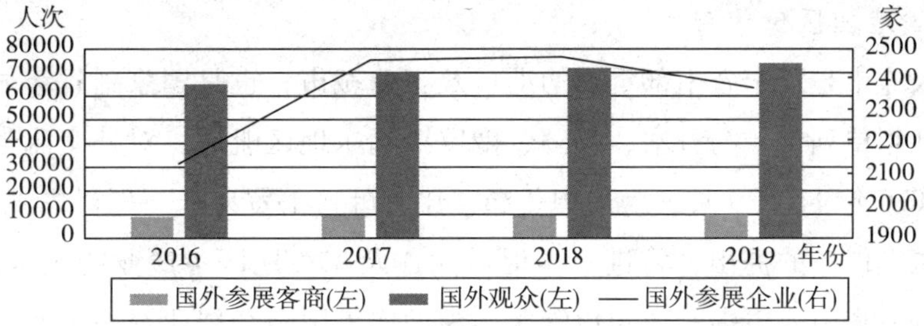

图5-1 2016—2019年大连市国际会展业相关数据分析

资料来源：笔者根据2016—2019年多次实地调查跟踪数据整理所得。

2. 国际旅游及相关产业

大连市地理位置优越，邻近日韩，交通便利，直达日韩两国的航线每周通航120多个班次。哈大高铁58对/天，丹大高铁12对/天，海上国内运输航线6条，国际航线1条。② 2020年，大连市旅游业受到新冠肺炎疫情的影响，全年接待游客3997.3万人次。其中，国内游客总数3985.2万人次，海外过夜游客12.1万人次，旅游总收入610.3亿元，其中国内旅游收入605.9亿元，旅游外汇收入6290.7万元（见图5-2）。

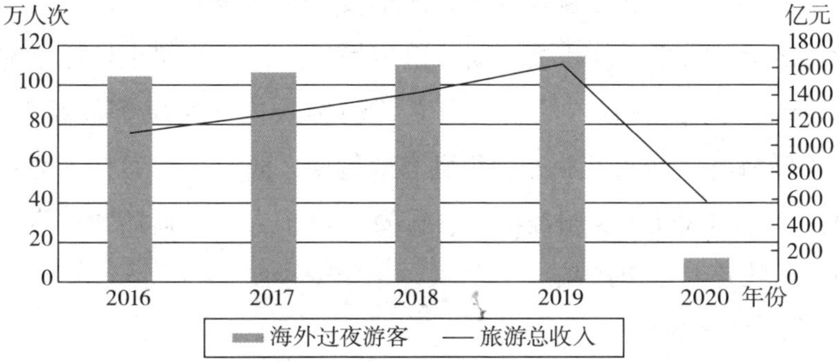

图5-2 2016—2020年大连市国际旅游业相关数据分析

资料来源：笔者根据2016—2020年多次实地调查跟踪数据整理所得。

---

① 大连市统计局．大连市2020年国民经济和社会发展统计公报[EB/OL]. https://stats.dl.gov.cn/col/col3812/index.html.

② 大连市人民政府网站，https://www.dl.gov.cn/col/col3550/index.html.

（二）发展条件

1. 地理区位优势

大连市是辽宁省南部重要的港口及工业城市，也是国家副省级城市和国家计划单列市，与日本、韩国、俄罗斯远东地区毗邻，对外交流频度较高。2020 年 11 月 9 日，大连担负起“中日韩自由贸易区”先行先试任务，这一试点任务的提出，将进一步促进大连及相关地区各产业的快速升级，将会进一步引入更多的国际化资源，为大连市国际会展业及旅游业的发展提供进一步的帮助。

目前，大连市港口铁路运营线路共 17 条，其中多式联运体系以大连为核心，沈阳、长春、哈尔滨、通辽等城市为核心节点，开通铁路集装箱班列 40 余条，腹地集装箱中转场站 50 余个，集疏运网络覆盖了整个东北及内蒙古东部地区，并形成了覆盖全国、辐射东北亚、连接东南亚的立体运输网络。

2. 政府政策支持

目前，大连正在积极创建国家全域旅游示范区，面对突发的新冠肺炎疫情给文旅市场带来的严重影响和不确定性，全市统筹分类文旅资源，综合运用线上线下、融合创新等方式，多手段、多角度地宣传大连市文化旅游资源及展示城市形象。积极推动旅游市场复苏，发放“大连旅游惠民消费券”，推出四季主题宣传活动，设立“引客入连”奖励等一系列举措，使得“浪漫海湾”城市文旅品牌得到有效传播，同时组织召开了全市文旅资源对接大会和大连—沈阳经济区文旅资源对接大会，盘活文旅资源，整合优质旅游线路和推出产品。

3. 旅游文化资源

大连是东北亚地区著名的滨海旅游度假胜地，依山傍海、陆岛互通、风景秀美，自然和人文资源都较为丰富。

大连市是首批全国优秀旅游城市之一，先后荣获中国最佳旅游城市、中国休闲旅游示范城市、中国最佳旅游避暑胜地、全球宜居城市等多个称号。根据相关统计资料，目前全市有477家各类型旅行社[①]，119家星级饭店[②]，客房总数达1.77万间，完善的配套服务设施为大连市会展旅游业提供了良好的保障。[③] 大连拥有老虎滩海洋公园和金石滩国家旅游度假区等56个A级景区。[④]

大连市位于辽宁省南部，毗邻黄海和渤海，具有明显的海洋性气候特征，属于温带季风性气候，温度适宜、四季分明。在海洋性气候的影响下，与我国北方其他地区相比，大连适宜旅游的时段较长，非常适合春夏秋三季游，加之每年空气质量优良天数在300天以上，气温变化和缓，空气比较湿润，且没有连续多日的过湿天气，空气新鲜、阳光充足，又有海滨浴场，对休养疗养十分有利。

（三）相关成功经验

1. 依托国家对大连的城市定位

作为我国北方重要的港口、工业、贸易、金融和旅游城市，大连是东北地区对外开放的龙头和窗口，明确了“东北亚国际航运中心、国际物流中心、国际贸易中心、区域性金融中心和现代产业聚集区”的功能定位。一方面，在“十三五”期间，大连市增开集装箱班轮航线8条，且被有关机构评定为国家级物流枢纽；另一方面，大连市获批国家服务贸易创新发展试点城市，并且区域合作取得新成效，沿海经济带龙头作用增强。

2. 用好国家对东北相关优惠扶持政策

依托区位条件、资源禀赋、产业基础以及资源环境承载能力，大连加快提升示范带动作用，加强“渤海翼”和“黄海翼”协同发展，充分发挥国家级新区、自贸试验区、开发区等重点开发开放平台作用，形成了“一核引领、两翼协同、多点支撑”的高质量发展总体布局。

---

① 477家旅行社中具有出境组团资格的一共72家。

② 119家星级饭店中五星级10家、四星级26家。

③ 大连市统计局．大连市2020年国民经济和社会发展统计公报[EB/OL]. www. stats. dl. gov. cn/col/col3812/index. html.

④ 在56个A级景区中5A级有2个、4A级有27个。

3. 完善的会展旅游基础设施

大连市不仅地理位置优越，同时还是辽东半岛重要的铁路枢纽，对于促进和辐射辽南地区社会经济发展起着举足轻重的作用，同时拥有设施相对完善的会展服务中心，包括大连世界博览中心、大连星海会展中心、大连国际会议中心等一系列大型会展场所。另外，大连周水子国际机场已成为国家一级民用机场，机场总占地面积 5074 亩，① 可供各类型飞机起降。截至 2019 年年底，机场完成航班起降 15.45 万架次、货邮吞吐量 17.3 万吨、旅客吞吐总量 2008 万人次，分别同比增长 6%、7.1%、7.1%，三大运输生产指标都已达到全国平均水平，并在东北民用航空领域分别位列第 1、第 2、第 3，保持了综合领先地位。②

4. 做大做强原有会展旅游品牌

2020 年，大连市国际贸易促进会荣获“新世纪 20 周年·20 个最具影响力会展目的地金手指奖”；大连金石滩鲁能希尔顿酒店获得“新世纪 20 周年·20 个最具影响力会议及商务酒店金手指奖”等一系列荣誉奖项。2019 年大连市成功引进世界教育日大会、中国多媒体技术大会、国际数理统计大会等 28 场高规格会议；同时荣获“中国最具魅力会奖目的地城市”及“中国最具影响力会展名城”等 21 个全国性会展和旅游相关奖项。

5. 注重相关专业人才的培养

大连是我国首批工业城市之一，工业基础雄厚、工业门类齐全、相关专业技术人才储备丰富。大连港目前设有 12 个省市两级创新工作室，拥有 240 多名各门类专业人才。

人才是发展的原动力，只有人才的高质量储备，才能助推大连经济社会全面高质量发展。目前大连全市共有 20 多所普通高等本科院校，以大连理工大学与大连海事大学为龙头，在校博士生总规模接近 5000 人。

---

①② 资料来源：大连市交通运输局，www.jt.dl.gov.cn/art/2021/2/25/art_4646_589811.html.

二、天津国际会展业与旅游产业互嵌融合研究

（一）发展现状

1. 国际会展及相关产业

天津目前拥有天津国际展览中心、天津滨海国际会展中心、天津体育展览中心、梅江会展中心、国家会展中心（天津）等五大展览馆，展览总面积14.1万平方米，其中国家会展中心（天津）共投资180亿元，总建筑面积约138万平方米①，全方位为京津冀地区各类型展会提供有力的硬件设施保障。京津冀三省市共同努力、协同发展，助力将环渤海经济带打造成为世界级国际会展及旅游中心，并成为中国经济发展新的增长极。截至2020年年底，全市举办展会30次，布展总面积达到801458平方米，并成功举办2020中国旅游产业博览会，创造性地提出了线上线下一体的办展新模式，吸引了2000余家不同类型的文旅企业参与。②

2. 国际旅游及相关产业

截至2019年年底，天津全市A级以上旅游景点数共95个③，2020年举办了“鼓楼津声”“I·游天津”旅游季等系列活动，适时推广了52条精品旅游路线④，打响“网红天津”城市IP，推出天津通票2.0，全力打造“近代中国看天津”等优质旅游升级版。图5-3为2016—2020年天津市国际旅游业相关数据分析。

---

① 笔者根据国家会展中心（天津）（www.ncectj.com）所公布相关信息数据统计所得。

② 中国贸促会研究院．中国2020展览经济发展报告[EB/OL]．www.ccpit-academy.org/v-1-4450.aspx.

③ 天津市统计局．2019年天津市国民经济和社会发展统计公报[EB/OL]．www.stats.tj.gov.cn/tjsj_52032/tjgb/202007/t20200705_2780580.html.

④ 天津市统计局．2020年天津市国民经济和社会发展统计公报[EB/OL]．www.stats.tj.gov.cn/tjsj_52032/tjgb/202103/t20210317_5386752.html.

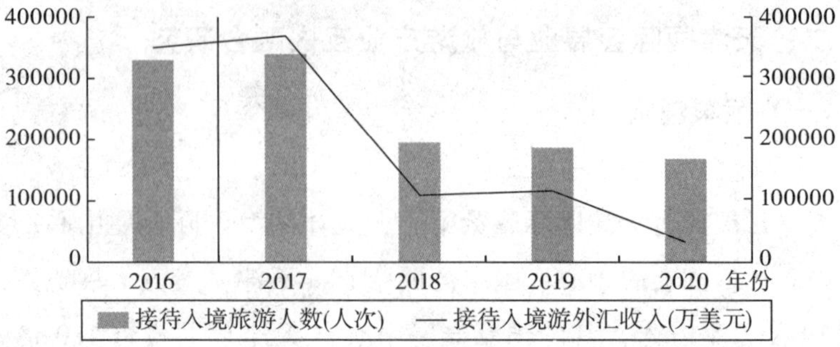

图 5-3　2016—2020 年天津市国际旅游业相关数据分析

资料来源：笔者根据 2016—2020 年多次实地调查跟踪数据整理所得。

（二）发展条件

1. 京津冀协同发展核心区域

天津积极承接北京的非首都功能，例如国家会展中心（天津）的加快建设，同时借助党中央、国务院大力发展雄安新区的历史机遇，加大与其在相关产业规划、会展及旅游运营、配套基础设施等方面的全方位交流与合作。另外，牵头制定国内首部区域性的环境保护标准。

2. 区域交通核心地位

天津港累计开通集装箱运输航线 130 条、航班 550 余班，遍及世界 200 多个国家和地区的 800 多个港口。[①] 天津滨海国际机场已经形成了国内干支线相结合，国际主要通航东北亚、东南亚和欧洲的客运航空网络。

3. 传统商业会展文化历史

天津自开埠以来，一直都是中国北方商业中心和重要的港口城市。商业氛围浓厚，各商业门类齐全。目前，天津拥有三个海关综合保税区，国际商务进出口业务规模一直居全国前列，已经在此成功举办并形成一定规模的国际性展会有：中国工业博览会、天津国际餐饮食材展览会、天津国际珠宝首饰展览会、天津国际医疗器械展览会等。

① 天津市人民政府. 渤海湾畔新潮涌——沿着总书记的足迹之天津篇. www. tj. gov. cn/sy/tjxw/202205/t20220524_5888022. html.

4. 完备的工业门类体系

2020年天津市在新材料与新能源、高科技生物制药、装备制造、航天宇航、汽车制造及相关重点产业领域的产值占规模以上工业比重达54.3%。

“两带集聚，多极带动、周边辐射”的产业空间布局正在天津逐步形成，其已建成11个国家新型工业化产业示范基地，产业集聚度进一步增强，滨海新区工业产值占全市比重持续保持在55%左右，龙头带动作用进一步发挥。

（三）相关成功经验

1. 与京冀两地形成紧密结合、优势互补的国际会展旅游协同发展趋势

目前全市正积极推动文化和旅游区域合作。推进京津冀文化旅游带和特色旅游协作区建设，全面提升京津冀文化和旅游一体化水平。建设以首都为核心、富有京畿特色的文化旅游圈。加大京津冀文化和旅游共建力度，加强与国内其他地区文化和旅游合作，强化北京文化和旅游行业的引领示范作用。

2. 利用中国北方经济中心优势地位，加快培育国际品牌展会，增强会展行业吸引力

天津不仅有四通八达的港口优势、多种专业化港口优势，而且具有较强的各产业门类优势，尤其表现在生产、消费、物流集散等方面。

在京津冀协同发展战略引领下，天津市拥有完备的产业体系，现代化的物流供应链，布局合理的金融、证券市场，为加快培育品牌展会、增强会展行业吸引力提供了支撑。

三、北京国际会展业与旅游产业互嵌融合研究

（一）发展现状

1. 国际会展及相关产业

北京市目前有9座大型会展中心，如中国国际展览中心、北京九华国际

会展中心、北京国际会议中心等，布展总面积达 33 万平方米。① 截至 2020 年年底，北京市共举办各类型展会 89 场，展览总面积 178 万平方米。②

2. 国际旅游及相关产业

2020 年北京全年接待旅游总人数达 1.84 亿人次，同比下降 42.9%；实现旅游总收入 2914 亿元，同比下降 53.2%。其中接待国内游客 1.84 亿人次，同比下降 42.3%；国内旅游总收入 2880.9 亿元，同比下降 50.9%。接待入境游客 34.1 万人次，同比下降 91.0%；国际旅游收入 4.8 亿美元，同比下降 90.7%（见图 5－4）。全年经旅行社组织的出境游人数 47.2 万人次，同比下降 90.3%。

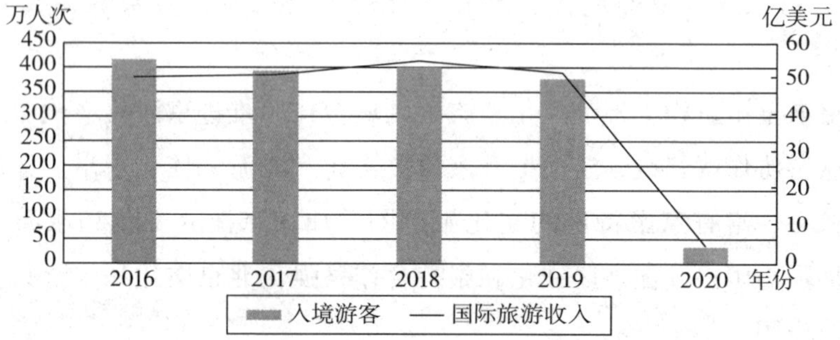

图 5－4　2016—2020 年北京市国际旅游业相关数据分析

资料来源：笔者根据 2016—2020 年《北京统计年鉴》的相关数据整理所得。

（二）发展条件

1. 地理区位优越

北京是中华人民共和国的首都，是全国的政治文化中心，同时也是闻名于世的历史古都，现代化国际“双奥之城”，东部与天津市毗邻，北部、西部及南部均与河北省相邻，地理区位较为优越。

2. 充分利用国家相关优势政策，强化城市总体规划引领作用

扎实推进全国文化中心建设，确立“一核一城三带两区”总体框架，

---

① 笔者根据实际调查资料数据所得。

② 中国贸促会研究院．中国 2020 展览经济发展报告[EB/OL]. www. ccpit－academy. org/v－1－4450. aspx.

进一步增强其文化综合软实力，全方位提升国际交流中心的功能地位，同时最大限度地激发创新能力，成为全球创新创业最活跃的城市之一。

3. 完善的各类基础设施

北京市组建了一批促进会展行业发展的联盟平台。在电子商务、金融、工业互联网等领域分别成立了北京跨境电商综试区线上综合服务平台等10余个机构和平台，推动形成服务贸易发展的长效机制。在线下场馆建设方面，中国国际展览中心新馆二期建设是落实首都"四个中心"战略定位，促进国际交往的重要平台和载体，建设用地总面积63.74万平方米，地上建筑面积43.85万平方米。①

4. 厚重的历史文化旅游资源

北京是五朝古都，拥有多处历史文化旅游资源，如圆明园遗址公园、颐和园、故宫博物院等。目前正充分利用这些优秀的历史文化资源深入推进文化旅游融合发展。推动旅游服务贸易多边和区域合作，发展旅游服务贸易新业态新模式。打造具有广泛影响力的品牌文化活动，继续举办"动漫北京""中国（北京）演艺博览会"等专题性国际会展活动。

（三）相关成功经验

1. 充分发挥首善城市的核心地位

北京不仅在国内发挥着示范带动作用，并且在国际上同样具有较大的影响力，是著名的文化中心城市，对周围城市乃至全国的城市都有引领、辐射、带动、聚合作用。

2. 深度挖掘旅游文化资源，开发主题型旅游产品

创新消费市场和消费模式，培育新型消费形态，大力推动文旅消费融合升级，加强历史文化资源活化利用，夯实北京国际消费中心城市文化根基，积极打造其有文化底蕴的世界级旅游景区，持续形成文旅新消费增长点和增长极。

为配合第24届冬季奥林匹克运动会，北京设计开发了如"北京冰雪

① 根据笔者实际调查数据资料所得。

游”“北京冬奥游”等冰雪旅游、冬季旅游主题游览线路。

3. 大力建设高层次会展旅游相关基础设施

目前，北京市与京东集团签署了战略合作协议，引入其成熟的数字技术——“云服务”，此举将助力北京国际会展业的深度发展，以及行业的整体转型升级，同时将完善首都会展集团服贸会运营保障功能。整合本市各类会展资源，加快推动会展业转型升级，培育发展北京会展新经济，打造首都经济发展新的增长点，培育会展产业龙头企业。

4. 强大的会展旅游复合型人才吸纳汇聚能力

一方面是依靠学校教育，采取校企合作、联合办学等方式，在高等院校或大专院校设置展览专业，培养懂管理、善经营、具备法律知识的专业化展览管理人才，及了解展览模式、熟悉市场运营的营销人才；另一方面是定期开展展览从业人员讲座、培训、实践，以提升展览从业人员综合素质，不断完善展览行业人才引进政策，引进、留住、用好高层次人才。

四、广州国际会展业与旅游产业互嵌融合研究

（一）发展现状

1. 国际会展及相关产业

截至 2020 年年底，广东省共举办国内外各类展会 284 次，占全国会展总数量的 14.3%，较 2019 年下降 40.7%；全年举办展览总面积为 1313.8 万平方米，占全国展览总面积的 18.0%，较 2019 年下降 43.7%。[①] 截至目前，广州市共拥有展馆 5 座，布展总面积 49 万平方米，举办各类展会 134 场，展览总面积 636 万平方米。

2. 国际旅游及相关产业

广州总面积 7434.40 平方千米，2020 年常住人口 18676605 人，是广东省省会，全省政治、经济、科技、教育和文化中心。2020 年，广州市接待过夜旅游人数总规模达 4182.59 万人次。其中入境旅行者 209.73 万人

---

① 中国贸促会研究院．中国 2020 展览经济发展报告［EB/OL］. www. ccpit - academy. org/v - 1 - 4450. aspx.

次，国内旅游者3972.86万人次。在入境旅游人数中，非中国国籍总人数约46.99万人次，同比下降86.4%；香港、澳门和台湾同胞约为162.74万人次，同比下降70.6%。旅游业总收入2679.07亿元，同比下降39.9%。旅游外汇收入14.59亿美元，同比下降77.7%。[①]

（二）发展条件

1. 区位优势及整体经济发展水平

广东省地处祖国大陆南部，与海南省隔琼州海峡相望。自东至西依次与福建省、江西省、湖南省、广西壮族自治区接壤，同时与香港、澳门特别行政区相邻。广州市是国家重要的中心节点城市、国际商贸中心、综合交通枢纽，具有2200多年的发展历史，是古代海上丝绸之路的始发地；是中国历史最悠久且唯一从未关闭过的对外通商口岸，素有“千年商都”的美誉，气候宜人，森林覆盖率达42.14%。[②]

2. 传统商业历史积淀

从会展场馆室内可用于布展的总面积进行分析，2020年广东省各类展览馆总面积约172万平方米，约占全国展览馆室内可租用总面积的18%，目前仍居全国首位。[③]

广州分别于春季和秋季举办中国进出口商品交易会（简称广交会），是目前全球最大的综合性展览会，展览总面积118.5万平方米。[④] 广交会创办于1957年春，至今已经有50多年的发展历史，以广交会为龙头和依托，广东还涌现出一批在国际上具有影响力的专业性国际品牌展会，例如广州国际照明展览会、中国（广州）国际家具博览会、中国（广州）国际美博会等，以上这些都为广东国际会展业的全方位发展奠定了坚实的基础。

---

① 笔者根据《广州统计年鉴2020》(www.lwzb.gzstats.gov.cn:20001/datav/admin/home/www_nj/)的相关数据整理所得。

② 笔者根据广州市人民政府(www.gz.gov.cn/zlgz/index.html)发布的相关资料总结所得。

③ 重庆市统计局,国家统计局重庆调查总队.2020年重庆市国民经济和社会发展统计公报.www.tjj.cq.gov.cn/zwgk_233/fdzdgknr/tjxx/sjzl_55471/tjgb_55472/202103/t20210318_9008291.htm.

④ 笔者实地前往广交会现场调查所获数据。

3. 旅游文化资源

（1）岭南文化资源

岭南文化是广东精神的历史源头和发展基底，广东精神是岭南文化的重要组成部分和典型外在表现。岭南文化的总体特征不仅在广东精神中有较为充分的表现，而且对广东精神的发展和流变产生着重要影响。所以研究岭南文化的总体特征、探寻岭南文化的传播轨迹，是认识广东文化发展现状的必要手段和途径，是文化建设不可缺少的重要组成部分。岭南文化集中地体现了“广府文化”和兼容开放的特征，以及确立了“敢为天下先，引领新潮流”的地位。同时，岭南文化也是中华文化的重要组成部分，与中华文化一脉相承，在语言表达、饮食、建筑、宗教和武术等方面对中华文化有着巨大贡献。

（2）历史文化资源

在文物保护方面，广东省坚持资源发掘和遗存保护并重、文物保护与旧城改造并重、文物开发与保障民生并重、实物修缮与品牌保护并重，做到原址、原貌、原工艺修复，最大限度地做到“修旧如旧”的文保总方针。

广东省目前已推出多条历史文化旅游精品线路，如六祖文化历史文化旅游等。六祖文化历史文化旅游以六祖惠能为主线，展现六祖文化从启航至今1300多年传承不息的路径，让广大游客零距离触摸历史、体验身临其境的感受。

（3）红色文化资源

红色历史文化与旅游产业相结合就成了红色旅游，两者的关系是相辅相成、互为条件的。只有红色历史文化资源得到充分挖掘并被科学有效地利用，红色文化产业发展才能有可持续和强劲的发展态势，从而促进红色旅游的深入发展。

目前广东全省共有13处各具特色的红色旅游景区，红色旅游资源较为丰富，其中广州市有4处，分别是广州市红色旅游系列景区、广州市三元里人民抗英斗争纪念馆、广州市黄花岗七十二烈士墓、广州市黄埔陆军军官学校旧址。[①]

（三）相关成功经验

1. 全面实施国际会展业与旅游业的产业联动策略，打造中国特色的会展旅游品牌

广东省推出了"广东文旅护照"项目，其具体操作流程为：选取广东省博物馆、广州塔等一批文化和旅游"网红"打卡点整体进行包装营销，赋予护照"探险寻宝、游玩指导、优惠抵扣、奖励激励、社交互动、收藏纪念"等功能，探索实施促进文化旅游消费的新模式。

2. 完善会展旅游的相关法律法规，严格规范市场秩序

经过几十年的发展，广州市已经在会展旅游方面有了较为丰富的成功经验，相关会展旅游的法律法规和市场秩序相对完善和严格。广东省贸促系统现已经可以办理原产地证、优惠原产地证、国际商事证明、领事证明等多种涉外材料。2019 年，全省贸促系统为 1000 余家各类型企业提供了法律咨询、仲裁与调解、知识产权保护等专项服务，办理调解案件共计 30 余件，报送和发布重要预警信息 600 余条，参与组织"两反一保"[②]、反垄断等经贸摩擦应对案件 10 余件。[③]

3. 完善规模化的会展旅游相关基础设施

广东省的交通网络完善，是华南地区的交通枢纽。据相关统计，广东已与多个国家和地区的 1100 多个港口通航；拥有如广州新白云国际机场、深圳宝安国际机场、湛江霞山机场等 7 座民用航空枢纽机场，是中国内地机场分布密度最高的地区。

广东省国际会展业重点以全球化、专业化、贸易型为主进行发展，已经培育出多个国际化、标准化的会展平台。如中国进出口商品交易会和中国高新技术成果交易会，已成为我国乃至世界上最具国际影响力的品牌展会。

---

① 笔者根据实地调查所得。

② "两反一保"主要是指反倾销、反补贴和保障措施。

③ 广州市统计局 . 2020 年广东省国民经济和社会发展统计公报[EB/OL]. www. tjj. gz. gov. cn/tjgb/qstjgb/content/post_7177236. html.

4. 完善的加工制造业工业体系

新中国成立70多年以来，广东大力发展制造业，通过多年的努力已形成一、二、三产业协同发展的产业态势，逐步成长为世界闻名的加工制造业中心。

5. 重视区域的联动发展机制，与周边省市及“经济走廊”沿线国家加强合作

2019年，广东省协助黑龙江、广西、四川等省区开展经贸交流活动，组织动员广东生产加工企业参会交流，落实国家东西部扶贫协作工作任务，组织广东企业前往广西、云南、四川、贵州等西部省区开展8场扶贫协作投资促进活动。

继续发挥中国进出口商品交易会的会展经济辐射带动作用，如128届广交会成功举办，一系列高水平、高质量的配套活动，既丰富了展览内涵，又提升了参会价值，并在全球37个国家和地区举办了38场采购商“云推介”“云对接”活动，进一步扩大了广交会的“朋友圈”。①

五、重庆国际会展业与旅游产业互嵌融合研究

（一）发展现状

1. 国际会展及相关产业

目前重庆拥有重庆国际博览中心、重庆悦来会展城等多座大型多功能展览馆，展览总面积为30.5万平方米。截至2020年，重庆市共举办92场各类型展会，展会总面积达230.86万平方米。2020年第十八届中国国际农产品交易会在重庆国际博览中心举办，展会以“展示成果、推动交流、促进贸易”为宗旨，以品牌农产品为重点，现已成为中国最权威最具影响力的综合性农业展会。

2. 国际旅游及相关产业

据相关统计数据，2020年全市共拥有近300个国家A级景区，其中

① 笔者根据实地调研相关数据总结。

5A 级、4A 级及 3A 级景区[①]分别为 10 个、121 个及 81 个，2A 级景区 49 个，1A 级景区 1 个，新评定 41 个。[②]

截至 2020 年年底，全市共拥有市级以上旅游度假区 23 个，含国家级旅游度假区 2 个，即武隆仙女山旅游度假区、丰都南天湖旅游度假区；3 家全国五星级温泉独家旅游企业；1 个国家中医药健康旅游示范区，2 个国家中医药健康旅游示范基地。[③] 全年接待入境旅游总人数 14.63 万人次，旅游外汇收入 1.08 亿美元，分别同比下降 96.4% 和 95.7%。[④]

（二）发展条件

1. 地理区位优势

重庆是长江上游地区经济中心、国家重要现代制造业基地、西南地区综合交通枢纽。东邻湖北、湖南，南靠贵州，西接四川，北连陕西。因此，重庆在举办国际性展会及发展展会旅游经济方面具有强大的地理区位优势。

2. 强大的装备制造产业支撑

2019 年，全球工业软件巨头——达索系统在两江新区布局了智能制造创新中心，为重庆及两江新区的企业提供全方位的工业创新服务。达索系统（重庆）智能制造中心落地两江新区后，已经与三一重工等加工制造业企业在产品设计仿真、数字化工厂仿真、全球化多工厂运营管理等众多领域达成了合作。

3. 历史旅游文化资源

截至目前，重庆市拥有重庆中国三峡博物馆、钓鱼城、重庆湖广会馆、抗战胜利纪功碑等一批历史文化建筑；万灵古镇、双江镇、中山镇、磁器口古镇等历史文化名街名镇；川江号子、木洞山歌、荣昌折扇等一系列非物质文化遗产历史旅游资源。以抗战胜利纪功碑暨人民解放纪念碑为

---

① 其中 5A 级景区 2 个，4A 级景区 18 个，3A 级景区 16 个。

②③ 重庆市文化和旅游发展委员会 . 2020 年重庆市旅游业统计公报[EB/OL]. www.whlyw.cq.gov.cn/wlzx_221/sjfb/202104/t20210406_9070626.html.

④ 中国贸促会研究院 . 中国 2020 展览经济发展报告[EB/OL]. www.ccpit-academy.org/v-1-4450.aspx.

例，它是目前中国境内唯一一座抗日战争胜利纪念碑，见证了中国人民反法西斯战争胜利的伟大时刻，具有很高的历史价值。

（三）相关成功经验

1. 明确的区域定位

重庆市充分利用自己长江上游地区经济中心、国家重要的现代制造业基地、西南地区综合交通枢纽的战略地位，明确了自己长江中上游金融中心、中国西部经济中的目标定位。

证券经济在重庆蓬勃发展，全市目前共有证券公司总部 1 家，证券营业部 208 家，证券分公司 45 家。①

2. 背靠“一带一路”倡议，推动区域旅游的联动发展

重庆具有独特的地理区位条件优势、国家给予直辖市的相关政策优势、航运及物流优势等，可有效推进与“一带一路”沿线国家的文化交流与合作、文化贸易创新发展。

包括重庆在内的 8 个省（自治区、直辖市）旅游界从业人士分别与哈萨克斯坦、巴基斯坦同行们共同商议在“一带一路”倡议下，如何进一步加强旅游合作，促进人员往来，实现旅游产业发展的新突破。重庆将抢抓“一带一路”旅游发展机遇，加强与巴基斯坦的旅游深度合作和客源互送，深层次开拓巴基斯坦国内旅游市场。

3. 加强区域联动发展，加大财政投资力度

重庆以优势旅游资源为基础，促进国际会展业与旅游业的互嵌融合，充分发挥重庆市的区位优势、物流优势、政策优势和资源优势，加强区域内及区域间联动发展。因此，重庆目前正在积极搭建各类平台促进国际交往。在“中俄媒体交流年”框架下，经过近两年的沟通和合作，重庆已与俄罗斯联邦叶利钦总统图书馆签订相关协议，将前往俄境内开展人文纪录片——《中俄书途》的相关采访及拍摄工作，并拟在中俄两国公共媒体播

① 重庆市统计局，国家统计局重庆调查总队 . 2020 年重庆市国民经济和社会发展统计公报 [EB/OL]. www. tjj. cq. gov. cn/zwgk _ 233/fdzdgknr/tjxx/sjzl _ 55471/tjgb _ 55472/202103/t20210318 _ 9008291. html.

放，同时组织国内电影业相关企业参加了“莫斯科国际电影节”（Moscow International Film Festival），商谈影视合作，努力搭建多层次、宽领域的交流平台。

4. 借助多种媒体资源对会展旅游进行宣传

一方面，创建国际文旅融合品牌。例如随着中新（重庆）战略性互联互通示范项目的推进，市文化委与新加坡共和国中国文化中心签订了年度相关合作协议，将2017年命名为“新加坡重庆文化年”。

另一方面，积极参加国际各国别的旅游宣传与文化推广活动。例如参加由新加坡主要媒体组织的采访宣传和旅游推介等活动，重庆非遗、汉字讲座及“重庆之窗”图书专柜、民乐等4个类别的文化交流活动走进狮城。应越南岘港市人民政府外事办公室邀请，重庆文旅代表团参加“2017岘港国际烟花节”，文旅融合“走进”越南，展示川渝特色戏曲，开展国际旅游推介活动。

5. 进一步凭借自身优势加强与“经济走廊”沿线国家的经贸合作

2017年，按照《中国—中东欧国家文化合作索非亚宣言》的相关要求和部署，重庆市文化委首次承接由国家文化和旅游部牵头的“中国—中东欧国家文化季”项目，与捷克、爱沙尼亚两国的艺术机构建立联系，引进芭蕾舞、室内乐和小丑剧等3个演艺项目进行商业演出，以“文化+市场”的方式推进文化合作。

六、乌鲁木齐国际会展业与旅游产业互嵌融合研究

（一）发展现状

1. 国际会展及相关产业

截至2020年年底，乌鲁木齐共有综合性多功能展馆1座，即乌鲁木齐新疆国际会展中心，展馆总面积达10万平方米，全年共举办12场各类型展览会，布展总面积超23.4万平方米。[①] 从会展的角度助力国内外品牌企

① 中国贸促会研究院．中国2020展览经济发展报告［EB/OL］. www. ccpit－academy. org/v－1－4450. aspx.

业加快在新疆、中亚及西亚地区市场战略布局，2019 年 9 月在乌鲁木齐新疆国际会展中心举办“首届中国新疆（亚欧）国际医疗器械展览会”，填补了多年来从未举办过专业医疗器械展会的空白。

2. 国际旅游及相关产业

乌鲁木齐旅游资源得天独厚，自然环境形态多样，冰雪资源独特，民族文化多元。现有国家 A 级景区 26 家，其中 5A 级景区 1 家，4A 级景区 8 家，3A 级景区 10 家，2A 级景区 7 家，S 级滑雪场 6 家。①

据相关统计数据，2020 年乌鲁木齐全年接待国内外旅游者总人数达 6003.74 万人次，其中入境游客 0.85 万人次，同比下降 96.9%。全年实现旅游总收入 479.18 亿元，其中入境旅游收入 0.23 亿元。② 由于我国对新冠肺炎疫情常态化管理的扎实推进及取得良好成效，2021 年旅游市场持续回暖，1—9 月全市接待游客总人数 6640.69 万人次；实现旅游收入 510.84 亿元，同比增长 47.6%，两年平均下降 25.7%。③

（二）发展条件

1. 地理区位优势

新疆与西藏、青海、甘肃相邻，周边分别与塔吉克斯坦、吉尔吉斯斯坦、巴基斯坦、阿富汗、蒙古、俄罗斯、哈萨克斯坦、印度等 8 个国家接壤，地缘优势明显，是中国通向中亚及西亚重要的桥头堡。

乌鲁木齐是新疆维吾尔自治区首府，现辖 7 区 1 县、3 个国家级开发区和 1 个综合保税区，常住人口 405 万人，聚居着汉族、维吾尔族、哈萨克族、回族、蒙古族等 56 个民族，城镇人口占 90% 以上，是全疆唯一一座大型城市，同时也是中亚地区最大、最繁华的城市。

---

① 笔者根据乌鲁木齐市人民政府（www.urumqi.gov.cn/wlmjgk/447021.htm）公布的相关数据整理所得。

② 乌鲁木齐市人民政府.2020 年乌鲁木齐市国民经济和社会发展统计公报[EB/OL].www.urumqi.gov.cn/fjbm/tjj/tjgb/467392.htm.

③ 笔者根据乌鲁木齐市人民政府（www.urumqi.gov.cn/wlmjgk/447021.htm）公布的相关数据整理所得。

2. 与“中国—中亚—西亚”经济走廊各成员国经贸往来密切

目前新疆在全疆范围内使用国家通用语言文字，同时还使用维吾尔、哈萨克、柯尔克孜、蒙古、锡伯 5 种少数民族语言文字出版报纸、音像制品和电子出版物。而与“经济走廊”各成员国在语言、饮食习惯等文化习俗方面有一定的历史渊源和联系，相关经贸往来较为密切。

（三）相关成功经验

1. 着力加大会展旅游相关基础设施建设投入

立足新疆文化和旅游资源，推进 5A 级景区创建、非遗保护、传统工艺传承等，为深化人文交流、形成多元互动的人文交流大格局做出积极贡献。

例如在航空运输领域，乌鲁木齐地窝堡国际机场作为“中国—中亚—西亚”经济走廊的核心节点，发挥着辐射疆内、联通海外的重要作用，借助我国“一带一路”倡议及与上海合作组织成员国经贸发展关系，形成快捷高效的空中交通网，真正实现了“疆内环起来，进出疆快起来”。

2. 充分开发众多的旅游文化资源

持续打造乌鲁木齐米东区米古里特色文旅街区等一批具有文旅融合示范带动作用的特色文化街区、文旅小镇及文旅综合体；推进国际大巴扎申报国家 5A 级景区。推动天山大峡谷等 27 个 A 级景区提档升级，完善 3A 级以上景区线上预约制度，引导景区结合自身特点引入旅游新业态，丰富景区内涵。

阿唛龙主题乐园试运营，馕文化产业园开园。积极调研、精心谋划布局推出丝路文化游、工业科技游等 9 大主题 43 条线路产品。同时红色旅游也取得新突破，推出 4 条红色精品旅游线路，开展“乌鲁木齐号”百日红色之旅体验活动。线上线下开展丰富多彩的文旅活动，举办第十八届丝绸之路冰雪风情节暨冰雪童话音乐节，打造“乌鲁木齐欢迎你”旅游秀等文旅融合新品牌，以旅游为载体，讲好乌鲁木齐故事。

3. 借助国家给予的特殊优惠政策

根据与“经济走廊”各沿线国家经贸往来的新特点，相继建成自治区级跨境电商产业园和“一站式全流程”外贸综合服务平台等，可为外贸企业提供7方面14类外贸综合服务。全面推进国际贸易“单一窗口”，积极配合自治区加快推进新疆电子口岸和国际贸易“单一窗口”应用推广，提升口岸通关和贸易便利化水平，压缩整体通关时间。

第二节 “中国—中亚—西亚”经济走廊沿线国家国际会展业与旅游产业发展概况及经验

一、哈萨克斯坦国际会展业与旅游产业互嵌融合研究

（一）发展现状

1. 国际会展及相关产业

哈萨克斯坦目前承办有多个涉及不同产业门类的大型展览会，包括哈萨克斯坦努尔苏丹国际农业机械及畜牧业展览会、哈萨克斯坦阿拉木图旅游展览会、哈萨克斯坦阿拉木图运输物流展览会、哈萨克斯坦电力能源照明展览会、哈萨克斯坦阿拉木图运输物流展览会等多个大型国际性会展项目。其简介如表5－1所示。

表5－1 哈萨克斯坦著名展会

序号	展会名称	举办时间及地点	展品范围
1	哈萨克斯坦安防展览会	一年一届 阿拉木图国际会展中心	消防安全建设、救援设备、门禁控制、通信和公共灾害预警系统、防盗报警器、反恐怖主义和定制设备、特种车辆、闭路电视等
2	哈萨克斯坦石油天然气展览会	两年一届 阿拉木图国际会展中心	地质勘探设备、测井设备、海洋石油/页岩气开采、钻井用化学品、油田开采类化学品、石油添加剂、石油催化剂、险情控制、操作进程控制、消防报警设备等
3	哈萨克斯坦阿拉木图食品加工展览会	一年一届 阿拉木图国际会展中心	家禽、海鲜、蔬菜水果、罐头产品、冷冻产品、无/含酒精饮料、添加剂、蛋白质、香料、油脂生产设备、罐头设备、包装设备等

续表

序号	展会名称	举办时间及地点	展品范围
4	哈萨克斯坦电力能源照明展览会	一年一届 阿拉木图国际会展中心	电能转化及存储、电能传输及分配、可替代能源、节能技术、照明设备、测量及诊断设备、电力技术及设备、低压电设备、燃料电池等
5	哈萨克斯坦阿拉木图运输物流展览会	一年一届 阿塔肯特国际会展中心	物料运输和仓储设备、物流信息技术、物流自动化设备技术、物流及运输设备等

数据来源：笔者前往哈萨克斯坦实地调研整理所得。

2. 国际旅游及相关产业

哈萨克斯坦拥有丰富的自然旅游资源。在哈东部地区，阿尔泰山区是草原和半沙漠地区与西伯利亚原始森林交界的地带，可以观赏草原和森林鸟类。哈南部地区最负盛名的旅游景点是恰伦峡谷，其形成于3000万年前的早第三纪，有1500多种植物、103种鸟类、25种爬行动物和62种哺乳动物及冰川纪的白蜡树树林。[①] 哈西部地区有卡拉吉耶洼地，是世界上第二低的地方，低于海平面132米，全球最大的内陆湖里海就位于此地。

目前，哈萨克斯坦正在实施10大旅游战略项目，包括打造滑雪胜地和里海海滩胜地，并着手打造努尔苏丹和阿拉木图以及东、南、西哈萨克斯坦五大旅游集群地区。2017年世界博览会对哈萨克斯坦旅游业起到重要促进作用，现阶段哈政府不仅逐渐扩大免签证国家范围，还通过举办国际旅游论坛、推行与美国媒体合作的旅游探险节目等提升在海外市场的知名度。

（二）发展条件

1. 地理区位优势

哈萨克斯坦位于亚欧大陆腹地，除西部毗邻里海外，北部、东部和南部分别与俄罗斯、乌兹别克斯坦、土库曼斯坦、吉尔吉斯斯坦接壤，其国

① 笔者根据中国国际贸易促进委员会发布的《企业对外投资国别（地区）营商环境指南：哈萨克斯坦（2020）》（www. mofcom. gov. cn/dl/gbdqzn/upload/tuerqi. pdf）相关资料整理所得。

土总面积 272.49 万平方公里，居世界第 9 位，为世界最大内陆国。① 哈萨克斯坦自然资源丰富，有着“能源和原材料基地”之称，已探明各类矿产资源 90 多种，是油气生产和出口大国。

2. 相对完善的交通网络体系

公路是哈萨克斯坦最主要的交通运输方式。2019 年，哈萨克斯坦境内的国际、国家、州和区级公路总长度为 9.59 万公里，其中国际和国家级公路网总长度为 2.43 万公里，87% 路况良好。②

哈萨克斯坦目前铁路干线总里程约为 1.51 万公里。截至 2018 年年底，铁路运输客运周转量为 185.622 亿人公里，占所有运输方式总客运周转量的 6.6%；铁路运输货运周转量达 2833.452 亿吨公里，占总货运周转量的 46.5%。③ 哈萨克斯坦内河航运运输总里程为 4150.9 公里，阿克套国际贸易港目前是哈境内唯一的国际海港和里海最现代化的港口，货物周转量占里海港口总周转量的 34%。④

（三）相关成功经验

1. 国内政局的持续稳定

哈萨克斯坦自 1991 年独立以来，奉行多元平衡外交政策，并加入了联合国、欧洲安全与合作组织、上海合作组织等 100 多个国际组织，与 180 多个国家建立了外交关系。

哈萨克斯坦社会治安总体比较稳定，且近十年来国民生活水平不断提升。据相关统计，截至 2019 年年底，哈萨克斯坦职工月平均工资约合 485 美元，同比增长 14.3%；人均可支配收入约合 3244.38 美元，同比增长

---

① 笔者根据中华人民共和国商务部（www.kz.mofcom.gov.cn/index.shtml）公布的相关数据信息整理所得。

② 笔者根据哈萨克斯坦共和国驻中华人民共和国大使馆公布的相关数据信息整理所得。

③ 笔者根据中国国际贸易促进委员会发布的《企业对外投资国别（地区）营商环境指南：哈萨克斯坦（2020）》（www.mofcom.gov.cn/dl/gbdqzn/upload/tuerqi.pdf）相关资料整理所得。

④ 笔者根据中华人民共和国驻哈萨克斯坦共和国大使馆（www.kz.chineseembassy.org/chn/）公布的相关数据信息整理所得。

9.64%；最低生活保障标准约合76.66美元，同比增长8.39%。①

2. 国家层面政策支持

2019年，哈萨克斯坦政府出台《关于对哈萨克斯坦涉及营商环境和商业活动管理的部分法律进行修订补充的法案》，旨在通过营造良好营商环境、减免部分税收、改善电子交易水平、加强消费者权益保护等方式吸引外商投资；并于同年通过了《关于加强哈萨克斯坦吸引外资工作的决议》，决定学习并借鉴国外在投资促进以及支持重大外商投资项目等方面的经验，进一步吸引外国投资。

3. 多种主题展会已呈规模化发展态势

目前哈萨克斯坦有哈萨克斯坦安防展览会、哈萨克斯坦石油天然气展览会、哈萨克斯坦阿拉木图食品加工展览会、哈萨克斯坦电力能源照明展览会、哈萨克斯坦阿拉木图运输物流展览会等5个大型国际性展览会，涉及安防、石油天然气、食品加工、电力能源照明、运输物流等多个主题，并已经呈规模化发展态势。

哈萨克斯坦石油天然气展览会在阿拉木图国际会展中心每两年举办一届，主要由英国国际贸易与展览有限公司主办。展品范围包括地质勘探设备、测井设备、海洋石油/页岩气开采、钻井用化学品、油田开采类化学品、石油添加剂、石油催化剂、险情控制、操作进程控制、消防报警设备等。

4. 积极申办世界性展会

积极申报与举办世界性展会不仅给了世界一个了解哈萨克斯坦的窗口，而且还将促进哈萨克斯坦会展与旅游的进一步发展，与世界标准接轨。

2022年9月将要在哈萨克斯坦阿拉木图举办的哈萨克斯坦阿拉木图国际建材秋季展览会是哈萨克斯坦及中亚地区规模最大、最具国际影响力

① 笔者根据中国国际贸易促进委员会发布的《企业对外投资国别(地区)营商环境指南:哈萨克斯坦(2020)》(www.mofcom.gov.cn/dl/gbdqzn/upload/tuerqi.pdf)相关资料整理所得。

的建材展览会，届时将吸引来自世界各地的参展商、专业观众和卖家的积极参与。

5. 加强与世界会展大国的交流与合作

哈萨克斯坦于2015年加入世界贸易组织（WTO），2016年加入经济合作与发展组织（OECD），同时还是欧亚经济联盟及上海合作组织的创始成员国之一。目前联盟正在与以色列、埃及积极开展自贸区谈判，并拟与印度启动自贸区谈判。

6. 重视引进和培养会展业、旅游业需要的复合型人才

哈萨克斯坦政府制定了《哈萨克斯坦2050》战略，其中涉及教育培训领域，具体要求3~6岁儿童100%接受学前教育，中学毕业生同时要掌握哈萨克语、俄语和英语三门语言。截至2019年年底，哈萨克斯坦全境共有各类高等学校128所，包括国立阿里—法拉比大学、国立古米廖夫欧亚大学、纳扎尔巴耶夫大学等一大批高等学府，其中大多设置了与会展、旅游相关的专业，并进行相关的学术研究，以上这些都可以为会展业和旅游业的发展储备专业的复合型人才。

二、阿拉伯联合酋长国国际会展业与旅游产业互嵌融合研究

（一）发展现状

1. 国际会展及相关产业

阿拉伯联合酋长国（简称阿联酋）目前有多个大型国际展览项目，包括迪拜五大行业展、迪拜阿拉伯医疗展、迪拜中东国际通讯及消费电子展览会、迪拜国际汽车展览会、迪拜国际航空展、阿布扎比国际石油天然气展览会、阿布扎比国际防务展、阿布扎比世界未来能源展览会等，并已连续成功举办9届迪拜投资年会，其主要包括高层圆桌会议、国别投资推介会、项目发布会以及展览展示、项目对接、项目实地考察等专题板块活动。2013年11月，阿联酋获得2020年世界博览会（简称“世博会”）的举办权。

2. 国际旅游及相关产业

阿联酋旅游业发展势头良好。在游客来源国中，沙特阿拉伯居首位，

英国、印度、阿曼、中国、澳大利亚等国的游客也有所增加。其中迪拜通过大型建筑项目和体育赛事吸引全球的目光，其拥有全球最高的人工建筑哈利法塔以及全球面积最大的人工岛项目——棕榈岛。

（二）发展条件

1. 地理区位优势

阿联酋位于阿拉伯半岛东南部，分别与阿曼、卡塔尔、沙特阿拉伯接壤，并与伊朗隔波斯湾相望，是进入印度洋的重要海上运输通道。国土总面积约 8.36 万平方公里①。

2. 雄厚的财政支持

石油产业是阿联酋的支柱产业，国家财政收入的主要来源就是巨额稳定的石油收入，该国已成为世界上最富裕的国家之一。目前阿联酋海外资产总规模已超过 1 万亿美元，投资遍及 100 多个国家，涉及 60 多个行业领域。②

3. 与相关国家的历史文化渊源

阿联酋奉行中立、睦邻友好和不结盟的外交政策，重视发展与以美国为首的西方国家、海湾及周边其他国家，特别是与中国的双边及多边外交关系。

历史上，英国曾是阿联酋的宗主国。阿联酋独立后，仍与英国保持着传统密切的关系。英国极为重视其在海湾地区的政治和经济利益，经常派军政要员访阿联酋，并积极参加历届迪拜国际航空展及阿布扎比防务展。

4. 完备的基础设施

经过多年的发展和建设，阿联酋各保税港区相关基础设施完善，国际物流业发达；其高效的服务体系、定制化的高端管理也同样为阿联酋的国际会展业提供帮助。目前其国际区域性金融结算、国际商务及物流转运的枢纽地位日益提高和完善。

---

① 全国领土还包括沿海岛屿，其中阿布扎比占总面积的 87%。

② 笔者根据中国国际贸易促进委员会发布的《企业对外投资国别（地区）营商环境指南：阿联酋（2020）》（www.mofcom.gov.cn/dl/gbdqzn/upload/tuerqi.pdf）相关资料整理所得。

阿联酋公路网发达，公路交通十分便利。目前境内拥有21座各类型机场，其中7座为国际机场。截至2018年年底，各机场旅客接待总人数达1.29亿人次。①

5. 健全的相关组织管理机构体系

世界经济论坛发布的《2019年全球竞争力报告》显示，阿联酋各项竞争指标均位居阿拉伯国家之首。世界银行公布的《2020世界营商环境报告》相关数据显示，阿联酋的综合竞争力连续7年都居阿拉伯国家首位。②阿联酋致力于推行经济多元化政策，鼓励创新发展，已逐步发展成中东地区的金融、商贸、物流的会展旅游中心和商品集散地。

（三）相关成功经验

1. 国家政府层面的政策支持

为优化营商环境，阿联酋在多个领域进行了大刀阔斧的改革，主要包括：减少电力连接成本，取消了高达150千瓦时的商业和工业电力连接的所有费用，从而可以更加容易地获得电力；通过提高信息透明度使财产登记更容易；逐步建立了一个现代的、统一的抵押登记体系，同时加强对借款人和贷款人的合法权益的保护。

2. 资金的科学规划与使用

阿联酋是阿拉伯世界中签署避免双重征税协议中最多的国家。1989—2018年，阿联酋共签署123项避免双重征税协定、87项投资促进保护协议。③ 阿联酋的金融服务业较为发达，国际金融结算体系完善，境内遍布着世界多家银行、金融咨询中介机构、金融投资公司及证券公司。目前其已经发展成为继英国伦敦、美国纽约、德国法兰克福之后的全球金融结算中心。

3. 全力打造具有国际影响力的会展旅游项目与品牌

阿布扎比政府于2005年成立了阿布扎比国家展览公司，作为境内政府

---

① 笔者根据中华人民共和国驻阿拉伯联合酋长国大使馆（www. ae. china - embassy. org/chn/）的相关资料整理所得。

②③笔者根据中国国际贸易促进委员会发布的《企业对外投资国别（地区）营商环境指南：阿联酋（2019）》（www. mofcom. gov. cn/dl/gbdqzn/upload/tuerqi. pdf）相关资料整理所得。

授权的机构对国际会展进行组织、策划及经营等。

阿联酋阿布扎比国家展览中心地理位置优越，总面积达 13.3 万平方米，包括 12 间不同类型展厅、多个不同规格的会议室和宴会设施，以及一个大型室外广场，能够满足举办各类展览论坛活动的需要。

4. 与周边国家共享相关资源

迪拜凭借自身独特的地理区位优势、完善的各类基础设施、便捷的交通物流网络、政局的持续稳定和相关政策的连续性，已逐步发展成为海湾及中东地区的国际商务中心，同时最大限度地发挥其经济的聚合作用，拉动国内外消费总人数达 15 亿，① 并且作为与亚洲其他地区以及非洲和欧洲连接的枢纽，在全球供应链系统中发挥着重要的节点作用。

5. 丰富多项且切实可行的营销策略

阿联酋已与不同国家签署了 44 项避免双重征税协定和 32 项双边投资条约②，进一步促进了阿联酋投资和贸易的发展，为外国投资者向阿联酋投资提供了诸多优惠政策和措施。

《福布斯 2019 年营商环境报告》中的相关数据显示，阿联酋的营商环境排在所有阿拉伯国家第一位。其中，阿联酋低税负指数排名全球第 2 位；知识产权、反腐败指数排名第 21 位；反对官僚主义指数排名第 24 位；创新指数排名第 34 位。③

三、伊朗国际会展业与旅游产业互嵌融合研究

（一）发展现状

1. 国际会展及相关产业

伊朗国际展览公司每年都会在首都德黑兰举办 20 余场各类型国际大型展览，主要是关于特定行业的专业展览，例如食品、纺织服装、建材、黄金珠宝、工业机械、石油天然气、矿产等，且每个展会持续 7 ~ 10 天。

---

①②笔者根据中国国际贸易促进委员会发布的《企业对外投资国别（地区）营商环境指南：阿联酋（2019）》（www. mofcom. gov. cn/dl/gbdqzn/upload/tuerqi. pdf）相关资料整理所得。

③ 笔者根据中国国际贸易促进委员会发布的《企业对外投资国别（地区）营商环境指南：阿联酋（2020）》（www. mofcom. gov. cn/dl/gbdqzn/upload/tuerqi. pdf）相关资料整理所得。

例如，伊朗德黑兰国际汽配展览会固定在伊朗德黑兰国际展览中心举办，每年举办一届。仅对专业观众开放，吸引了来自世界各地的参展商及观众，国际化程度以及专业程度都很高；伊朗国际医疗、制药、保健、实验室展览会同样选址在伊朗德黑兰国际会展中心举办，作为大健康产业范围展，每届都有较为可观的成交金额。

2. 国际旅游及相关产业

伊朗是文明古国，拥有五千多年的文明发展史，历史遗迹众多，旅游资源丰富。除大量的自然景观外，境内历史文化景观也多达4000多处，涉及伊朗各历史发展时期。

截至2019年7月，伊朗共有世界自然和文化遗产24项，位列世界第10。据相关统计数据，其国内旅游业客源主要来自欧洲和东南亚国家和地区，目前伊朗国内旅游业从业人数占总人口的1.8%。[①]

（二）发展条件

1. 地理区位优势

伊朗位于亚洲的西南部，素有“欧亚陆桥”和“东西方空中走廊”之称。作为“中国—中亚—西亚”经济走廊沿线的重要节点国家之一，其人口众多，地理位置优越，资源优势明显，具有较为突出的国际会展及旅游产业发展潜力。

2. 国家相关政策

伊朗是中东的制造业大国，设立了自由贸易工业区和经济特区供国际客商直接投资。自由贸易工业区的投资，受到自由区的特别法规监管，可为外国投资者提供多种优惠政策。

伊朗凭借其地理及资源优势，对波斯湾沿岸各国家、高加索地区各国家、中亚独联体国家市场有较好的辐射及带动作用。2016年1月，习近平主席率团访问伊朗并签署“一带一路”建设、产能合作、加强两国投资领

① 笔者根据中华人民共和国商务部（www.mofcom.gov.cn/go-touziyoushi-con.html? id=307）公布的相关数据整理所得。

域合作和人力资源合作、德马线高铁电气化升级改造项目融资等谅解备忘录。根据伊朗海关口径数据，2019 年，中国继续保持伊朗第一大贸易伙伴地位。[①]

（三）相关成功经验

1. 国家层面的强大支撑

伊朗与发展中八国集团的马来西亚、尼日利亚、土耳其、印度尼西亚和巴基斯坦签署的特惠贸易协定于 2016 年 7 月 1 日生效。2018 年 5 月 17 日，伊朗与欧亚经济联盟通过谈判签署临时自贸区协定，该协定主要包括初步的拟减免税商品清单，涉及双方 50% 的贸易额，同时伊朗与欧亚经济联盟计划在 3 年内签署全面的自贸区协定。

2. 全力打造富有本国特色的会展旅游品牌

随着西方国家逐步解除对伊朗的经济制裁，伊朗迫切需要发展经济与增加就业，因此，伊朗目前正全力打造富有本国特色的会展旅游品牌。

伊朗国际食品及饮料博览会是目前西亚及中东地区规模最大且专业化程度最高的食品类展会之一。此展会受到伊朗国家及相关政府部门的大力支持，经过多年的不懈努力已经取得 UFI 的认证[②]，每年伊朗食品饮料博览会、伊朗农业展、伊朗国际食品及饮料机械展同时举办，截至目前已成功举办 24 届。其与伊朗国际食品及食品机械包装展、伊朗国际农业展并称伊朗国内三大展。

四、土耳其国际会展业与旅游产业互嵌融合研究

（一）发展现状

1. 国际会展及相关产业

当前土耳其拥有多个大型国际性展会，其中以伊斯坦布尔国际游艇展

---

① 笔者根据中国国际贸易促进委员会发布的《企业对外投资国别（地区）营商环境指南：伊朗（2020）》（www. mofcom. gov. cn/dl/gbdqzn/upload/tuerqi. pdf）相关资料整理所得。

② UFI 是国际展览联盟（Union of International Fairs）的简称，它主要为全球展会的指标评价及认证标准建立相关体系，并根据其会展自身的规模、行业认可度、拉动所在地经济发展、举办历史及每届交易额等分为不同的等级。

览会、伊斯坦布尔民用航空和机场展览会、土耳其铁路及轨道交通展览会、伊斯坦布尔交通展览会、伊斯坦布尔医疗用品展览会、伊斯坦布尔文具及办公用品展览会、伊斯坦布尔食品及饮料展览会等最为著名。

伊斯坦布尔国际游艇展览会由土耳其游艇协会、CNR 展览集团联合主办，是土耳其境内最大的游艇展，每届都有超过 20 个国家和地区的近 400 家专业参展商参加。举办周期为一年一届，展览范围主要包含船艇及游艇、水上娱乐设施、船只设备及配件、金融租赁服务等。

2. 国际旅游及相关产业

土耳其人文及自然旅游资源都较为丰富，历史上曾是古希腊、拜占庭、奥斯曼等王朝的统治领地，这也造就了不同的历史文化特色汇聚于此的独特人文现象。主要旅游城市有伊斯坦布尔、伊兹密尔、安塔利亚、布尔萨、科尼亚等，主要旅游景点有特洛伊、艾菲斯等古城遗址和棉花堡、卡帕多西亚等喀斯特自然地貌区。

旅游业是土耳其外汇收入的重要来源之一，德国、俄罗斯及英国是目前土耳其国内最重要的海外游客来源地。联合国世界旅游组织的数据显示，土耳其是全球第六大最受欢迎的旅游目的地，截至 2018 年年底，接待外国游客总数为 4600 万人次，旅游业的总营业额为 295 亿美元。①

（二）发展条件

1. 地理方位及地缘优势

土耳其横跨欧亚两大洲，三面环海，北为黑海，西为爱琴海和马尔马拉海，南为地中海，海岸线总长度 7200 公里。经过多年的发展，土耳其已成为国际货物、服务贸易、国际人员、跨国资金、各类技术等的枢纽。世界银行发布的《2020 年营商环境报告》显示，土耳其营商环境便利度在全球排名第 33 位。②

① 笔者根据中国国际贸易促进委员会发布的《企业对外投资国别（地区）营商环境指南：土耳其（2020）》（www. mofcom. gov. cn/dl/gbdqzn/upload/tuerqi. pdf）相关资料整理所得。

② 罗培新．世界银行营商环境评估［M］．南京：译林出版社，2020：4.

2. 整体经济状况

20 世纪 80 年代，土耳其实行以对外开放为主的基本经济国策，整体国民经济发展水平实现历史性飞跃，已由传统相对落后的农业国迅速转变为现代化工业国家。2003—2015 年，土耳其经济总量从 4680 亿里拉（约合 592 亿美元）增长至 2.34 万亿里拉（约合 2975 亿美元）；人均国民收入从 7007 里拉（约合 891 美元）增长至 29899 里拉（约合 3802 美元）。

据相关统计数据，2019 年，土耳其国内生产总值约为 4 万亿里拉（合 7536.9 亿美元）。2019 年人均 GDP 为 51834 里拉（合 9127 美元）。[①]

3. 与欧盟各成员国的政治经济关系

土耳其是北大西洋公约组织、二十国集团、伊斯兰合作组织、亚洲相互协作与信任措施会议、欧洲安全与合作组织等国际及地区间组织成员国，以及上海合作组织、东南亚国家联盟等组织对话伙伴国。

土耳其与欧盟建立了土耳其—欧盟首脑峰会机制，双方定期就能源、经济、运输、打击恐怖主义等方面进行高层对话，不断挖掘双边合作潜力。在欧洲，德国是土耳其的重要盟友，两国政府对于在各个领域加强双边关系有着共同愿景。

4. 国家整体的开放及包容度

土耳其政府对外国投资一直持欢迎态度。作为土耳其经济增长和创新繁荣的重要驱动力之一，外国投资在为土耳其创造就业岗位、推动发展创新、引入新技术、促进行业充分竞争等方面发挥了重要作用。土耳其对外国投资开放程度较高。土耳其政府颁布的《外国投资法》规定，所有面向本国投资者开放的行业同等向外资开放，外国各类投资者与本土企业享受同等国民待遇。[②]

土耳其在外汇监管具体措施方面，采取的是自由不监管政策。外国投

① 中华人民共和国驻土耳其大使馆经济商务处．土耳其 2019 年宏观经济概述[EB/OL]. www.tr.mofcom.gov.cn/article/ddgk/zwdili/202006/20200602971873.shtml? ivk_sa = 1024320u.

② 笔者根据中国国际贸易促进委员会发布的《企业对外投资国别(地区)营商环境指南：土耳其(2020)》(www.mofcom.gov.cn/dl/gbdqzn/upload/tuerqi.pdf)相关资料整理所得。

资企业可直接在土耳其境内开设外汇账户，可自由进行利润、手续费、版权费汇回，但在转化为注册资本时需将外币转化为里拉本币。

（三）相关成功经验

1. 恰当的对外营销宣传方式

目前由于经济的持续稳定发展，土耳其被称为“新钻国家”之一，在土耳其贸易部的主导下，土耳其出口商大会（TIM）和伊斯坦布尔化工出口商协会（IKMIB）组织近100家土耳其各类公司参加2019年中国国际进口博览会，租用了近4000平方米的展览场地。

2. 政府强大的资金和相关政策扶持

土耳其采取诸多措施激励外国投资，包括一般投资优惠、区域投资激励、战略投资激励、项目投资激励等措施。2019年，土耳其根据投资区域、金额、领域以及技术先进性等，对外国投资者给予税收、社会保障、贷款及土地等方面的优惠。20世纪80年代中期以来，土耳其中央政府对外资法进行重大修改，简化外资政策和行政手续，积极吸引外资。其针对外资政策的主要原则是平等待遇，即外国投资者享有同本国投资者一样的权利和义务。企业一旦在土耳其境内成立，即可完全享受国民待遇。

3. 专业化的国际会展旅游业复合型人才

截至2019年12月31日，土耳其总人口为8315.5万人，现有各类正规大学174所①，著名高校如中东科技大学、海峡大学、伊斯坦布尔大学、安卡拉大学、比尔肯特大学、爱琴海大学、哈杰泰普大学等，能够为国际会展旅游业发展提供复合型的人才保障。

4. 依托已有成熟会展旅游品牌，发展国际会展旅游产业

土耳其的多个大型国际性展会不仅为世界也为土耳其国内的经济发展提供平台，在一定程度上促进了土耳其会展旅游品牌的进一步提升。伊斯

---

① 笔者根据中国国际贸易促进委员会发布的《企业对外投资国别（地区）营商环境指南：土耳其（2020）》（www. mofcom. gov. cn/dl/gbdqzn/upload/tuerqi. pdf）相关资料整理所得。

坦布尔食品及饮料展览会，是全球知名的专业领域国际展会之一，受到相关企业及业内人士的高度重视和广泛参与，为全球食品行业从业人员搭建了品牌创新和技术创新的展示与合作平台，同时可以帮助参加者直接了解土耳其及国际食品行业的发展方向和市场需求。

第六章 “中国—中亚—西亚”经济走廊沿线国家国际会展业与旅游产业互嵌融合发展路径

第一节 国际会展业与旅游产业互嵌融合发展

一、国际会展业与旅游产业互嵌辩证关系

（一）会展业正向拉动旅游业的发展

近年来，国际会展业与旅游业深入融合的发展态势日益显现，并逐渐全方位地表现出会展旅游化和旅游会展化相互融合的必然趋势。同时，国际会展旅游客户具有群体规模较大、整体消费能力强、相关企业可盈利性高、客户与企业之间互动性好等特点，以上这些不仅能升级旅游业的产业结构，而且还可加速旅游产业持续向上发展。国际会展业与旅游业相互融合，相关行业不断研发国际会展旅游项目新产品，同时充分考虑到不同游客群体对会展的私人定制化需求，这在很大程度上可以有效缓解我国目前旅游产业产品结构相对单一的尴尬局面，进一步推进旅游产业结构升级，扩大发展规模，从而提高行业整体国际竞争力。

（二）旅游业对会展业的支撑作用

国际会展业无疑会推动旅游业健康可持续发展。旅游产业具有带动效果强、投入产出比例较高、相关产业关联度好等诸多特点，对于会展旅游而言更是如此。在实践中进一步推动会展业与旅游业相互融合，对于旅游整体行业来说都具有重大意义。目前旅游产业产品的行业内竞争越来越激烈，旅游产品的独特优势尤为关键，推动会展旅游产业发展，可以促进有

针对性的营销，体现出旅游产品的独有优势。同时，发展会展旅游产业、为广大参会者推出定制化的专属旅游产品、赢得参会者对旅游产品的好评和肯定是其首要任务。旅游业中的相关协作产业会为会展业中的主要客户群体提供专业化的服务联动平台，从而进一步提升旅游从业人员专业素养，助力与旅游产业相关行业之间的协作，进一步提高旅游产业的整体发展水平。

二、上海国际会展业与旅游产业的发展现状研究

（一）上海国际会展业发展现状

《2017 年度中国展览数据统计报告》相关数据显示：2017 年中国国际经济贸易展览总数达到了 10358 场，展览展示总面积为 14285 万平方米，与 2016 年相比分别增长了 4.7% 和 9.3%。全年净增专业化会展 466 场，展览总面积增加了 1210 万平方米。2017 年全国所有城市按展览面积排名中，上海、广州、重庆位列前三甲；全国所有城市按办展数量排名中，前三名分别为上海、广州、南京。①

（二）上海国际旅游业发展现状

上海旅游业主要以"城市"为独特发展优势，依托黄浦江两岸现代化的都市风光、公共活动中心及社区弄堂独有的都市历史文化，南京路、淮海路、徐家汇等众多城市商业区以及悠然恬静的远郊自然资源度假休闲模式吸引了众多海内外游客。

2010 年上海成功举办第 41 届世界博览会，上海的知名度、美誉度和影响力在国际上进一步得到了提升。根据相关统计数据，上海全年接待国际旅游入境人数及过夜旅游人数分别为 851.12 万人次和 73372 万人次，比 2009 年分别增长了 35.3% 和 37.6%。同时世博会的成功举办，也刺激了国内游的进一步发展，上海 2010 年全年接待国内旅游者 21463.16 万人次，比上年增长 73.6%。其中，外省市来沪旅游者高达 11254.66 万人次，同

① 中国会展经济研究会. 2017 年度中国展览数据统计报告[EB/OL]. www.cces2006.org/index.php/Home/Index/detail/id/11006.

比增长 32.7%。全年国际旅游外汇收入 64.05 亿美元，同比增长 33.5%；国内旅游收入 2522.94 亿元，同比增长 31.8%。①

（三）上海国际会展业与旅游产业的成功经验

1. 地理区位

上海位于我国华东地区，是全国最大的经济城市。上海整体经济之所以发展得如此之快，除了国际相关配套优惠政策及措施外，还与它独特的地理区位有着密不可分的关系。上海位于太平洋西岸、亚洲的大陆东沿、中国南北海岸中心点、长江和黄浦江入海汇合处，北接长江，东濒东海，南临杭州湾，西接江苏和浙江两省。上海位于北纬 30 度左右，这一纬度造就了其气候温和、温度适宜的环境特点，同时上海位于长江入海口，水资源丰富等，并且附近拥有丰富的矿产资源。而长三角作为我国经济最发达、发展最具活力的地区之一，为上海的发展提供了强有力的经济保证。与此同时，上海所处的东部地区历来人口相对稠密，这也为其发展提供了丰富的劳动力资源。最重要的一点是其处于沿海位置，铁路系统完善，河运、海运及航空运输业发达。

2. 国家政策

谈到国际会展产业的发展，根据相关统计数据，“十三五”期间上海国家会展中心累计办展面积超过全市同期的 34%。2020 年上半年，其布展总面积超过全市办展面积的 40%。② 2021 年，在虹桥商务区管委会、国家会展中心等多个机构的大力支持及协同配合下，虹桥国际会展产业园也准备就绪即将开园。

在“十四五”期间的发展规划中，上海也将更加积极参与虹桥国际开放枢纽的进一步建设，在原来的基础上继续服务好中国国际进口博览会的同时，努力提升进博会的社会经济溢出效应，更高水平打造上海国际会展之都的重要承载区。

---

① 笔者根据上海市统计局（www.tjj.sh.gov.cn）所提供的官方资料整理和总结所得。

② 徐建．浦将做好“大会展”“泛会展”文章，更高质量打造上海国际会展之都重要承载区［EB/OL］．绿色青浦，www.mi.mbd.baidu.com/r/DEjSDBd9sc？f = cp&u = b6d3f54a933e145d.

3. 财政资金保证

上海市相关市级财政预算专门设立了“旅游发展专项资金”，并对其管理和使用进行严格监督，坚持公开、公正、公平的原则，确保专项资金的规范、安全和高效使用，为本市旅游及相关产业的发展提供资金保障。2020 年上海市旅游发展专项资金科目分配如表 6－1 所示。

表 6－1 2020 年上海市旅游发展专项资金科目分配统计

序号	使用类别	分配项目/个	分配金额/万元
1	支持促进旅游产业发展的相关项目	21	1479.2
2	支持提升城市形象的相关项目	19	2083.8
3	支持旅游公益设施项目	12	537.9
4	支持本市重大旅游活动项目	4	80.0
合计		56	4180.9

资料来源：笔者实际走访上海市文化和旅游局，并根据田野调查所得。

4. 高效专业的组织管理水平

在国际会展旅游业发展的宏观管理模式方面，上海实行的是以政府为主导，角色分工分明，各行业协会参与管理，并以法律和法规的形式明确国际会展旅游市场的推进模式。在此之前，上海国际会展及旅游活动的管理执行在很大程度上是由政府“主办”的。在整个运行过程中，相关部门对会展活动的具体操作进行了过多的干预，然而在会展整体国际营销、旅游业各现有资源集中整合、城市形象宣传等核心问题方面并没有挖掘自身的长处及特点；另外，相关部门的过多干预使会展行业协会的作用变得更小，有时“形同虚设”。会展旅游市场化运作局限性较大。政府职能应由“主办”转换为“主导”，以此来缓解以往政府主办造成的宏观调控力度不强、行业协会协调空间不大等现实问题。同时，政府应加大宏观调控力度，整合各优势资源，对外联合销售，宣传城市形象。在产业政策制定等方面挖掘自身优势，扶持、协调会展旅游的市场模式。

由于政府职能的改变，在政府的监督和引导下，会展行业协会发挥作用空间增大，可促进会展旅游及相关产业的发展，并极大地推动市场进行深度改革。同时在政府宏观调控的推动和协会监督机制转变的背景下，我国会展旅游相关的法律及法规不断完善，并逐渐与国际接轨，上海会展旅游行业的法律、法规规范，使得整个会展旅游活动的开展更加有序。

5. 完善市场化运作机制

2010 年上海世博会结束后，通过新一轮的改造，遗留场馆问题已经得到了圆满解决，从而真正实现了绿色低碳的办会目标。提高经营管理标准被认为是上海所有国际会展场馆的工作重心之一，从而可以提升国际会展场馆的综合服务水平，提升国际会展场馆的经营管理能力。提高各类展览公司的国际化程度，使得上海会展产业的国际竞争力能够有效地推动各产业参展企业的良性可持续发展。通过策划、设计、承办和营销展览会，打造知名品牌，上海各级政府及相关部门、各行业协会和展览公司协力推进，通过相互协作为各产业门类企业参加国际展览会提供了强有力的政策支持和专业服务等。

6. 打造国际会展品牌及全域旅游品牌

国家会展中心自 2011 年落户青浦，特别是成功举办了三届中国国际进口博览会，从而有效地推动了青浦国际会展业的持续快速发展。当前，青浦区已聚集了上海市会展行业协会、上海市国际展览公司、英富曼、中贸美凯龙、云上会展等一批跨国行业龙头企业。当前，上海市和青浦区两级正在完善进博会参展管理机制，提升布展综合服务能力水平以及相应配套管理水平，以推动国家会展中心快速发展，努力达到年展览总面积 800 万平方米、国际性各类展览面积达到 80% 的总目标。青浦区将牵头并协调制定《长三角城市会展联盟》等一系列合作机制与制度，推进承办高端国际性展会活动，加快联合国亚洲采购中心的投资建设。

三、上海国际会展业与旅游产业互嵌融合的未来发展对策

（一）加强管理，完善管理制度，更好地与国际接轨

上海市政府已经充分认识到国际会展对一个城市的经济和社会发展的重要推动作用，未来必将持续加大对会展行业的整体投资和建设力度。目前，由于新冠肺炎疫情的常态管理的实际要求，上海将继续投入更强有力

的保障措施确保相关场馆的防疫工作，以此来确保年度各类展会项目如期安全顺利地推进。

（二）完善市场化运作机制

政府管理与市场化机制是我国经济发展的重要手段，从内核来分析，两者并不是完全对立的，而是相互联系的，在具体实践操作中应把握“度”的问题。以往各类国际展会多数由政府牵头主办，各级政府既做运动员又当裁判员的尴尬现象十分普遍，这显然是市场化程度不高的表现。让更多的市场化行为与相关行业相互结合，减少政府过多的行政束缚，行业发展才会更加健康、质量才会更高。换言之，这是市场化背景下的行业高质量发展的内在要求。

国际会展的标准化在国内已引起高度重视，并且在行业内已达成初步共识。没有标准化的规范，也就意味着没有质量可言。总的来说，标准是用来衡量产品质量的，是让行业有章可循的依据，也让消费者对好产品抱有更多期待。从这个角度来看，高质量发展也就意味着从业者要有更强的标准意识。国际标准、国家标准、地方标准、行业标准、企业标准等共同形成立体结构，用标准来衡量产品及其企业，产品与企业才能具备更高质量的内涵。

综上所述，目前会展业标准化程度还较低，从长远来看上海国际会展业还需要在这方面持续加大投入力度，争取在未来形成更为系统的本行业标准化机制与体制。

（三）树立国际品牌，巩固旅游品牌

注重高质量发展的国际会展公司，往往拥有长远眼光，具有品牌意识。高质量意味着对事物有整体把握及全局观念，不会简单拘泥于一时一事的狭小思维空间。因而越是注重高质量发展的会展公司，越清楚塑造企业及其项目品牌的极端重要性，越会对品牌珍惜和维护。从这个角度去分析研究，高质量发展与品牌之间的关系就更加明确了。

除相关国际会展企业以外，上海各级政府从全局角度着眼也具有较高的品牌意识。一座成功的会展城市在长期的发展过程中，会逐渐形成自身的文化及经济基因，这并不是一蹴而就的，而是一个长期积累的过程。知名度较高的国际会展城市，会展经济业态越多，也就意味着该城市的品牌特征越突出。一座城市要坚持国际会展业的高质量发展，就要结合自身的特点不断培育更多相关的国际品牌公司及其品牌营运项目。

（四）加强与“中国—中亚—西亚”经济走廊沿线国家的全方位合作

现代国际会展经济将持续促进和助力所在城市商业贸易的快速发展。在当前信息全球化的历史背景下，各方关注的焦点已经逐渐转移到了国际会展经济领域，通过国际会展能够充分且深入了解一座城市，加强该城市对市场主体的吸引力，从而更加全面地促进各要素和资源之间的进一步整合，增强其地区辐射和带动力。

国际会展经济的发展必将会带动所在城市的就业。以我国上海市为例，2017 年，全市布展的总面积达到 1689 万平方米，占到全国的 11.8%，办展的总数量为 767 场次，占全国的 7.4%，解决并提供相关就业岗位达 7000 余个。[①] 从以上相关数据可知，上海的会展经济在国内是排在第一位的，其国际会展业有效地带动了城市服务业的高质量发展，进一步解决了以服务业为主体的城市劳动力就业的现实问题。

国际会展业的发展将会进一步促进举办城市相关产业加快转型升级。目前上海正在建设以服务经济为先导，以战略性新兴产业为指引，以先进制造业为基础的现代化经济的体系网络。服务业的总体规模占比一直稳定在整体产业的 70% 左右，当然，第二、第三产业也应该有一个合理的比重。依据全球其他世界级大城市的发展经验，上海自然也会拥有比较高的现代服务业的占比，但是也应注意到，在实际运行操作过程中经济的结构也不能脱实向虚。所以根据这一要求，服务业、实体经济、制造业和高科技产业等应该是相辅相成，互为依赖的关系组合。

国际会展业对于服务经济起着举足轻重的推动作用，必将在上海未来

---

① 中国会展经济研究会 .2017 年度中国展览数据统计报告［EB/OL］. www. cces2006. org/index. php/Home/Index/detail/id/11006.

的整体经济发展中进一步发挥作用。国际会展业也会推动这座城市构建国际合作的新格局。要全方位加强其与世界的深度交流与合作，推动“中国—中亚—西亚”经济走廊的建设，以及多边和区域的开放与合作，特别是更好地加强与国际相关城市之间的经贸、科技、人文等重点领域的对接与交流，通过新一轮的全面开放，共同促进上海经济与社会的全面发展。

第二节 “经济走廊”沿线国家
国际会展业与旅游产业互嵌融合发展战略

一、国际会展业与旅游产业互嵌融合发展的相关理论文献综述

在探究国际会展业与旅游产业互嵌融合发展过程中，学术界通过研究证实了国际会展旅游是国际会展业和旅游业深度发展交叉融合的产物，同时具有较高的经济产业价值扩展空间。范智军在《信息化视角下的会展旅游业发展路径创新》（2015）一文中认为，现有国内外的理论与实践研究表明，城市经济环境、城市基础设施、产业发展基础、旅游目的地建设等诸多要素是开展国际会展旅游的基本支持条件①。李勇军、刘海燕、黄柏青在《会展产业价值链及其产业融合研究》（2016）一文中认为，当前展示商品化、专业化促进了国际会展产业化及其产业价值链的进一步发展。从经济属性上分析，其核心体现出商品化和专业化，从而促进了国际会展产业自身以及其产业延伸创新价值的进一步升级。② 通过上述相关文献的梳理，我们理解了国际会展旅游是21世纪的新兴朝阳产业业态，其发展速度领先于我国其他各领域经济总量的增长。由此可见，我国国际会展旅游业发展的历史到目前为止虽然还较短，仍处于探索及积累经验的成长时期，但是潜力巨大，必将成为我国经济发展新的增长极。

---

① 范智军. 信息化视角下的会展旅游业发展路径创新[J]. 改革与战略，2015，31（11）：157－159＋194.

② 李勇军，刘海燕，黄柏青. 会展产业价值链及其产业融合研究[J]. 商业研究，2016(1)：10－15.

二、国际会展业与旅游产业互嵌融合发展的核心

（一）国际会展业与旅游产业在经济发展中的共性特点

1. 两种产业均能带来较高的直接经济效益

目前我国国际会展业发展日益加快，俨然成为全球经济新的原动力。同时，旅游业对经济发展的影响则是多维度的。旅游业收入不仅包括旅游自身的收入，还包括各相关产业获得的经济收入，更包括了各关联产业的就业以及外汇收入等，以上几个方面使各旅游地经济形成了多维度全方位的联动产业链条，带来旅游产业的乘数效应，从而给国际会展和旅游两大产业带来较高的直接经济效益。

2. 对所在城市相关产业的带动性强

在绿色、低碳和朝阳产业发展方面，国际会展业具有强大的多产业业态的带动作用和能力。国际会展经济在其强有力的推动作用下极大地促进了所在城市各类相关行业的发展。同时会展经济还可以促进新兴产业群的升级与进步，并能给交通、旅游、餐饮、广告、金融等多行业门类提供源源不断的发展动力，持续推动第一、第二产业的不断升级与进步。相关数据资料显示，国际上展览业普遍的产业带动系数大约为1∶9。[①] 具体来说，即展览场馆的整体收入如果是1，那么相关的社会总收入则为9。我国国际会展业整体发展较晚，目前国内产业带动系数停留在1∶6左右。

国际会展经济是一个集合的经济概念，本质上是发展旅游、商业、物流、通信、餐饮、住宿等多方获益的产业价值链，在一定程度上成为推动区域产业整合的动力源泉，可极大地提高本区域内相关产业的协同性。

3. 改善所在国整体经济环境

国际会展业本质上说是一种城市产业，并在一定程度上提升了城市整体公共服务的容量、能力和层次。国际会展业作为集聚性较强的产业，能够充分为城市的整体规划带来人流、物流、信息流和资金流等，同时也对

① 相关研究表明，在许多发达国家此系数已经达到1∶10。

一个城市的公共服务容量和水平提出较为严格的要求。国际会展业的进一步深入发展同样也离不开所在城市基础综合配套设施及城市管理系统，提升社会运行的总体能力，提升市民整体生活水平，形成建设国际会展业和城市快速发展的全新局面，将极大地改善所在国的整体经济投资环境。

（二）国际会展业与旅游产业本身所具有的个性特征

1. 两者的核心职能和任务不同

国际会展业的核心职能是通过构建展示平台实现信息和物质的流动，同样也是社会生产和交换的必要环节。国际会展业的中心任务在于成功地经营和策划相关的会展。国际旅游业的核心职能则是提供满足旅游者定制化需求的旅游综合服务体验，从而有利于调整产业结构。我国第一、第二产业即工农业在国民经济中所占比重相对过高，在目前的经济形势和环境下还应当大力发展第三产业。

旅游业可以增加外汇收入，平衡国际收支并且增加财政收入，从而加快社会货币的流动速度，更重要的是，它还可以扩大市场需求，刺激地方经济发展，进一步推进国家对外开放等。

2. 两者所依赖的核心资源不同

国际会展业利用的核心资源是国际会展品牌效应和商品资源数据库资源，由此吸引更多专业参展商的眼光，通常的做法是在一定程度上将非专业参与者排斥在外，而相对应的国际旅游业所依赖的核心资源是所在地的自然、历史文化等资源，并在此基础上开发多层次、品类众多的旅游产品，从而广泛吸引不同国际旅游者参与其中。

三、国际会展业与旅游产业互嵌融合发展的战略模式

（一）模式中的动力源

生产与消费的同一性决定了各产业门类的发展必然会受到整体市场需求的相关限制。

1. 我国创建国际会展的实现路径

首先，持续扩大中国国际进口博览会整体会展的经济溢出和带动效

应。应进一步推动对外贸易结构的升级，扩大境内外专业采购商规模，强化进口集散功能，以更专业的水平建设一批专业贸易平台和国别商品交易中心，着力推动并发展长三角、珠三角、京津冀等国际会展经济产业带地区，致力于建设全国、辐射环太平洋的进出口商品集散基地。其次，提升国际会展业配置全球资源的能力。加大国际著名会展企业总部、境内外专业组展机构等在我国境内落地的入驻比例，引导本土会展企业提升组展实力，倡导建设具有国际竞争力的会展机构，同时建设一批具有世界影响力的品牌展会项目，引进一批细分市场行业领域处于顶尖地位的世界知名展会项目。最后，应多方积极协商合作建立国际化城市会展促进体系，落实会展行业标准及相关条例。

2. 我国旅游文化资源的开发实现路径

（1）基于“旅游+”产业融合的创新

通过资源、产品、市场等资源集中整合和合理配置，使国际旅游产业及其他相关产业通过某种方式彼此融合，打破彼此间相对孤立的状态，对各产业业态进行创新。国家文化和旅游部也一直在积极推动“旅游+”引领业态创新模式，以期实现国际旅游产业融合新发展，例如目前已在指定地区实施阶段性的“旅游+农业”“旅游+体育”等多种新业态形式。

（2）基于新技术整合的创新

VR/AR 技术的应用，使得旅游业突破了原有空间和时间的产业结构局限，从内容上对展现形式、游客体验方式和目的地营销方式等进行升级，产生了 VR 各类型酒店预订、AR 国内外旅游目的地、VR 主题公园、VR 多种类旅游演艺等新形态。

（3）基于时间整合的创新

时间整合，即根据某一时间段内众多不同消费者的各自合理需求，进行相关主题融合，从而进一步形成新的商业模式和产品。

（4）基于空间整合的创新

突破旅游产业在行政和管理等方面的局限，形成以市场为主导，促进本产业深度发展的模式。因此，空间整合就显得颇为重要。从另一个角度进行分析，全域旅游本身就是一种区域整合融合式的创新业态。

（二）模式中的两大产业互嵌融合

1. 产业目标融合

国际会展业与旅游业的相互融合，将成为经济发展的必然新趋势。从新中国成立70多年来中国经济整体的发展历程来分析，两业的历史进程无疑具有很多共同的特征：首先，两者同属于第三产业，同时又都是现代服务业的分支；其次，两者受所在地经济综合条件的限制因素影响较多。两产业都需要以强大的经济发展和物质基础为依托，才能有发展的空间；再次，目前我国两大产业的基础条件都较为薄弱，但未来发展空间潜力仍较大；最后，两产业同样具有智慧型、创意型的产业特征。

2. 产业组织管理机制融合

在各级政府的领导下，我国旅游产业的主管部门从上而下，系统地、完整地构建了从中央到地方的各类旅游组织，再过渡到各地旅游景点目的地的系统的产业结构。

国际会展业现在依旧分属及隶属于不同的政府行政部门、组织机构、行业协会和产业商会，但同时我们也应看到，目前仍缺乏全国性的统一领导、统一规划、统一政策、统一标准和规范体系，所以旅游产业组织管理机制整合势必成为今后发展的新趋势。

3. 产业部门融合

国际会展业和旅游业都是以提供标准及定制化的国际服务为宗旨，以客户为中心，且服务的对象具有相似性。通过组织、策划各种类型的展会，在为参展参会的商务客户、专业观众和其他参与者提供会务、食宿、交通、接待等一系列服务的同时，将旅游景点、旅游线路的安排和休闲娱乐活动融入其中，安排相关人员在会展活动举办过程之中或结束后，进行有计划、有组织和有步骤的观光游览行为。

第三节 “中国—中亚—西亚”经济走廊国际会展业与旅游产业融合发展展望

一、相关理论基础

（一）“一带一路”相关战略理论

“一带一路”建设的实施和推进，给中国带来了前所未有的国际化巨大商机，也为中国国际会展经济提供了发展和产业整体升级的最佳时机。“一带一路”倡议是促进国际会展旅游业全方位升级的动力与方向。在当前全国会展业基础硬件设施已逐渐完善的前提下，只有通过专业化“软件”的进一步升级与完善，并使国际会展与“互联网 +”线下线上相结合，即形成双线会展模式，才能够有效地实现中国国际会展业的转型和改革。“一带一路”建设是一项复杂的系统工程，在强大的国际会展旅游行业发展机遇下，单一的传统现场实物展览展示模式已经不能满足经济发展和专业化市场的客观需求。

首先，“一带一路”倡议给我国国际会展业带来机遇的同时又带来了诸多的挑战，而传统会展业无论是地域、受众结构还是时空范围等都已经不能满足客户的需求。中国会展旅游业在各级政府的高度重视和支持下，已进入了快速发展的新阶段。无论是展馆配套建设规模还是展会数量、布展面积及展示档次等均有大幅提升，特别是展馆数量、展会数量、布展面积等三个主要指标都位居世界前列。“一带一路”倡议涉及 60 多个国家和地区，面对广阔的市场，国际会展旅游业务一定会迎来更大的发展机遇，而传统会展业不论是展示模式、受众接受程度还是时效性等都已经不能满足全球客户的需求。

其次，“一带一路”倡议必将促进我国会展旅游业国际化的进一步发展，助力越来越多的专业性展览业务“走出去”，直接走向全球客商，而境外办展对相关从业企业的资金、人力、物力等方面都提出了更高的要求。

（二）战略联盟理论

国际会展业与旅游业之间的战略联盟模式主要有以下几种。

1. 战略外包模式

企业在自有资源受限的情况下，仅保留其最具竞争优势的功能，而将其他功能借助外部其他企业整合进行整体外包，这样才能产生巨大的协同效应，使企业最大限度地发挥自有资源的作用，提高速度竞争的优势，同时改善对营商环境变化的适应能力。

2. 虚拟组织

虚拟组织，主要是指国际会展业和其他相关行业中的独立实体，在为客户群带来效用、为企业创造最大价值的过程中，通过互联网科学技术，在一定任务导向和规定时间内结合而成的经济动态联盟，通过信息数据共享和资源优化达到经营的一体化，并逐步降低经营成本，打破国际会展行业界限，使外部优势资源以适当的方式进入国际会展产业，最大程度地发挥相关企业的国际竞争优势。

3. 联合促销

联合促销这里主要是指国际会展活动在对外宣传过程中不仅要宣传会展自身的特点和优势，还应该介绍所在地自然资源和人文资源，特别是将旅游业作为战略同盟，共同树立一致的对外形象，以增强相关市场的聚合能力。将国际会展业和旅游业各自的核心优势进行最大限度的融合，通过合约形式进行深度协同，从而形成国际会展旅游产业链，共同打造统一的跨行业形象组合。

4. 合资经营

合资经营目前主要是指国际会展企业与其他有关企业，尤其是相关旅游企业共同投资、共同经营、共同管理、共担风险、共享收益的战略联盟方式。

（三）21 世纪国际经济一体化理论

世界经济一体化趋势主要是世界范围内经济发展的内在规律性的外在表现形式，并在空间边际上不断扩大，同时以市场经济机制作为核心来加强彼此的联系。

商品经济的快速崛起构成了以国家为核心的民族经济。与此同时，在世界经济不断发展变化的过程中，商品经济需要突破各种原有自然经济的局限。某些国家以立法的形式对地方保护主义进行相关的限制。当前，在我国，商品经济逐渐发展成为市场经济，而市场经济要想有进一步的深入发展，必须突破双方或多方交换的限制，这也是世界经济一体化的核心要求和内在发展规律。

（四）资源禀赋理论

要素禀赋理论是指一国所拥有的两种生产要素之间的相对比率。这是一个相对的概念范畴，与其所拥有的生产要素绝对数量无关。依据赫克歇尔—俄林定理，各国自然资源的不同导致专门从事不同产品生产的格局，中国应依托自身地理位置、气候条件及人文历史优势，赋予各产业生产要素禀赋的差异性独特价值，生产要素自然禀赋的相对差异为我国国际会展旅游业水平的提升提供了理论论证基础。

（五）中国“双循环”战略理论

目前，中国的国内现实情况表现出更加偏重内向型经济的走势，倾向于内向型的经济增长模式。要想发展经济，我国不能单纯凭借封闭型经济模式，必须国内循环和国际循环有机结合，相互融通。

从中国的国内经济运行角度来研究，以下六个方面对“双循环”战略的成功起到非常关键的作用。

第一，中国必须保证市场机制发挥关键作用，充分利用好民营经济部门。在任何一个发展周期中，中国巨大的经济规模都面临着各种挑战，市场机制需要充当关键角色。我国需要更深、更广的资本市场及保险市场。

第二，基础及相关配套设施建设对于“双循环”战略的成功非常关键。基础硬件设施建设是战略中的一个重要部分，必须更加注重其联通性。中国需要良好的交通网络连接，以及更为优越的信息技术连接条件。另外，基础软件设施建设具有同等重要的地位，需要加大对相关人才技能培训的力度。这些对我国尤为关键，能够协助我国迎来第四次工业革命并取得预期效果。但是基础设施建设中有一个很容易被忽略却亟待解决的问题，也就是制度制定。中国的区域维度和区域多样性日益得到各级政府的重视，这意味着只有依托全面的制度设计与建设，“双循环”机制才能取得最终的成功。

第三，要更加注重兼容性。对于我国来说应进一步持续扩大内需，并缓解经济供给面下行压力的相关问题。在拉动内需方面，需要倾向于提升社会保障水平，如增加工资以及就业岗位机会，并在此基础上设计一个有效率的社会保障体系。未来，也许可以考虑利用国有企业的利润来为这些改革增加相关的金融来源。在供给侧方面，改革是决定未来成功与否的关键步骤，需要加大研发力度，提高各产业门类企业的综合生产能力。

第四，受新冠肺炎疫情的持续影响，经济恢复能力显得尤为关键。我国的食品、能源和核心技术等重要的战略领域在很大程度上仍依靠进口。尤其是在核心技术方面，进口渗透率仍然较高。中国希望推进国内贸易的创新发展，就要增强经济的恢复能力，就需要了解能否找到替代能源，脱离对石油和天然气的过度依赖。解决好这一问题，就同时契合了中国碳达峰和碳中和的目标与愿景。但是，可再生能源并不能完全弥补进口的空缺，我国仍需要与相关国家进行长期合作，以促进绿色发展和绿色金融的融合。在食物安全问题上，中国迫切需要发展现代化的农业生产，继续大力解决农村劳动力短缺的问题，同时快速推进农村土地改革进程。

第五，需要营造公平公正的商务竞争环境。最大限度地规避未来可能存在的国际贸易摩擦问题。我国需要继续推进国际双边及多边磋商体系建设，并积极为建立合理公正的国际商务竞争环境做出自己的贡献，在此影响下，可以打消国际投资者的诸多潜在疑虑。由此可见，公平的竞争环境尤为突出和重要。

第六，不能仅凭借一种固定思维模式解决所有问题。“双循环”战略想要成功实施，我国必须要有充分的认识：国内经济体量正在发生变化，但是其内部仍存在巨大的差异和不平衡性。城市化必须成为“双循环”建设的重要内容。同时，中国应该利用好“中国—中亚—西亚”经济走廊的巨大市场，将其作为“双循环”战略的“试水基地”。此“经济走廊”的规划意在建立一个充满经济活力的世界级融通走廊，完成世界级的创新技术中心建设，让“双循环”战略最大限度地得以实施。

二、“经济走廊”沿线国家国际会展业与旅游产业互嵌融合因素分析

（一）优势因素分析

1. “经济走廊”沿线各国会展业已有一定规模与层次

通过研究和分析国际会展经济在全球的发展现状，可以看出一国国际会展经济的实力和发展水平是与该国综合经济实力、经济总体规模及发展水平等相适应的。发达国家依靠其在科技、通信、交通及其综合服务业水平等方面的优势，在世界会展业经济发展过程中处于领先地位。

以德国为例，每年联邦政府都会通过特定的行业组织安排本国企业去境外参加各类型展览会，总规模在 180～200 场范围内，参展企业总计超过 5000 家，而联邦政府经济科技部每年在此方面的财政支持总额超过 4000 万欧元。[①]

2. “经济走廊”沿线各国拥有巨大而丰富的旅游历史文化资源

“中国—中亚—西亚”经济走廊所在区域内地形多样，同时拥有山地和高原等多种类型，自东向西依次为斯塔洛夫山脉东北平原、中西伯利亚高原、蒙古高原、西西伯利亚平原、纳季德高原、波斯湾沿岸平原等，各区域之间生态系统差异显著。

“中国—中亚—西亚”经济走廊区域内水资源非常丰富，除拥有黑龙江、辽河、勒拿河、叶尼塞河、鄂毕河、伏尔加河等多条河流外，还有享誉世界的贝加尔湖。总体上，该经济走廊的自然旅游资源开发水平仍处于初级阶段，而以观光游览为主打的拳头产品和知名旅游品牌仍有待创新。

---

① 笔者根据中华人民共和国驻德意志联邦共和国大使馆经济商务处（www.de.mofcom.gov.cn）相关数据资料总结。

3. 沿线各国相关基础设施已初具规模

近年来，中国和经济走廊沿线国家正在积极推进交通基础设施的互联互通建设工作。在公路联通方面，2014 年 9 月，我国与俄罗斯、塔吉克斯坦、乌兹别克斯坦、哈萨克斯坦、吉尔吉斯斯坦等六国代表共同签署了《上海合作组织成员国政府间国际道路运输便利化协定》，为中国与“经济走廊”沿线国家之间开展跨境货物运输和商品过境通道运输打下了坚实的基础，提供了政策依据和保障。2018 年 2 月，中国—吉尔吉斯斯坦—乌兹别克斯坦国际公路①货运部分正式通车。在民航联通方面，我国已与中亚及西亚诸多国家开通了双边直飞航班。② 同时在管道运输方面，中亚地区是我国管道天然气进口主要来源地。中国—中亚天然气管道 C 线已于 2014 年投入运行，D 线正在积极建设之中。③

4. 沿线各国政府注重专业人才培养

在“一带一路”倡议下，中国多所高校接纳了“中国—中亚—西亚”经济走廊沿线国家留学生。据相关统计数据，2017 年“一带一路”沿线国家在华留学生总人数为 31.72 万，已占在华留学生总数的 64.85%，增幅达 11.58%，进入来华留学发展的高峰期。④ 同时为了中巴学术研究合作的又好又快发展，巴基斯坦高等教育委员会在其总部成立了中巴经济走廊中心，组织了由 50 多所大学组成的中巴经济走廊大学联盟。与此同时，中巴两国将合作提升相关专业教师队伍的师资力量，中国与哈萨克斯坦、俄罗斯、伊朗等国都在对方国家设立有双方合作研究机构，以此促进学术交流和知识互通。

---

① 此公路是中、吉、乌三国共同合作建设的高等级跨国公路网，简称中吉乌公路。

② 开通直达航线的西亚国家主要有：沙特阿拉伯、阿联酋、卡塔尔、阿曼。

③ 环球网．中吉乌国际货运道路将于 2 月 25 日正式通车[EB/OL]. www. me. mbd. baidu. com/r/DEnjm1pND2？f = cp&u = 1abe5b34d853bd8a.

④ 中华人民共和国教育部．来华留学工作向高层次质量发展[EB/OL]. www. moe. gov. cn/jyb_xwfb/gzdt_gzdt/s5987/201803/t20180329_331772. html.

（二）劣势因素分析

1. “经济走廊”沿线各国社会发展水平差异性较大，经济发展极不平衡

“中国—中亚—西亚”经济走廊沿线个别地区政治社会仍具有不稳定性，如部分国家党派冲突、民族冲突、宗教冲突时有发生，并时常伴有局部战争，以致国内政权更替频繁；同时有些国家的政策具有高变化性、随意性、领导人个人意志力决断等特点，恐怖主义活动时有发生，这就会加大相关国际会展及国际项目投资建设的风险系数，上述一系列现实问题，就使得相关基础设施建设与经贸合作的成本增加，商业回报率下降，而且使这些地区国际金融融资困难，以上诸多因素就造成了沿线各国经济发展水平差异巨大、经济发展极度不平衡。

2. 生态资源比较脆弱，在一定程度上限制国际会展旅游的发展

国家综合地球观测数据共享平台发布的相关数据信息显示，“中国—中亚—西亚”经济走廊区域内自然地理条件具有复杂性、集合性、差异性以及系统生物多样性等特点，总体生态资源环境较为脆弱。[①] 基于上述地理特点，走廊沿线区域的生态环境条件对“一带一路”建设有强大的作用力。进一步对“经济走廊”区域内的生态约束性因素进行分析研究发现，同一个经济走廊的不同分段的主要生态约束性因素也存在诸多不同，其主要的生态环境约束因素有干旱、荒漠、高山、严寒和珍稀生物生境保护等。

（三）机会因素分析

1. 中国整体经济将进一步稳健发展，在“人类命运共同体”框架下彰显负责任大国形象

经过70多年努力不懈的发展，中国已经成为世界第二大经济体。在“人类命运共同体”理念引领下，中国为推动全球经济复苏和发展做出了

① 国家综合地球观测数据共享平台．全球生态环境遥感监测2015年度报告［EB/OL］．2016. www. chinageoss. cn/geoarc/2015/jianjie. html.

巨大贡献。按照国际货币基金组织、世界银行等多家国际性金融机构的评估，中国对全球经济的增长贡献率已经连续多年超过30%。当前，持续稳定恢复的中国经济正在为后疫情时代的世界经济复苏注入强大的原动力。

“人类命运共同体”理念彰显了中国将自身发展与世界进步相统一的全球格局、世界胸怀和大国担当，为中国打造对外开放新平台提供了便利条件，也使其以更加积极的姿态主动融入世界。

2. 持续加大对“丝路基金”“亚洲基础设施投资银行”等专项资金投入力度

积极推进国际会展与旅游两产业的深度互嵌融合发展，为“一带一路”框架内“中国—中亚—西亚”经济走廊沿线国家的经贸合作和多边互联互通提供融资支持。目前丝路基金参与投资的国家主要包括“经济走廊”沿线的巴基斯坦、哈萨克斯坦、塔吉克斯坦、俄罗斯、阿联酋、伊朗、黎巴嫩等国。

目前亚洲基础设施投资银行也从最初的57个创始国扩容至104个成员国，成员分别来自亚洲、欧洲、非洲、北美洲、南美洲、大洋洲等六大洲，涵盖约79%的全球人口和65%的全球GDP。截至2021年10月27日，亚投行已通过了147个全球各类投资项目，累计投资总额超过289.7亿美元，涉及多个成员国家。①

3. 在“一带一路”倡议下提供更广阔合作发展空间，实现共赢

共建“一带一路”，其关键是互联互通，要通过构建全球互联互通伙伴关系网络，实现共同繁荣发展。而“中国—中亚—西亚”经济走廊在“一带一路”框架背景下所构建的伙伴关系体系具有两大特点，即内部的平等性以及外部的开放性。中国商务部的相关统计资料表明，截至目前，我国已与171个国家和国际组织签署了200多份关于“一带一路”的合作

---

① 人民网．亚投行堪称多边合作典范[EB/OL]. www.my.mbd.baidu.com/r/DEpvEPD7Mc? f=cp&u=181b29521cd5f3a1.

文件。① 与此同时，欧盟委员会在 2018 年 9 月 19 日公布了《连接欧洲和亚洲——对欧盟战略的设想》政策文件，积极评价亚欧互联互通的意义和对推进亚欧经济增长的重大影响，并表示愿同包括中国在内的亚洲国家加强合作。此举将助推中国国际会展企业的品牌化、国际化，不断推进我国国际会展经济高质量发展，从而提供更广阔合作发展空间，实现共赢。

（四）威胁因素分析

1. 来自西方反华势力及世界强权霸权主义的影响

以美国为引领带动“全球化”的时代终将过去，一方面，美国主导的单极世界将变得不现实；另一方面，美国债务率正在不断上升，加剧了这一体系的瓦解速度。而“一带一路”的关键点在于“互联互通”以及区域性的合作中心，并最后形成一个全球性的网络架构，它不是依赖中国一国来引领主导的，而是通过合作实现共赢。因此，今天的中国在新时代、新模式和新理念下，必然会打破相关领域的封锁，在“一带一路”倡议下实现与沿线各国的“互联互通”。

2. “经济走廊”沿线国家在有些政策措施上尚未达成一致

“中国—中亚—西亚”经济走廊倡议的是发展规划对接、政策协调、标准兼容，集贸易、投资与民心交流于一体的深度合作，亟须沿线国家之间高度互信。但是“经济走廊”建设中某些地区地缘博弈、零和竞争思想仍然根深蒂固，少数地区对于“一带一路”倡议仍存在一定的疑虑，经济问题政治化色彩过重，过度渲染安全威胁的现象甚为普遍。在“一方积极推动，另一方坚决反对”的情况下，达成战略与发展规划对接的难度进一步加大。

区域经济合作仍然面临一定的困难。与此同时，民族主义、霸权主义及贸易投资保护主义有所抬头，全球化和区域经济一体化需要适应新的模式。据世界贸易组织统计，2009 年以来世界贸易组织成员发起的贸易救济调查月均数量达到最高峰，另外，中国更是面临贸易救济调查的重点区

① 经济日报．我国已签署共建“一带一路”合作文件[EB/OL]. www. gov. cn/xinwen/2021 - 01/30/content_5583711. htm.

域。超越经济发展水平、单一地强调高标准的“理论正确”论调也触及务实合作层面，从广大发展中国家角度来看，提高人民生活质量、解决生存困惑仍应以“发展优先”兼顾多方面平衡为主要政策指引，但单一地强调质量标准、生态、劳工保护中的某个方面的观点依然为主旋律。

3. 全球新冠肺炎疫情的影响

“经济走廊”沿线国家受全球新冠肺炎疫情影响严重。以巴基斯坦为例，据世界银行相关统计数据，巴基斯坦全国贫困人口占到总人口的40%，占可用劳动力的25%。[①] 他们主要通过日结工资的零工及农耕劳作等方式得以生存。加之季节和用工期不均等客观因素导致劳动力的高流动性，相关贫困群体在疫情期间生活最不稳定。往年在一些全国性的重要节日期间，贫困群体因为巴基斯坦上流社会的大型礼拜活动可寻机就业以赚取微薄的收入。此次疫情期间，贫困家庭的男性劳动力（主要从事清理卫生、房屋维修等低智力工作）被隔离在家，失去收入来源；女性劳动力（主要从事缝衣零工、保姆等家政服务类工作）则无人雇用。巴基斯坦主流媒体据此报道，随着家庭经济压力的日益深重，巴基斯坦中下层民众的家庭矛盾和家庭暴力事件会激增，以偷盗抢劫为特征的治安事件有持续增加的危险。

中巴经济走廊同时遭遇一定的相关商业风险，巴基斯坦要求迅速启动建立经济特区（SEZ）的计划也被迫延迟。许多企业面临资金周转困难、回款速度过慢的实际问题，而巴基斯坦金融机构亦无力融资。部分CPEC项目的进度受到影响，出现了供应链中断、应急人员和危机管理人员奇缺、部分生产资料供应中断等问题，以上这些不仅影响巴基斯坦国际会展旅游的发展，而且也在一定程度上影响了中巴两国在此领域内的交流与合作。

---

① 中华人民共和国商务部网站．巴基斯坦40%人口处于严重贫困[EB/OL]. www. cj. sina. cn/article/norm_detail? url = http% 3A% 2F% 2Ffinance. sina. cn% 2F2017 - 05 - 24% 2Fdetail - ify-fkqwe0966427. d. html&autocallup = no&isfromsina = yes.

三、“经济走廊”沿线国家国际会展业与旅游产业互嵌融合发展策略

（一）从各国政府间合作角度分析

1. 沿线各国进一步加强国际合作

多年来依托现有“经济走廊”沿线国家参与的区域或次区域合作机制，以及高层领导互访机制，中国与大多数沿线国家就共建“经济走廊”早已达成共识，目前正处于落地施行阶段。首先，分别制定“中国—中亚—西亚”经济走廊沿线各国之间的协商机制；其次，加快与沿线现有区域或次区域合作机制的协调交接；再次，依据经济走廊沿线各参与方的特点精准性，加快双边及多边合作机制的完成；最后，在各国国内，重视各相关部门之间、各地方政府之间、各行业协会之间等各层级合作制度的国际构建。

2. 沿线各国应共同设立“‘中国—中亚—西亚’经济走廊国际会展旅游专项合作基金”，保障两大产业健康发展

自“中国—中亚—西亚”经济走廊倡议提出以来，我国与沿线各国加大了国际银行间金融的合作力度，积极推动本币与外币的国际结算体系建立。如2014年11月，中国人民银行和卡塔尔中央银行签署谅解备忘录和货币互换协议。2015年4月，卡塔尔成立了中东地区首家人民币清算中心。① 2015年12月，丝绸之路基金为中国与哈萨克斯坦在能源领域方面建立中哈产能合作专项基金，并注资20亿美元。② 丝路基金还与多家中资银行合作，为阿联酋哈翔清洁煤电厂项目提供相关的金融支持。此外，阿曼相关铁路及港口建设也同样获得亚洲基础设施投资银行的相关授信。

3. 以多种形式办好“经济走廊”沿线各国旅游文化主题年各项活动

以德国为例，德国国家旅游局发布2021年度旅游主题——本土文化。

---

① 中国财经新闻网．我国与卡塔尔签署双边本币互换协议[EB/OL]. www. prcfe. com/web/meyw/2014-11/04/content_1135313. htm.

② 丝路基金与哈萨克斯坦出口投资署签署关于设立中哈产能合作专项基金的框议[EB/OL]. www. silkroadfund. com. cn/cnweb/19930/19938/31691/index. html.

同时借助建筑、音乐、活动、美食、自然、户外、手工艺与艺术设计等多方面的表现形式和载体，充分展示了德国历史悠久的本土文化，也为更多中国游客提供了新的旅游动机和目的地选择。

据相关统计资料，受新冠肺炎疫情影响，2020 年到访德国的外国游客间夜数约 3200 万人，降幅高达 64.4%；其中中国游客在德间夜数从 290 万人下降到约 36.8 万人，降幅高达 84%。不过目前中国仍为德国旅游业最重要的亚洲客源市场。展望 2030 年，预计到访德国的外国游客间夜数将达 5370 万人，同比总体上涨 80%，其中，欧洲客源将占涨幅的 2/3，海外市场客源将占 1/3。中国游客有 86% 仍集中在五大联邦州，从间夜数占比分析受欢迎程度，依序为：巴伐利亚州（28%）、黑森州（27%）、北莱茵威斯特法伦州（13%）、柏林（9%）及巴登—符腾堡州（9%），[①] 因此，德国国家旅游局开始对推广主题适时做出相应调整，除传统旅游景点外，积极推荐小众地区所获得的真实体验和独特发现，并推出城市周边乡村地区的私人化定制游览方案，为更多中国游客提供全新的定制化旅游感受体验，以满足不同消费群体的不同需求。

（二）从各国相关从业企业角度分析

1. 着力打造国际会展及旅游文化品牌

依托国际会展行业自身特点，打造国际会展旅游知名品牌。推进品牌的精品化与协调发展是我国国际会展旅游在现代化市场条件下强化自身竞争独特优势的必然结果，同时也是国际会展业和旅游业共同发展、联手共赢的充分条件。

国际会展产业需要在会展活动的举办目的地选择合作伙伴、服务对象和旅游线路的过程中，依托旅游业的资源优势和服务特点，进一步推进与旅游业的融合共商；旅游产业则应该通过会展活动的开展推动旅游市场的持续健康发展，凭借国际会展旅游推动旅游业的进步，推进与会展业的相

---

① TTG 旅业报. 德国发布 2021 旅游主题：包罗万象的本土文化[EB/OL]. www.mbd.baidu.com/ma/s/Lc6jWhW7.

互融合，增强会展和旅游企业的核心原动力，更要进一步共同建设市场认可的会展旅游品牌，培养全新的竞争优势。

2. “经济走廊”沿线各国相关企业应建立国际会展旅游产业联盟机制

国际会展旅游是各国会展业和旅游业共同发展的结果。加快会展与旅游的协作，助推产业共同繁荣，就应该将国际会展项目与国际旅游项目相互结合、相互渗透，以此来推进国际会展旅游产业链的升级与发展。同时，国际会展业和旅游业应将各自拥有的独特资源进行交流与置换，凭借会展业与其他相关行业的融合营销，形成优势互补，从而改变对整个国际市场的影响力、推广力和行业占有率。通过契约形式直接构建起联系，形成国际会展旅游产业链，组成战略联盟，共同打造整体的国际对外形象。

3. 加强会展及旅游相关国际化人才培养

会展业的高质量发展与政策的支持、相关人才的培养相辅相成。会展政策的制定要更加注重体系化、协同性。总体来讲，体系化就是要有覆盖面，而协同性就是通过发挥协同效力，提升会展业的全面影响力和贡献度。同时，会展政策制定要更加突出先进性、示范性和特色化。例如，支持会展科技的应用和会展模式的创新，VR、人工智能、大数据线上线下融合发展等。

在会展人才培养方面，要着力升级人才培养模式。目前我国相关专业的人才培养模式大多数情况下仍是只关注线下范畴。依据此特点，我们要把握线上线下融合趋势，重点关注双线国际会展相互融合，如学科专业、校内校外、企业、协会等的相互融合，要创新人才培养体系，在新的模式下课程设置、教材编写、教学方法、教学组织、教学评估等都要使用新方式，同时还要提高专业教师的整体教学及科研能力①，要有面向实际、面向行业、面向企业的教学理念和教学意识，同时相关从业企业要进学校、进课堂，实施“产教融合”等新模式，共同培养适应新时期经济发展的国际会展旅游产业复合型人才。

① 主要在创新创业及理论联系实际方面，特别要加大对“双师型”教师的培训力度。

参考文献

中文著作

［1］林娜．中国旅游产业文化简史［M］．北京:高等教育出版社,2018.

［2］董鸿安,丁镭．产业融合视角下的旅游产业创新发展研究［M］．北京:经济科学出版社,2019.

［3］贾晓龙,冯丽霞,蔡洪胜,等．会展旅游［M］．北京:清华大学出版社,2017.

［4］张河清．会展旅游［M］．广州:中山大学出版社,2016.

［5］沈金辉．会展旅游［M］．大连:东北财经大学出版社,2019.

［6］魏鹏,杜婷．区域旅游空间经济分析［M］．长春:吉林大学出版社,2018.

［7］朱莉,兰京,戴齐,等．“一带一路”战略构想［M］．成都:四川大学出版社,2016.

［8］高峻,张健康．会展概论［M］．重庆:重庆大学出版社,2019.

［9］王承云．会展经济［M］．重庆:重庆大学出版社,2018.

［10］周杰,王菁娜,成红波．会展营销［M］．重庆:重庆大学出版社,2018.

［11］黄鹂,罗明志,刘红艳．“一带一路”倡议下的会展国际化发展路径选择研究［M］．成都:四川大学出版社,2018.

［12］王守国．走向品牌［M］．郑州:大象出版社,2017.

［13］刘明广,罗巍．国际会展业经典案例［M］．北京:清华大学出版社,2019.

[14] 耿松涛．会展业与旅游业互动及整合发展研究——以海南国际旅游岛为例[M]．北京:科学出版社,2019.

[15] 舒波,冯麟茜．会展策划与管理[M]．北京:清华大学出版社,2021.

[16] 刘祥恒．旅游产业融合机制与融合度研究[M]．合肥:中国科学技术大学出版社,2019.

[17] 杨仁发．产业融合——中国生产服务业与制造业竞争力研究[M]. 北京:北京大学出版社,2018.

[18] 吕佳颖,胡亮,黄欢．国际旅游业[M]．北京:清华大学出版社,2017.

[19] 于洪君．“一带一路”:国际合作的新范式[M]．北京:党建读物出版社,2020.

[20] 董海伟．“一带一路”沿线国家旅游业发展研究[M]．武汉:武汉大学出版社,2019.

[21] 刘锋,李明伟,杜学．一带一路旅游创新发展[M]．北京:旅游教育出版社,2016.

[22] 马鑫,金忠杰,王瑛．中国—中亚—西亚经济走廊(西亚段)概略[M]．北京:社会科学文献出版社,2018.

[23] 孙壮志．中亚五国政治社会发展30年[M]．北京:中国社会科学出版社,2020.

[24] 郭利华．中国—中亚—西亚经济走廊[M]．北京:中国经济出版社,2018.

[25] 张晓涛．“一带一路”沿线国家经贸合作国别报告[M]．北京:经济科学出版社,2017.

[26] 何文彬．“一带一路”框架下“中国—中亚—西亚经济走廊”金融合作深化方略[M]．北京:中国财政经济出版社,2020.

[27] 钱凤德,朱仁洲．会展策划与管理[M]．北京:中国建筑工业出版社,2016.

［28］陈建斌．城市会展旅游形象影响因子研究——以广州、澳门为例［M］．武汉：华中科技大学，2020.

［29］王润．旅游产业集群的理论与实践——大城市郊区旅游产业集群发展之路［M］．北京：中国建筑工业出版社，2016.

［30］刘滢．国际传播：全媒体生产链重构［M］．北京：新华出版社，2016.

［31］万绪才．中国国际旅游市场潜力提升研究［M］．南京：南京大学出版社，2019.

［32］孙小荣．中国旅游营销新价值时代［M］．北京：新华出版社，2017.

［33］程瑞芳．旅游经济学［M］．重庆：重庆大学出版社，2018.

［34］吴勇．基于产业集群理论的创新系统研究［M］．南京：东南大学出版社，2017.

［35］刘宏伟．区域特色产业转型升级［M］．杭州：浙江工商大学出版社，2017.

［36］万幼清．基于网络理论的产业集群创新优势构建研究［M］．武汉：武汉理工大学出版社，2016.

［37］杨斌．四川省产业集群转型升级路径研究［M］．成都：四川大学出版社，2016.

［38］严伟．基于自组织理论的中国旅游产业融合研究［M］．北京：科学出版社，2017.

［39］金准，宋瑞，王莹．世界旅游产业新格局与中国旅游强国之路［M］．北京：经济管理出版社，2021.

［40］刘佳．中国沿海地区旅游产业结构与旅游产业集群关联机理研究［M］．北京：经济科学出版社，2018.

［41］赵林度．全产业链脉动：制造化服务化［M］．北京：中国科技出版传媒股份有限公司，2021.

［42］张晖．基于空间视角的产业链升级问题研究［M］．北京：经济管

理出版社,2020.

[43] 刘锋. 旅游全产业链创新(巅峰之路)[M]. 北京:旅游教育出版社,2017.

[44] 赵雅萍. 旅游业对区域经济差异的影响研究——以西部地区为例[M]. 北京:知识产权出版社,2017.

[45] 杨勇. 移动电子商务对旅游产业链的影响与对策研究[M]. 上海:上海交通大学出版社,2018.

[46] 田磊. 中国旅游产业绿色化评价与升级研究——基于价值链视角[M]. 北京:中国社会科学出版社,2020.

[47] 周超. 中国会展产业发展[M]. 杭州:浙江大学出版社,2017.

[48] 黄鹂. 会展产业经济学[M]. 成都:四川大学出版社,2021.

[49] 宋炜,董云鹏. 国际会展实务[M]. 广州:广东高等教育出版社,2017.

[50] 江平. 城市品牌形象塑造与传播研究[M]. 武汉:武汉大学出版社,2018.

[51] 潘君瑶. 从文化资源到文化品牌[M]. 成都:四川大学出版社,2018.

[52] 席佳蓓. 品牌管理[M]. 南京:东南大学出版社,2016.

[53] 张超. 城市旅游品牌的自媒体传播研究[M]. 北京:中国经济出版社,2019.

[54] 戴学锋,廖斌. 全域旅游理论与实践[M]. 北京:中国旅游出版社,2021.

[55] 方向东,罗彤,高扬. 城市会展业创新与发展策略[M]. 北京:化学工业出版社,2020.

[56] 刘勇,徐峰,于丽曼. 会展服务与管理[M]. 北京:化学工业出版社,2019.

[57] 李明. 会展品牌策划与管理[M]. 北京:知识产权出版社有限责任公司,2020.

[58] 孟祥敏. 城市会展业创新发展路径研究[M]. 北京:冶金工业出版社,2017.

[59] 吴志才. 21 世纪海上丝绸之路与广东会展发展[M]. 广州:中山大学出版社,2020.

[60] 杨军,林黎,林新竹. 区域会展经济发展研究[M]. 成都:西南财经大学出版社,2017.

[61] 丁烨. 会展场馆运营与管理[M]. 北京:中国旅游出版社,2019.

[62] 国务院发展研究中心"一带一路"课题组."一带一路"经济走廊:畅通与繁荣[M]. 北京:中国发展出版社,2018.

[63] 王金波."一带一路"经济走廊与区域经济一体化:形成机理与功能演进[M]. 北京:社会科学文献出版社,2016.

[64] 牟伦超. 走廊区域历史和旅游产业联动发展研究[M]. 武汉:武汉大学出版社,2019.

[65] 靳柯,刘从水,邹礼祺. 大湄公河次区域国际会展合作机制研究[M]. 昆明:云南大学出版社,2015.

[66] 高明. 旅游品牌负面事件对竞争品牌的溢出效应研究[M]. 北京:中国旅游出版社,2020.

[67] 刘嘉毅. 区域文化旅游品牌建设研究——基于品牌生态学的视角[M]. 北京:中国社会科学出版社,2020.

[68] 董志文. 中国海洋城市旅游品牌价值与竞争力研究[M]. 青岛:中国海洋大学出版社,2016.

[69] 孙梦阳,葛磊,刘庆川. 黑龙江省旅游品牌体系建设研究报告[M]. 北京:北京航空航天大学出版社,2021.

[70] 马明,陈方英. 旅游地品牌战略管理研究——以"好客山东"为例[M]. 北京:经济科学出版社,2020.

[71] 袁国宝. 双循环:构建以国内大循环为主体、国内国际双循环相互促进的新发展格局[M]. 北京:中国经济出版社,2021.

[72] 陈元,黄益平. 双循环:中国经济新格局[M]. 北京:人民日报出

版社,2021.

[73] 王昌林. 新发展格局:国内大循环为主体　国内国际双循环相互促进[M]. 北京:中信出版社,2020.

[74]《第四届丝绸之路(敦煌)国际文化博览会和第九届敦煌行·丝绸之路国际旅游节论文集》编委会. 第四届丝绸之路(敦煌)国际文化博览会和第九届敦煌行·丝绸之路国际旅游节论文集[M]. 兰州:敦煌文艺出版社,2020.

[75] 乔纳森·克莱门茨. 丝绸之路的历史[M]. 北京:新世界出版社,2021.

[76] 王晓泉. 丝绸之路经济带与哈萨克斯坦光明之路新经济政策对接合作的问题与前景[M]. 北京:中国社会科学出版社,2016.

[77] 刘宏. 哈萨克斯坦区域概况[M]. 北京:北京大学出版社,2020.

[78] 刘伟. 阿联酋经贸文化[M]. 北京:社会科学文献出版社,2018.

[79] 王思宇. 对外投资与旅游地指南:阿联酋卷[M]. 北京:经济日报出版社,2017.

[80] 陆瑾,王建. 中国和伊朗共建“一带一路”的新机遇与风险评估[M]. 北京:中国社会科学出版社,2017.

[81] 田端惠. 走进伊朗[M]. 北京:当代世界出版社,2017.

[82] 张丽君. “一带一路”沿线国家经济·土耳其经济[M]. 北京:中国经济出版社,2016.

[83] 王思宇. 对外投资与旅游地指南:土耳其卷[M]. 北京:经济日报出版社,2018.

[84] 阮青松. 丝绸之路经济带交通基础设施规划、投资及其经济效应[M]. 北京:清华大学出版社,2017.

[85] 陈先进. 上海会展业发展报告(2018)[M]. 上海:上海科学技术文献出版社,2018.

[86] 黄玉妹. 现代会展业功能系统研究[M]. 北京:社会科学文献出版社,2016.

[87] 刘碧珍. 国际会展产业概论[M]. 台北:华立图书股份有限公司,2021.

[88] 杨劲松. 国际旅游交流发展探索[M]. 北京:经济科学出版社,2020.

[89] 张瑛. 国际旅游研究[M]. 北京:中央民族学院出版社,2020.

[90] 唐承财. 国际旅游规划与开发[M]. 北京:旅游教育出版社,2019.

[91] 罗文青,杨红. 国际旅游文化研究[M]. 北京:世界图书出版社,2016.

[92] 郭宜章,杨思宇. 会展设计[M]. 北京:中国青年出版社,2021.

[93] 石培华. 全域旅游示范区创建和发展指南[M]. 北京:中国旅游出版社,2021.

[94] 吴水田. 旅行社实践教育基地建设探索——广州大学与广之旅国际旅行社实践教育基地案例[M]. 重庆:重庆大学出版社,2020.

[95] 杨东亮. 中蒙俄经济走廊建设研究[M]. 北京:社会科学文献出版社,2020.

[96] 刘稚,卢光盛. 孟中印经济走廊建设的理论与实践[M]. 北京:社会科学文献出版社,2017.

[97] 陈燕娟,邓岩. 中巴经济走廊建设背景下双边种子产业合作模式研究[M]. 北京:中国经济出版社,2021.

[98] 王润球. 新亚欧大陆桥经济走廊[M]. 北京:中国经济出版社,2018.

[99] 马博. 孟中印缅经济走廊[M]. 北京:中国经济出版社,2018.

[100] 叶堂林,祝尔娟. 京津冀协同发展的战略重点研究[M]. 北京:社会科学文献出版社,2021.

[101] 田学斌. 京津冀产业协同发展研究[M]. 北京:中国社会科学出版社,2019.

[102] 王明亮. 广州会展经济研究[M]. 北京:经济管理出版社,2019.

[103] 卢政营．供给侧改革:旅游文化资源创建机制研究[M]．北京:旅游教育出版社,2017.

[104] 佘曙初．区域文化资源与旅游产业经济协同发展研究[M]．北京:经济日报出版社,2019.

[105] 焦豫．现代会展经济理论及其商业创新应用研究[M]．长春:吉林出版集团股份有限公司,2021.

[106] 田里．旅游经济学[M]．北京:科学出版社,2021.

[107] 杨煌,张琼华．会展政策与法规[M]．大连:东北财经大学出版社,2019.

[108] 郭立．国际传播范式的中国探索与策略重构:基于会展国际传播的研究[M]．北京:经济管理出版社,2020.

[109] 耿松涛,宋蒙蒙．产业融合背景下的旅游创新业态发展研究[M].北京:知识产权出版社,2018.

[110] 刘鸣．“丝绸之路经济带”与相关区域合作机制研究[M]．上海:上海社会科学院出版社,2018.

[111] 姚勤华,胡晓鹏．“21 世纪海上丝绸之路”与区域合作新机制[M]．上海:上海社会科学院出版社,2018.

[112] 松浦章．海上丝绸之路与亚洲海域交流[M]．郑州:大象出版社,2018.

[113] 张玉明．会展服务管理[M]．广州:中山大学出版社,2016.

[114] 袁亚忠．会展企业管理[M]．广州:中山大学出版社,2016.

[115] 陈权．多媒体展示技术与艺术[M]．合肥:中国科学技术大学出版社,2016.

[116] 巨鹏．会展信息化管理[M]．广州:暨南大学出版社,2021.

[117] 胡平．会展场馆经营与管理[M]．北京:清华大学出版社,2019.

[118] 张玉蓉．丝绸之路经济区域旅游合作机制研究[M]．成都:西南财经大学出版社,2017.

[119] 江金波．会展项目管理:理论、方法与实践[M]．北京:清华大学

出版社,2020.

[120] 刘大可,陈刚,王起静．会展经济理论与实务[M]．北京:首都经济贸易大学出版社,2019.

中文译著

[1] [美]乔治·费尼奇．会展业导论[M]．王春雷,译．重庆:重庆大学出版社,2018.

[2] [英]麦克·J. 斯特布勒,[希腊]安德烈亚斯·帕帕西奥多勒,[英]西娅·辛克莱．旅游经济学[M]．林虹,译．北京:商务印书馆,2017.

[3] [美]乔治·费尼奇．会展业概论[M]．刘大可,译．北京:中国人民大学出版社,2016.

[4] [西班牙]费尔南德斯．会展活动的创意与设计[M]．古颖,译．上海:上海人民美术出版社,2016.

[5] [美]巴利·西斯金德．参展实务[M]．刘林艳,译．重庆:重庆大学出版社,2016.

[6] [印度]利皮卡·考尔·谷连妮,赛耶帝·阿曼德·里兹万．旅游企业社会责任[M]．陆春华,余忠稳,译．北京:商务印书馆,2020.

[7] [英]理查德·沙普利．旅游社会学[M]．谢彦君,孙佼佼,郭英,译. 北京:商务印书馆,2016.

[8] [英]约翰·特赖布．旅游哲学——从现象到本质[M]．赖坤,张晓鸣,译．北京:商务印书馆,2016.

[9] [新西兰]C. 迈克尔·霍尔,[美]刘德龄．旅游影响研究与管理[M]．陈钢华,翁时秀,译．北京:商务印书馆,2020.

[10] [英]加文·杰克,艾利森·菲普斯．旅游与跨文化交际[M]．王琳,匡晓文,译．北京:商务印书馆,2020.

[11] [美]埃里克·朱洛．现代旅游史[M]．王向宁,李淼,译．北京:商务印书馆,2021.

[12] [英]斯蒂芬·威廉斯,[美]刘德龄．旅游地理学[M]．张凌云,译．北京:商务印书馆,2018.

[13] [澳大利亚]希拉里·迪克罗,[加拿大]鲍勃·麦克彻. 文化旅游[M]. 朱路平,译. 北京:商务印书馆,2017.

[14] [美]戴维·L. 埃杰尔,贾森·R. 斯旺森. 旅游政策与规划:昨天、今天与明天[M]. 谢彦君,孙佼佼,郭英,译. 北京:商务印书馆,2017.

[15] [英]安德鲁·霍尔登. 环境与旅游[M]. 吴瑕,译. 北京:商务印书馆,2021.

[16] [加拿大]戴维·A. 芬内尔. 生态旅游[M]. 张凌云,译. 北京:商务印书馆,2017.

[17] [美]菲利普·科特勒,约翰·T. 鲍文,詹姆斯·C. 麦肯斯,等. 旅游与服务业市场营销[M]. 顾谦,译. 北京:机械工业出版社,2021.

[18] [英]约翰·厄里,乔纳斯·拉森. 游客的凝视[M]. 黄宛瑜,译. 上海:格致出版社,2016.

[19] [德]戴安娜·林德纳. 丝绸之路——两千年的历史与文化[M]. 王博,译. 北京:人民日报出版社,2019.

[20] [英]彼得·弗兰科潘. 丝绸之路:一部全新的世界史[M]. 邵旭东,孙芳,译. 杭州:浙江大学出版社,2016.

[21] [法]皮埃尔—菲利普·库姆斯,蒂里·迈耶,雅克—弗朗索瓦. 经济地理学:区域和国家一体化[M]. 北京:中国人民大学出版社,2020.

[22] [美]贝亚德·泰勒. 中亚纪行[M]. 李郁瑜,译. 北京:社会科学文献出版社,2020.

[23] [法]让·梯若尔. 产业组织理论[M]. 张维迎,译. 北京:中国人民大学出版社,2018.

[24] [美]艾伦·P. 亚当森. 品牌优势:领导品牌的50项建议[M]. 王紫薇,译. 北京:经济管理出版社,2017.

[25] [美]凯文·莱恩·凯勒,沃妮特·斯瓦. 战略品牌管理——创建、评估和管理品牌资产[M]. 吴水龙,何云,译. 北京:中国人民大学出版社,2020.

[26] [美]戴维·阿克. 创建强势品牌[M]. 吴进操,常小虹,译. 北

京:机械工业出版社,2020.

[27] [美]彼得·E. 塔洛. 旅游安全管理[M]. 李秀清,杨虹,译. 北京:商务印书馆,2018.

[28] [澳大利亚]A. J. 维尔. 旅游与休闲研究方法导论[M]. 甘露,卢天玲,金培,译. 北京:清华大学出版社,2020.

[29] [日]朽木昭文,过正次. 从集聚到创新——新兴经济体的产业集群升级[M]. 邱永辉,包龙飞,译. 北京:经济管理出版社,2021.

[30] [德]托马斯·布伦纳. 本土产业集群:存在、出现与演进[M]. 谢名一,译. 北京:经济管理出版社,2021.

[31] [意]马尔科·福蒂斯. 复杂性和产业集群:理论与实践中的动态模型[M]. 吴建新,译. 北京:经济管理出版社,2021.

[32] [哈萨克斯坦]坎·格奥尔吉·瓦西利耶维奇. 哈萨克斯坦简史[M]. 中国社会科学院丝绸之路研究院,译. 北京:中国社会科学出版社,2018.

[33] [英]米哈利斯·卡瓦拉兹斯,加里·瓦纳比,[荷]格雷戈里·J. 阿什沃思. 反思地方品牌建设[M]. 袁胜军,译. 北京:经济管理出版社,2019.

[34] [美]莫迪凯·E. 克赖宁. 国际经济学:政策视角[M]. 丁斗,译. 北京:北京大学出版社,2017.

[35] [美]多米尼克·萨尔瓦多. 国际经济学[M]. 刘炳圻,译. 北京:清华大学出版社,2019.

[36] [英]安德鲁·史密斯. 城市活动:以公共空间为活动场所[M]. 高凌江,王海文,译. 重庆:重庆大学出版社,2021.

[37] [美]T. 贝蒂娜·康韦尔. 活动赞助[M]. 蒋昕,译. 重庆:重庆大学出版社,2017.

[38] [英]乔·戈德布拉特. 活动策划与组织[M]. 罗秋菊,译. 北京:中国人民大学出版社,2017.

[39] [美]查尔斯·格拉泽. 国际政治的理性理论:竞争与合作的逻辑

[M]. 刘丰,陈一一,译. 上海:上海人民出版社,2020.

[40] [美]小约瑟夫·奈,[加拿大]戴维·韦尔奇. 理解全球冲突与合作——理论与历史[M]. 上海:上海人民出版社,2016.

[41] [美]玛丽·吉科. 超链接:互联网、数字媒体和技术—社会生活[M]. 黄雅兰,译. 北京:清华大学出版社,2019.

[42] [美]金明庚. 数字全息显微[M]. 郭羽,胡亚萍,刘军宁,译. 北京:国防工业出版社,2017.

[43] [法]让—诺埃尔·卡菲勒. 战略品牌管理[M]. 王建平,曾华,译. 北京:中国人民大学出版社,2020.

[44] [美]史蒂夫·麦基. 品牌力——世界级品牌的管理艺术[M]. 刘祯,译. 北京:经济管理出版社,2017.

[45] [美]蒂姆·哈洛伦. 品牌:让相遇难以忘怀——如何创建品牌与消费者之间强大的亲密型关系[M]. 唐文龙,译. 北京:经济管理出版社,2017.

[46] [美]克里斯·马隆,苏珊·T. 菲斯克. 人文品牌:如何建立品牌与人、产品、公司之间的关系[M]. 刘婷婷,宁乐,译. 北京:经济管理出版社,2017.

[47] [美]G. 迈克尔·马. 品牌创新:伟大的品牌如何建设、推出新产品、新服务和新商业模式[M]. 姚山季,译. 北京:经济管理出版社,2017.

[48] [美]斯科特·勒曼. 建设优质品牌:品牌战略与标识发展的全面指南[M]. 梁树广,译. 北京:经济管理出版社,2017.

[49] [美]凯文·基奥恩. 品牌与人才[M]. 北京:经济管理出版社,2016.

[50] [瑞]奥洛瓦·洛夫格伦. 欧美度假旅游历史[M]. 邬东幡,农丽媚,译. 北京:中国旅游出版社,2020.

[51] [美]约翰·刘易斯·加迪斯. 遏制战略:冷战时期美国国家安全政策评析[M]. 时殷弘,译. 北京:商务印书馆,2019.

[52] [美]巴利·西斯坎德. 会展营销全攻略[M]. 郑睿,译. 上海:上

海交通大学出版社,2016.

[53] [美]海伦 · 米尔纳. 利益、制度与信息:国内政治与国际关系[M]. 曲博,译. 上海:上海人民出版社,2021.

[54] [英]埃里克 · 琼斯. 文化融合[M]. 王志标,译. 杭州:浙江大学出版社,2019.

[55] [美]卡伦 · 明斯特,伊万 · 阿勒奎恩—托夫. 国际关系精要[M]. 潘忠岐,译. 上海:上海人民出版社,2018.

[56] [美]罗伯特 · 吉尔平. 国际关系政治经济学[M]. 杨宇光,译. 上海:上海人民出版社,2020.

[57] [美]卡林 · 韦伯,[韩]田桂成. 会展旅游管理与案例分析[M]. 吴俊华,译. 沈阳:辽宁科学技术出版社,2016.

[58] [西班牙]雷蒙 · 托伦茨 · 费尔南德斯. 会展活动的创意与设计[M]. 古颖,译. 上海:上海人民美术出版社,2016.

[59] [美]诺贝. 如何进行成功的会展管理[M]. 张黎,译. 北京:高等教育出版社,2017.

[60] [美]阿博特,德弗兰克. 会展管理[M]. 王向宁,译. 北京:清华大学出版社,2016.

报告政策

[1] 张晓涛. "一带一路"沿线国家经贸合作国别报告[R]. 北京:经济科学出版社,2017.

[2] 孙璧庆. 杭州市会展业发展报告[R]. 杭州:浙江工商大学出版社,2020.

[3] 孙梦阳,葛磊,刘庆川. 黑龙江省旅游品牌体系建设研究报告[R]. 北京:北京航空航天大学出版社,2021.

[4] 桑敬民. 上海会展业发展报告(2021)[R]. 上海:上海科学技术文献出版社,2021.

[5] 陈先进. 上海会展业发展报告(2020)[R]. 上海:上海科学技术文献出版社,2020.

[6] 陈先进. 上海会展业发展报告(2019)[R]. 上海:上海科学技术文献出版社,2019.

[7] 陈先进. 上海会展业发展报告(2018)[R]. 上海:上海科学技术文献出版社,2018.

[8] 刘旗. 重庆文化和旅游发展报告[R]. 重庆:西南师范大学出版社,2021.

[9] 国家发展和改革委员会. 中国营商环境报告2020[R]. 北京:中国地图出版社,2021.

[10] 王欣,邹统钎,耿建忠. 中国康养旅游发展报告(2019)[R]. 北京:社会科学文献出版社,2020.

[11] 刘德谦,石美玉. 城市休闲和旅游竞争力绿皮书:中国城市休闲和旅游竞争力报告(2020)[R]. 北京:社会科学文献出版社,2021.

[12] 陆克华. 重庆市人民政府关于全市旅游产业发展情况的报告[R]. 重庆:重庆市人民代表大会常务委员会公告,2019.

[13] 张万春. 中国会展法治研究报告(2020)[R]. 武汉:华中科技大学出版社,2021.

[14] 卢坤建,刘生华,罗繁明. 粤港澳大湾区蓝皮书:粤港澳大湾区会展旅游酒店发展报告(2020)[R]. 北京:社会科学文献出版社,2020.

[15] 中华全国律师协会.“一带一路”沿线国家法律环境国别报告(第四卷)[R]. 北京:北京大学出版社,2019.

[16] 张敏. 会展蓝皮书:中外会展业动态评估研究报告[R]. 北京:社会科学文献出版社,2017.

[17] 郭牧. 2018中国会展产业年度报告[R]. 武汉:华中科技大学出版社,2018.

外文著作

[1] GEOFFREY CANTOR. The Great Exhibition Vol 1: A Documentary History[M]. Taylor and Francis,2021.

[2] GEOFFREY CANTOR. The Great Exhibition Vol 2: A Documentary

History[M]. Taylor and Francis,2021.

[3] GEOFFREY CANTOR. The Great Exhibition Vol 3: A Documentary History[M]. Taylor and Francis,2021.

[4] GEOFFREY CANTOR. The Great Exhibition Vol 4: A Documentary History[M]. Taylor and Francis,2021.

[5] BAUER DOMININIQUE, MURGIA CAMILLA. Ephemeral Spectacles, Exhibition Spaces and Museums: 1750 – 1918 [M]. Amsterdam University Press,2021.

[6] STÉPHANIE BERTRAND. Contemporary Curating, Artistic Reference and Public Reception: Reconsidering Inclusion, Transparency and Mediation in Exhibition Making Practice[M]. Taylor and Francis,2021.

[7] DA KONG. Museums, International Exhibitions and China's Cultural Diplomacy[M]. Taylor and Francis,2021.

[8] FILIPOVÁ MARTA. Cultures of International Exhibitions 1840 – 1940: Great Exhibitions in the Margins[M]. Taylor and Francis,2017.

[9] MONCLÙS JAVIER. International Exhibitions and Urbanism: The Zaragoza Expo 2008 Project[M]. Taylor and Francis,2017.

[10] CLAUDIA BA, SYBILLE FRANK, CLAUS MÜLLER, et al. The Power of New Urban Tourism: Policies, Representations and Contestations[M]. Taylor and Francis,2021.

[11] LOPEZ – CORDOVA ERNESTO. Digital Platforms and the Demand for International Tourism Services[M]. The World Bank,2020.

[12] STEPHENSON MARCUS L., Al Hamarneh Ala. International Tourism Development and the Gulf Cooperation Council States: Challenges and Opportunities[M]. Taylor and Francis,2017.

[13] GREG RICHARDS. Rethinking Cultural Tourism[M]. Edward Elgar Publishing,2021.

[14] FAISAL AHMED, ALEXANDRE LAMBERT. The Belt and Road Ini-

tiative:Geopolitical and Geoeconomic Aspects[M]. Taylor and Francis,2021.

[15] XIANGMING CHEN, JULIE TIAN MIAO, XUE LI. The Belt and Road Initiative as Epochal Regionalisation[M]. Taylor and Francis,2021.

[16] XIAO GANG. Financing China's Belt and Road Initiative: Investments and Infrastructure[M]. Taylor and Francis,2021.

[17] VARGAS SORAYA CARO. Economic Corridors in Asia: Paradigm of Integration? A Reflection for Latin America[M]. Universidad del Externado de Colombia,2020.

中文期刊论文

[1] 康正鑫. 会展产业集群发展动力机制研究[J]. 合作经济与科技,2021(23):59-61.

[2] 李柯瑶. 数字化改革助推会展业高质量发展研究[J]. 商展经济,2021(21):4-6.

[3] 汪婧,王吉刚. 新冠疫情下我国会展业:冲击与应对[J]. 商业经济,2021(10):42-45,126.

[4] 杨进."一带一路"战略与会展业发展机遇[J]. 管理观察,2017(19):17-18.

[5] 付连英. 会展产业集聚区成发展重要"抓手"[J]. 中国会展,2018(1):93.

[6] 程冲. 互联网时代会展业发展新趋势分析[J]. 山西财税,2018(12):44-45.

[7]刘雅祺. 在线展览背景下会展公司的数字化转型研究[J]. 商业经济,2021(12):100-101,107.

[8] 姜增伟. 后疫情时代,会展旅游该如何发展[J]. 中国会展,2021(21):40.

[9] 苏洪."双循环"下成都国际会展之都建设新格局[J]. 中国会展,2021(21):52-53.

[10] 张煌强,顾佩璇. 会展数字化经济模式转型创新研究——以腾讯

云会展为例[J]. 商展经济,2021(9):5－8.

[11] 薛亮. 迈向双循环相互促进的新发展格局[J]. 中国会展,2021(21):57.

[12] 陈健. 创新会展服务,推动经贸高质量发展[J]. 中国会展,2021(21):41.

[13] 沙海林. 加强国际会展之都建设,实现上海国际贸易中心能级跃升[J]. 中国会展,2021(21):42－43.

[14] 兰宇鑫. 会展推动经贸高质量发展[J]. 中国会展(中国会议),2021(20):14－15.

[15] 张慧,王婷伟. 四链双循环:多元价值共创视阈下会展创新人才培养模式研究[J]. 商展经济,2021(21):7－12.

[16] 刘馨柳. 中国国际东盟博览会的成功经验对南宁市会展旅游业的影响[J]. 投资与合作,2021(11):112－113.

[17] 孟凡新. 产业数字化视角下推动会展服务业转型发展的策略探讨[J]. 时代经贸,2021,18(10):86－89.

[18] 刘海莹. 会展业标准化建设的新动力[J]. 中国会展(中国会议),2021(20):19.

[19] 肖扬. 聚焦成渝双城经济圈,中国会展城市产业合作峰会开幕[J]. 中国会展(中国会议),2021(20):25.

[20] 裴超,Aura Fu. 搏浪新时代 经贸话共赢——透过进博会看会展业推动经贸高质量发展[J]. 中国会展(中国会议),2021(20):35－47.

[21] 王志平,Aura Fu. 会展助力经贸高质量发展[J]. 中国会展(中国会议),2021(20):57－59,56.

[22] 储祥银,Aura Fu. 会展业推动经贸高效发展[J]. 中国会展(中国会议),2021(20):96－97.

[23] 陈泽炎,Aura Fu. 创新发展 提升价值[J]. 中国会展(中国会议),2021(20):100－101.

[24] 吕佳蔚. 新媒体背景下会展品牌塑造及传播途径研究[J]. 文化

创新比较研究,2019,3(29):72－73.

[25] 张津,马扬梅,张坛柳. 基于智慧视角下的会展项目运营模式研究[J]. 北京印刷学院学报,2021,29(4):43－46.

[26] 布鲁诺·马塞尔. 在后新冠肺炎时代,会展业正在推动国际经贸发展[J]. 中国会展,2021(21):44.

[27] 付晓,Aura. 后疫情时代,会展业助力国际经贸发展[J]. 中国会展(中国会议),2021(20):68－71.

[28] 唐雪. 会展场馆标准化建设意义[J]. 中国会展,2022(1):74－75.

[29] 陈珍艳. 会展十年,影响贵州的力量——回顾贵阳国际会议展览中心十年成长之路[J]. 中国会展,2021(15):82－83.

[30] 秦玲,马国栋. 我国会展企业国际业务现状研究——基于PEST分析法[J]. 商展经济,2021(15):9－11.

[31] 裴超. 聚焦双碳　会展同程——展会高质量创新发展[J]. 中国会展,2021(13):48－50.

[32] 唐雪. 智慧场馆建设从何入手[J]. 中国会展,2021(13):68－69.

[33] 廖峻霈,王盛,冉雨鑫. 我国会展业国际化水平提升策略研究[J]. 商展经济,2021(5):1－3.

[34] 张琼. 国际会展强国的发展特点及启示[J]. 中国外资,2021(5):80－83.

[35] 付晓. 法国UFI认为限制性防控检疫和旅行政策可能会影响到2022年的亚洲会展业[J]. 中国会展,2021(21):21.

[36] 彭顺生. 世界旅游史研究:回顾与展望[J]. 扬州大学学报(人文社会科学版),2021,25(1):122－128.

[37] 邹本涛,曲玉镜. 旅游文化史:内涵与分期的再探讨[J]. 旅游学刊,2015,30(12):109－120.

[38] 褚骏超. 全域旅游背景下的旅游产业链延伸探索[J]. 产业与科技论坛,2021,20(21):11－12.

[39] 肖扬. 疫情防控常态化阶段,会展与旅游如何联姻? [J]. 中国会展(中国会议),2021(20):130-133.

[40] 方向东. 超大型展馆运营存在会展服务产业支撑[J]. 中国对外贸易,2021(12):54-55.

[41] 黄欣欣,武亚楠. 海南省会展业的低碳旅游发展研究[J]. 中小企业管理与科技,2021(10):37-39.

[42] 林森."一带一路"视域下会展与旅游的融合途径[J]. 当代旅游,2020(11):45-46.

[43] 李勇军. 会展产业价值链及其组织网络构成[J]. 广东行政学院学报,2016,28(4):75-80.

[44] 姜仁良. 会展产业集群的产业链属性及创新驱动力[J]. 商业经济研究,2016(1):192-194.

[45] 胡启蕊. 郑州市会展产业集群分析[J]. 绿色科技,2019(24):252-254.

[46] 马翠霞,张艳玲. 近二十年国内会展旅游的研究热点问题及其演进[J]. 商展经济,2021(3):1-5.

[47] 张艳艳. 产业融合视角下会展旅游发展策略探究[J]. 商场现代化,2021(2):84-86.

[48]王鑫春."互联网+"时代背景下会展物流组织与运营管理研究[J]. 中国储运,2022(1):152-153.

[49] 邓雨欣. 新媒体时代会展活动传播特点及策略[J]. 中国报业,2021(18):44-45.

[50] 邱影凡. 全媒体时代下会展品牌构建与传播路径研究[J]. 今日财富,2019(15):34-35.

[51] 郭海霞,邸嘉禹. 互联网视角下会展场馆发展路径研究[J]. 现代商业,2018(30):98-99.

[52]李中建,孙根年. 中国出境旅游的外交效应[J]. 浙江大学学报(理学版),2021,48(6):771-780.

[53] 肖一凡. 浅谈我国发展国际旅游业的思考[J]. 教育信息化论坛, 2018,2(8):48,51.

[54] 岳悦. 中国旅游业发展浅析——从历史文化资源的角度[J]. 新经济,2017(11):32 – 37.

[55] 程玉,杨勇,刘震,熊丹丹. 中国旅游业发展回顾与展望[J]. 华东经济管理,2020,34(3):1 – 9.

[56] 程祥. 关于构筑中国国际进出口博览会物业服务品牌的思考[J]. 上海商业,2018(6):28 – 31.

[57] 唐任伍,马宁,徐道明. 中国旅游产业发展中的元问题及元治理研究[J]. 贵州师范大学学报(社会科学版),2019(4):51 – 60.

[58] 张毓利,徐彤,石培华."双循环"背景下我国国际旅游消费中心的发展模式与路径[J]. 企业经济,2022(2):104 – 111.

[59] 刘亚迪. 国际旅游管理视域下我国旅游产业发展研究[J]. 文化产业,2020(24):8 – 9.

[60] 李婷. 旅游与会展产业融合的价值链分析[J]. 当代旅游,2021,19(27):57 – 59.

[61] 黄彬彬. 产业融合视角下会展旅游发展对策研究[J]. 商场现代化,2020(18):186 – 188.

[62] 黎春红. 产业融合视角下会展旅游发展策略探究[J]. 旅游纵览,2021(8):165 – 167.

[63] 沈晓夏,唐明贵. 全域旅游背景下贵州会展与旅游产业经济融合发展路径[J]. 贵州商学院学报,2019,32(1):20 – 26.

[64] 陈冬冬,郭晓红. 海南国际旅游岛龙狮文化商业开发策略[J]. 当代旅游,2021(10):16 – 18.

[65] 马晓龙,李维维,魏楠,等. 国家国际旅游市场的互动格局与结构特征[J]. 地理与地理信息科学,2021(5):120 – 127.

[66] 孙悦. 全域旅游背景下山东会展与旅游产业融合发展路径的探索[J]. 全国流通经济,2020(15):114 – 115.

[67] 杨惠玲．基于价值链导向的会展旅游产业链提升研究[J]．商业经济研究,2016(23):194－195.

[68] 杨娇．旅游业与会展业融合发展的现实探索——浙江省义乌市的改革实践带来的启示[J]．台州学院学报,2019,41(4):69－74.

[69] 尹寿兵,刘红婷．国际旅游组织介入背景下山岳型景区治理演化路径研究[J]．自然资源学报,2021(5):1316－1333.

[70] 李晶,张思颖,张春焕．地方特色食品会展品牌研究[J]．现代食品,2021(12):27－29.

[71] 林予希．福建省海岛旅游品牌建设研究[J]．旅游纵览,2019(14):107－108.

[72] 赵旭．一带一路视角下西安会展品牌发展——以西安丝绸之路国际旅游博览会为例[J]．现代企业,2019(12):48－49.

[73] 闫倩．中国会展品牌问题研究[J]．商讯,2020(9):9.

[74] 原兴倩,黄海燕．烟台市会展品牌化提升路径研究[J]．人文天下,2020(14):16－18.

[75] 陈泯伊．建构基于本土特色产业的城市会展品牌——以东莞市为例[J]．中国报业,2020(22):10－12.

[76] 张婷．新媒体背景下会展品牌塑造及传播途径研究[J]．传播力研究,2019,3(17):244.

[77] 唐贵发．走中国自主会展品牌建设之路[J]．中国会展,2019(13):33.

[78] 刘玥,徐晓颖．大连会展业与旅游业良性互动路径研究[J]．现代商贸工业,2017(1):15－17.

[79] 韩雪．大连市会展旅游研究综述[J]．旅游纵览,2021(7):156－158.

[80] 陆文玥,李多菲,曹露丹．后疫情时期大连会展经济的机遇与挑战[J]．商展经济,2020(13):7－9.

[81] 莫岸华．北京市会展业集聚水平实证研究[J]．湖北工程学院学

报,2021,41(1):84-90.

[82] 段静丽,王冬梅. 大连市绿色会展项目开发现状及对策研究[J]. 北方经贸,2020(4):52-54.

[83] 胡启蕊. 产业链视角下天津市会展产业发展分析[J]. 绿色科技,2020(2):241-243.

[84] 陈丹蕾. “一带一路”背景下国际旅游发展路径[J]. 中国外资,2021(3):10-11.

[85] 王丛琳. 基于SWOT-PEST分析法的天津市会展旅游发展研究[J]. 旅游纵览,2017(6):119-120.

[86] 申海涛. 京津冀区域经济一体化现状及对策探讨[J]. 中国市场,2018(36):38+40.

[87] 陆相林. 京津冀区域城市会展协同发展对策研究[J]. 产业与科技论坛,2017,16(4):22-24.

[88] 李安琪. 北京市会展场馆建设与会展业发展现状发展研究[J]. 智富时代,2016(2):219.

[89] 魏卫. “美丽中国”国际形象的国际旅游吸引力研究[J]. 社会科学家,2020(12):8-14.

[90] 何文彬. 中国—中亚—西亚经济走廊全球价值链升级路径选择[J]. 中国流通经济,2019,33(2):60-72.

[91] 张琼. 国际会展强国的发展特点及启示[J]. 中国外资,2021(3):80-83.

[92] 张卫华,温雪,梁运文. “一带一路”区域价值网结构演进与国家角色地位变迁——基于43国的社会网络动态分析[J]. 财经理论与实践,2021,42(1):133-140.

[93] 吴倩,邢希希,刘亚楠. 广州会展旅游发展的动力机制与路径研究[J]. 科教文汇,2018(11):189-190.

[94] 翁钢民,李建璞,宋娜. 国际会展旅游研究的特征与趋势(1996—2019)——基于CiteSpace知识图谱分析[J]. 燕山大学学报(哲学社会科学

版),2020(6):63－72.

[95] 秦普艳,陈艳,涂俊. 重庆市会展旅游的发展现状及对策研究[J]. 商展经济,2021(7):15－19.

[96] 李孟华,谢丽娟. 浅谈会展旅游对重庆经济发展的影响[J]. 度假旅游,2019(4):65－66.

[97] 汪婧,郑秋霞. 建设内陆国际会展名城,重庆该何为? [J]. 经济论坛,2020(6):127－133.

[98] 李静,李勋华. 重庆南坪商圈会展旅游产业集聚发展研究[J]. 产业与科技论坛,2017,16(13):24.

[99] 曹旺月,罗莉. 基于 WSR 方法论的消费类展会可持续发展研究[J]. 商业经济,2022(1):4－6.

[100] 白祥,帕提玛·赛力克. 会展业产业关联效应综述与评论:以乌鲁木齐为例[J]. 江苏商论,2019(6):8－11,19.

[101] 陈嘉琪,徐鑫,李莹,张文俊,陈丽娟,胡敏. 乌鲁木齐冰雪旅游会展项目开发构想[J]. 度假旅游,2018(3):56－58.

[102] 王晓丹,张文昊. 乌鲁木齐市会展旅游发展模式初探[J]. 智能城市,2017,3(2):238－239.

[103] 王若雨. 中国与中亚国家旅游服务贸易基础与合作路径分析[J]. 对外经贸实务,2020(10):81－84.

[104] 李宁."丝绸之路经济带"背景下哈萨克斯坦旅游业发展及其与中国的合作[J]. 伊犁师范学院学报(社会科学版),2017,36(1):49－51.

[105] 谢思琳,徐晓颖. 上海市会展旅游发展现状研究——以上海世博会为例[J]. 经济研究导刊,2018(14):95－97.

[106] 李洋. 关于会展旅游的概念内涵与市场开发研究[J]. 农村经济与科技,2019,30(8):175－176.

[107] 李朝军. 海南建构国际旅游消费中的优势、挑战和路径——基于海南岛免税购物细则分析[J]. 对外经贸实务,2021,9(2):26－29.

[108] 林云. 上海会展经济进入"加速跑"时代[J]. 中国会展,2018

(9):20.

[109] 马勇,张辉. 中巴伊阿经济走廊构建初探[J]. 北方论丛,2021(6):43-54.

[110] 黎紫涵,梁育民,梁宇红.“一带一路”沿线国际文化旅游合作现状研究[J]. 今日财富(中国知识产权),2021(1):44-46.

[111] 李铁成,刘松萍. 新发展格局下发展消费类展会的学理思考与策略建设[J]. 商业经济研究,2021(17):44-47.

[112] 王雪丽. 中国—中亚—西亚经济走廊中心城市竞争力评价[J]. 北方经贸,2021(9):23-25.

[113] 杨金璇. 中国—中亚—西亚经济走廊贸易潜力及影响因素分析[J]. 商场现代化,2021(14):63-67.

[114] 高茜,孙仕园. 中国对西亚地区国家的贸易影响因素及贸易潜力测算——基于面板数据引力模型[J]. 哈尔滨师范大学学报(社会科学版),2021,12(4):69-74.

[115] 张舒宁,阮文奇. 时空透视与成因探测:大型会展网路信息扩散规律与驱动机制[J]. 地理研究,2022,41(3):731-747.

[116] 程艳华. 新时代背景下云展会发展策略研究[J]. 武汉商学院学报,2021,35(4):65-68.

[117] 陈珂.“十四五”展望:城市会展业高质量发展——从城市会展规划思考会展名城建设[J]. 中国会展,2021(9):40-45.

[118] 张洪睿,杨敏. 双循环背景下会展业的发展机遇、挑战与成长路径研究[J]. 商展经济,2021(5):7-9.

[119] 陈珂. 着力打造“一带一路”国际会展名城[J]. 中国会展,2020(23):47.

[120] 林森.“一带一路”视域下会展与旅游的融合途径[J]. 当代旅游,2020,18(33):45-46.

[121] 方璐萍.“一带一路”背景下会展旅游融合发展研究[J]. 齐齐哈尔大学学报(哲学社会科学版),2020(3):65-70,84.

[122] 陈平,杨佳旋,吴润佳．我国区域品牌研究进展的可视性分析[J]．中国集体经济,2022(4):41-44.

[123] 田超杰,张会锋．如何锻造品牌韧性——基于54家老字号上市企业的组态分析[J]．中国流通经济,2022,36(1):92-103.

[124] 刘亚臣,张梓璇,包红霏．阿里系价值网构建及其投融资战略协同——基于生命周期视角[J]．沈阳建筑大学学报(社会科学版),2020,22(3):251-258.

外文论文

[1] MCKERCHER BOB. Can Pent - up Demand Save International Tourism? [J]. Annals of Tourism Research Empirical Insights,2021,2(2):42-45,126.

[2] CHEN JI,CUI FENGMING,BALEZENTIS TOMAS,et al. What Drives International Tourism Development in the Belt and Road Initiative? [J]. Journal of Destination Marketing & Management,2021(19):44-45.

[3] WINDHAGER FLORIAN, FEDERICO PAOLO, SCHREDER GUNTHER,et al. Visualization of Cultural Heritage Collection Data: State of the Art and Future Challenges[J]. IEEE Transactions on Visualization and Computer Graphics,2019 (6):14-15.

[4] AN JAEYOUNG,KIM HANY,HUR DONGKEUN. Keeping the Competitive Edge of a Convention and Exhibition Center in MICE Environment: Identification of Event Attributes for Long-Run Success[J]. Sustainability,2021,13(9):252-254.

[5] GAN LI. Research on the Connotation and Operation Mechanism of Smart Exhibition[J]. E3S Web of Conferences,2021(235):112-113.

[6] LIU HAN,YANG CUI. The Application of Virtual Reality Technology in Museum Exhibition—Take the Han Dynasty Haihunhou Ruins Museum in Nanchang as an Example[J]. E3S Web of Conferences,2021(236):35-47.

[7] SU WEI QIANG. Comparative Research and Progress of Exhibition

Tourism at Home and Abroad [J]. Sustainable Development, 2020, 10 (4): 82 - 83.

[8] NAVARRO DRAZICH DIEGO, LORENZO CRITIAN. Sensitivity and Vulnerability of International Tourism by Covid Crisis: South America in context [J]. Research in Globalization, 2021: 130 - 133.

国际会展与旅游的相关专门网站

[1] 中国国家旅游局官方网站:www. cnta. com。

[2] 中国会展在线:www. cce. com。

[3] 中国会展管理网:www. sgcec. com。

[4] 环球会展网:www. fair. mofcom. gov. cn。

[5] 上海世博会官网:www. expo2010. cn。

[6] 海南会展旅游网:www. sbha. com。

[7] 会展旅游集团:www. etgcn. com。

[8] 展会中国:www. expoc. com。

[9] 中国行业会展网:www. 31expo. com。

[10] 中国会展网:www. cnexpo. com。

[11] 中国供应商 · 展会中心:www. fair. china. cn。

[12] E 展网:www. eshow365. com。

[13] 参展网:www. 828i. com。

[14] 去展网:www. qufair. com。

[15] 聚展网:www. jufair. com。

[16] 网纵会展网:www. vanzol. com。

附　录

附录一　世界主要会展场馆及中心（欧洲）

国别	会展中心名称	所在地	建成时间	面积、功能、设施
德国	汉诺威展览中心（Hannover Exhibition Center）	汉诺威（Hannover）	1947 年	拥有 49.6 万平方米的室内场馆、5.8 万平方米的户外布展场地。共拥有 27 个展厅和一座划分有 35 个功能厅的会议中心
德国	新慕尼黑博览中心（Fairground Trade Center）	慕尼黑（Munich）	1998 年	拥有 18 万平方米的展览大厅和 36 万平方米的室外展览场地，拥有 17 间不同规格的展厅
德国	达姆施塔特会议中心（Darmstadtium）	达姆施塔特（Darmstadt）	2009 年	拥有约 1.8 万平方米的无障碍多功能展览空间、21 间会议室、实际面积 1300 平方米的主展厅
德国	法兰克福展览中心（Exhibition Centre Frankfurt）	法兰克福（Frankfurt）	1909 年	占地 47 万平方米，其中室内布展面积 32.1 万平方米，室外展场面积 9 万平方米，拥有 11 个不同规格的展厅
德国	科隆展览中心（Exhibition Centre Cologne）	科隆（Köln）	2006 年	总面积达 28.4 万平方米，共拥有 11 个展厅、41 个不同规模的会议室，其中室外布展面积 10 万多平方米
德国	杜塞尔多夫展览中心（Dusseldorf Exhibition Centre）	杜塞尔多夫（Dusseldorf）	1971 年	拥有总面积约 30.5 万平方米的展览场地，共设 19 个展厅，其中有 26.2 万平方米的展厅和 4.3 万平方米的室外布展面积
德国	纽伦堡展览中心（Nürnberg Messe）	纽伦堡（Nürnberg）	1974 年	总展览面积约为 22 万平方米，共拥有 18 个展馆、12 个大厅，其中展厅面积约 15 万平方米，室外展览面积 7.6 万平方米
德国	柏林博览中心（Messegelände Berlin）	柏林（Berlin）	1993 年	室内展览总面积约为 1.6 万平方米，所有 26 个展厅相互连接，并设有 1 万平方米的中庭作为布展区域

续表

国别	会展中心名称	所在地	建成时间	面积、功能、设施
德国	斯图加特展览中心（Messe Stuttgart）	斯图加特（Stuttgart）	2007 年	总面积约为 10.5 万平方米，拥有 9 个展览大厅，其中包括 4 万平方米的大型户外展厅
德国	莱比锡展览中心（Exhibition Centre Leipzig）	莱比锡（Leipzig）	1996 年	拥有总面积为 10.25 万平方米的室内部分及面积为 7 万平方米的室外部分，共划分为 5 个不同规格的功能展厅
德国	埃森展览中心（Messe Essen）	埃森（Essen）	1913 年	拥有展场面积约 1.1 万平方米及 2 万平方米的室外展出面积，有 19 个彼此相连的展厅
德国	腓特烈展览中心（Messegelände Friedrichshafen）	腓特烈港（Friedrichshafen）	2002 年	总展览面积约为 9.7 万平方米，其中包括 1.2 万平方米的露天展览地面，有 12 个展厅及举办各类型活动的活动中心
德国	汉堡展览中心（Hamburg Messe und Congress）	汉堡（Hamburg）	1973 年	总面积为 10.7 万平方米，其中室内展览面积 7.6 万平方米，并拥有 12 个展厅和一座 8500 平方米的室外露天布展场地
德国	巴特萨尔茨乌夫伦展览中心（Messe Zentrum Bad Salzuflen）	巴特萨尔茨乌夫伦（Bad Salzuflen）	2014 年	总建筑面积约 7 万平方米，展出面积约为 3.5 万平方米，可同时提供 4000 多个国际标准参展摊位
德国	奥格斯堡展览中心（Augsburger Messezentrum）	巴伐利亚（Free State of Bavaria）	1972 年	总展出面积共有 5.7 万平方米，其中室外展览面积为 1.8 万平方米，会议中心面积 2200 平方米，共划分为 12 个展览大厅
德国	卡尔斯鲁厄展览中心（Messe Karlsruhe）	卡尔斯鲁厄（Karlsruhe）	2003 年	总面积为 11.4 万平方米，其中室内展览面积约为 5.2 万平方米，室外展览面积约为 6 万平方米，每年都会在此举办 30 场各种类型及主题的博览会
德国	不来梅展览中心（Bremen Messe Centrum）	不来梅（Bremen）	2003 年	总面积约为 40.5 万平方米，其中包括 10 万平方米的室外露天展览场地和 3.9 万平方米室内面积，共拥有 6 座展览大厅
德国	爱尔福特展览中心（Messe Erfurt）	爱尔福特（Erfurt）	2013 年	总展出面积约为 5 万平方米，拥有 4 个面积不等的会议室，可同时提供 7000 多个国际标准展览摊位
德国	奥芬堡展览中心（Messe Offenburg）	奥芬堡（Offenburg）	1924 年	总占地面积达 17.5 万平方米，其中室内面积约 2.3 万平方米。每年接待 40 万～50 万人次的国际游客参观，以及来自 30 多个国家和地区的 3000 多家专业公司参展

续表

国别	会展中心名称	所在地	建成时间	面积、功能、设施
德国	弗莱堡展览中心（Freiburg Messe-halle）	弗莱堡（Freiburg）	2007 年	总面积为 19.9 万平方米，每年有超过 50 万的国际参观者，并举办约 35 场各类国际性交易会
德国	柏林机场展览中心（Berlin Expo Center Airport BECA）	柏林（Berlin）	2012 年	总占地面积约 25 万平方米，有超过 2 万平方米的展览大厅，以及约 12.9 万平方米的室外展览区域
德国	开姆尼茨展览中心（Messe Chemnitz）	开姆尼茨（Chemnitz）	2017 年	场馆总面积约 1.9 万平方米，其中展览面积约为 8000 平方米
德国	胡苏姆展览中心（Messe Husum）	胡苏姆（Husum）	2004 年	展览总面积 5000 平方米，可举办各种类型和主题的展会、会议、公司活动等
捷克	布尔诺展览中心（Brno Exhibition Centre）	布尔诺（Brno）	1928 年	总占地面积约为 66.7 万平方米，其中建筑总面积约为 20.35 万平方米，展览面积为 7.2 万平方米，包括露天场地，全中心共设有 15 个多功能展厅
俄罗斯	莫斯科克洛库斯国际展览中心（Crocus－Expo IEC）	莫斯科（Moscow）	2005 年	室内展区总面积约为 8.68 万平方米，室外展区面积为 6.65 万平方米，并拥有 1 间水族馆主题酒店、3 座特大型展馆、49 间会议厅以及多个 VIP 会客室
意大利	米兰国际会展中心（Fiera Milano）	米兰（Milano）	1920 年	总占地面积近 430 万平方米，展览面积近 140 万平方米，共拥有 24 个不同规格的现代化大型展厅
意大利	博洛尼亚展览中心（Bologna Fiere）	博洛尼亚（Bologna）	2008 年	建筑总面积 37.5 万平方米，其中布展面积达 3.6 万平方米，共分为 18 个展览厅
意大利	维罗纳会展中心（Veronafiere Exhibition Centre）	维罗纳（Veronafiere）	2013 年	总面积达 30 万平方米，其中室内面积约为 14.3 万平方米，共拥有 13 个不同主题的展馆
意大利	帕尔马展览中心（Fiere di Parma Fairgrounds）	帕尔马（Parma）	2009 年	占地总面积约为 13.5 万平方米，拥有 3 万平方米的展览区域及超过 5 万平方米的展馆面积
意大利	罗马展览中心（Fiera di Roma）	罗马（Roma）	1883 年	展览总面积约为 39 万平方米，包括 3 万平方米的公共绿地、15 万平方米的多用途写字楼与展览区域，同时配备 21 间会议室及大型活动会议中心

续表

国别	会展中心名称	所在地	建成时间	面积、功能、设施
意大利	里米尼展览中心（Rimini Fiera）	里米尼（Rimini）	2001 年	占地总面积46 万平方米，其中包括展览面积10.9 万平方米，及16 个单层单跨展厅、24 间会议室、两间200 座标准会议室
比利时	布鲁塞尔博览中心（Brussels Exhibition Centre）	布鲁塞尔（Brussels）	2007 年	场馆总面积约为11.5 万平方米，共拥有12 间不同面积和功能的展厅
荷兰	乌得勒支皇家会展中心（Jaarbeurs Utrecht）	乌得勒支（Utrecht）	1917 年	场馆总面积约为10 万平方米，包括12 个多功能展厅，展厅面积共约1 万平方米，及5 个会议室和媒体广场，展览以食品业、农业、高科技产业为主
荷兰	阿姆斯特丹 RAI 国际会展中心（RAI International Exhibition and Congress Centre）	阿姆斯特丹（Amsterdam）	1893 年	展览总面积达8.7 万平方米，共分为11 座多功能展馆和22 间会议室，每年承办超过50 场重要国际会议、70 个展览商品交易会以及1000 多场中小型会议和国际性活动
波兰	华沙波兰中心（Warszawskie Centrum EXPO）	华沙（Warsaw）	2001 年	占地总面积为1.7 万平方米，包括13.5 万平方米的室内空间以及2200 平方米的室外展览空间，会议室和大厅面积可达1500 平方米
波兰	波兹南国际展览中心（Poznan International Fair MTP）	波兹南（Poznan）	1992 年	场馆总面积为14.5 万平方米，包括约11 万平方米的展览大厅16 座，近3.5 万平方米的公共用地以及81 间多功能会议厅
瑞士	巴塞尔展览中心（Basel Fairground）	巴塞尔（Basel）	1974 年	展览总面积约为14.1 万平方米，由16 间会议展览厅及巴塞尔音乐厅共同组成
瑞士	日内瓦会展中心（Geneva Palexpo Exhibition Center）	日内瓦（Genève）	2006 年	总面积约为10.8 万平方米，共分7 座展览大厅，展出面积为10.2 万平方米，其中包括6 座展馆，并可彼此打通成为一个超大整体展馆
西班牙	巴塞罗那会展中心（Firade Barcelona GranVia）	巴塞罗那（Barcelona）	1929 年	拥有约8 万平方米的总面积，可展出面积为5 万平方米，并拥有8 座现代化大型展馆和6 座国际会议中心

续表

国别	会展中心名称	所在地	建成时间	面积、功能、设施
西班牙	瓦伦西亚会展中心 (Feria Valencia)	瓦伦西亚 (Valencia)	1917 年	总面积超过 23 万平方米，其中包括 8 个多功能厅、会议室及 6.8 万平方米的泊车空间
西班牙	马德里会展中心 (Ifema – Parque Ferial Juan Carlos)	马德里 (Madrid)	2001 年	占地总面积 20 万平方米，拥有 12 间主题活动厅、2 座会议中心、一个大型时尚和生活主题区及 1.4 万个停车位
西班牙	毕尔巴鄂展览中心 (Bilbao Exhibition Centre)	毕尔巴鄂 (Bilbao)	1974 年	拥有总面积为 15 万平方米的展览空间，并按照功能和实际用途分为 3 个展览大厅
奥地利	维也纳国际中心 (Vienna Exhibition Centre)	维也纳 (Vienna)	2004 年	展馆总面积为 7.3 万平方米，建筑群总面积为 19 万平方米，由 4 座主建筑组成，秉持可持续发展和绿色节约资源型建筑理念
英国	伯明翰国家会展中心 (NEC, Birmingham, UK)	伯明翰 (Birmingham)	1994 年	占地面积约为 18.2 万平方米，共拥有 20 个互相连接的展览大厅、34 间专业会议套房、一座同时能容纳 15.6 万观众的竞技场
英国	伦敦 ExCel 会展中心 (ExCel LONDON)	伦敦 (London)	2000 年	总占地面积为 40.5 万平方米，每年承接诸多类型的大型国际展会
英国	曼彻斯特会展城 (Manchester Exhibition Centre)	曼彻斯特 (Manchester)	2012 年	展览面积达 2.3 万平方米，包括可根据需要分割组合的展览厅、1 万平方米的无柱中央大厅以及可同时容纳 1200 位宾客用餐的宴会厅
英国	苏格兰会展园 (Scottish Exhibition + Conference Center)	格拉斯哥 (Glasgow)	1985 年	拥有总占地面积为 1.9 万平方米的布展区域及一家标准四星级酒店，提供了理想的会议和展览场所
英国	利物浦会议中心 (Arena and Convention Centre Liverpool)	利物浦 (Liverpool)	1945 年	总展览面积约为 7125 平方米，其中包括一间 3725 平方米可自由分割组合的多功能厅和一座 3400 平方米的竞技场

续表

国别	会展中心名称	所在地	建成时间	面积、功能、设施
英国	东英格兰展览场（彼得伯勒）（East of England Arena & Events Centre）	彼得伯勒（Peterborough）	2009 年	拥有总面积 9000 平方米的室内布展空间和 16.7 万平方米的户外展览区域，能同时容纳 10 万名游客，并提供约 2.2 万个停车位
英国	哈罗盖特会议中心（Harrogate International Centre）	哈罗盖特（Harrogate）	1982 年	拥有 8 座多功能展馆，总占地面积 1.7 万平方米，并配有多规格会议厅和多语种讨论室，具有举办大型赛事的能力
法国	巴黎北部展览中心（Paris Nord Villepinte）	巴黎（Paris）	1982 年	总展览面积约为 19.1 万平方米，共分为 7 座展厅、44 座会议接待厅、2 座阶梯形会议厅、22 间餐厅、21 个酒吧及其他大面积的会展配套场所
法国	凡尔赛门展览中心（Paris Expo Porte de Versailles）	巴黎（Paris）	1923 年	展览总面积为 22.2 万平方米，共拥有 8 个多功能展厅、20 间会议室、12 间餐厅、6500 个停车位及 102 个沙龙
法国	欧洲博览中心（Eurexpo Parc）	里昂（Lyon）	1420 年	展览总面积约 1.1 万平方米，分为 12 座多功能展厅，且每座展厅有 2000～12000 平方米的布展面积
法国	波尔多展览公园（Bordeaux Exhibition Centre）	波尔多（Bordeaux）	2005 年	室内展览总面积约 8 万平方米，共分为 4 座展厅，且每座展厅有 4 种不同的建筑类型，可满足不同客户的实际需求
法国	勒布尔歇展览中心（Paris Le Bourget Exhibition Center）	巴黎（Paris）	1949 年	拥有约 8 万平方米的室内展览总面积及 3500 平方米的室外展览面积，共分为 5 个不同风格的展馆
法国	雷恩博览园（Parc Expo de Rennes Aéroport）	雷恩（Rennes）	2010 年	总面积约为 5.4 万平方米，共拥有 11 座多功能展厅
法国	阿尔帕博览中心（ALPEXPO）	格勒诺布尔（Grenoble）	1968 年	总占地面积约为 10 万平方米，并配有面积不等的多功能会议室及大型停车场等
法国	马赛会展园（Parc Chanot）	马赛（Marseille）	2017 年	室内总展览面积约为 4 万平方米，露天展览面积约为 4.8 万平方米

续表

国别	会展中心名称	所在地	建成时间	面积、功能、设施
法国	蒙彼利埃博览园（Exhibition Centre）	蒙彼利埃（Montpellier）	2013 年	展馆总面积约为 3 万平方米
法国	里尔欧洲博览中心（Lille Grand Palais）	里尔（Lille）	1994 年	该中心拥有国会大厦、展览大厅及竞技场等，具有承办各类国际会议、座谈会、研讨会、商业活动、专业沙龙和展览等国际大型活动的会展接待能力

附录二　世界主要会展场馆及中心（北美洲）

国别	会展中心名称	所在地	建成时间	面积、功能、设施
加拿大	温哥华会议中心（Vancouver Convention Centre）	温哥华（Vancouver）	1987 年	总展览面积约为 4.3 万平方米。建筑共分为东西两翼，其中东楼包括无柱可分割展览厅、20 间会议室和宴会厅，西楼包括会议空间和公共海滨等设施
美国	拉斯维加斯会展中心（Las Vegas Convention Center）	拉斯维加斯（Las Vegas）	1959 年	拥有总面积达 30 万平方米的 16 座展览大厅和 144 间会议厅，可同时容纳 10 万人以上，总布展面积超过 20 万平方米
美国	曼德勒海湾会议中心（Mandalay Bay Convention Center）	曼德勒海湾（Mandalay）	2003 年	由南北两部分会议中心组成，拥有多间宴会厅和会议室，拥有总展览空间可达 10 万平方米的展览空间，其中布展面积约 5 万平方米
美国	拉斯维加斯金沙会展中心（Sands Expo & Convention Center）	拉斯维加斯（Las Vegas）	1990 年	拥有总面积达 30 万平方米的展览大厅，可同时容纳 10 万人以上，有超过 20 万平方米的布展面积及超过 2.4 万平方米的会议厅，且每个会议厅根据实际需要可容纳 20～2500 人
美国	芝加哥麦考密会展中心（McCormick Place，Chicago）	芝加哥（Chicago）	1960 年	由南馆、北馆和湖畔中心等三部分展馆构成，共拥有 112 间各具特色的多功能会议厅
美国	奥兰治县会议中心（Orange County Convention Center）	奥兰多（Orlando）	1983 年	建筑总面积达 65 万平方米，拥有 20 万平方米的布展空间

续表

国别	会展中心名称	所在地	建成时间	面积、功能、设施
美国	亚特兰大乔治亚世界会议中心（Georgia World Congress Center）	亚特兰大（Atlanta）	1976 年	总面积约 39 万平方米，拥有 106 间会议室，其中面积 14 万平方米的黄金展览馆又可分为 12 间展览大厅和 2 座宴会厅
美国	休斯敦会展园（George R. Brown Convention Center Houston）	休斯敦（Houston）	1987 年	占地总面积约 16.7 万平方米，共分为 8 座展馆、105 间会议厅、3 座宴会厅、3 座剧院，是世界上第一座永久设有比特币 ATM 设施的展览中心
美国	肯塔基博览中心（Kentucky Exposition Center）	路易斯维尔（Louisville）	1977 年	场馆总面积约 161.87 万平方米，拥有 56 间会议室、两座竞技场、一间自由大厅、户外展览和展示空间，并有超过 11 万平方米的室内布展空间，可同时提供 1.9 万人的席位
美国	新奥尔良厄内斯特会议中心（New Orleans Ernest N. Morial Convention Center）	新奥尔良（New Orleans）	1984 年	总面积超过 28 万平方米，其中拥有约 10.2 万平方米的展览空间，并有 11 间多功能展览厅
美国	克利夫兰国际博览中心（Cleveland Convention Center）	克利夫兰（Cleveland）	1922 年	拥有多功能会议室、会议中心、宴会厅和展览厅等多种功能分区，并包含一座可同时容纳 1 万人的大礼堂和一座可容纳 3000 人的音乐厅
美国	贾维茨会展中心（纽约）（Javits Convention Center）	纽约（New York City）	1986 年	总建筑面积达 17 万平方米，共分四层，其中展览面积 7.8 万平方米，包括 9 座展馆、102 间设施先进的会议室
美国	曼德勒海湾度假村酒店和会展中心（The Mandalay Bay Hotel and Convention Center）	拉斯维加斯（Las Vegas）	1993 年	拥有 3309 间客房以及总面积达 13.5 万平方米的博彩中心，附近设 100 万平方米的曼德勒海湾会议中心，以及可主办竞技比赛、演唱会等多种节目的曼德勒海湾表演中心
美国	超级穹隆体育馆（Superdome）	新奥尔良（New Orleans）	2000 年	拥有 7.2 万个座位的多功能体育馆，即美国巨蛋型球场。此场地同时是美国国家橄榄球联盟新奥尔良圣徒的主场，曾举办过 6 届 NFL 超级碗比赛

续表

国别	会展中心名称	所在地	建成时间	面积、功能、设施
美国	休斯敦雷利安特公园会展中心（Reliant Park Convention Center）	休斯敦（Houston）	2021 年	该馆是一座多功能体育馆，包括休斯敦自然科学博物馆、休斯敦儿童博物馆、休斯敦艺术博物馆等，并举办过全美橄榄球比赛
美国	克利夫国际博览中心（International Expositon Center，即 I－X Center）	布鲁克（Brock）	1942 年	该博览中心的地下室约有 4645.15 平方米的布展空间，可用于多类型的中型展览
美国	达拉斯会展中心（Dallas Convention Center）	达拉斯（Dallas）	1957 年	占地总面积约 19 万平方米，其中室内展览面积约 9.3 万平方米，包括 1.9 万平方米的无柱展览大厅，拥有 9 间休息室、105 间会议室及 2 间多功能舞厅
美国	印第安纳会议中心（Indiana Convention Center）	印第安纳波利斯（Indianapolis）	1972 年	拥有 71 间不同面积的会议室、11 座展厅和 3 间多功能舞厅，总面积超过 12 万平方米，并有超过 5 万平方米的展览空间和近 1.3 万平方米的小型会议室
美国	奥斯汀会议中心（Austin Convention Center）	奥斯汀（Austin）	1992 年	总面积约为 8.2 万平方米，其中展馆面积为 2.3 万平方米，宴会厅占地 5900 平方米，可同时提供 5285 个座位
美国	俄勒冈会展中心（Oregon Convention Center）	威拉米特（Willamette）	1989 年	总面积约 6 万平方米，拥有两个大型多功能宴会厅、50 间不同类型会议室，并同时拥有约 2.4 万平方米的展览场地
墨西哥	拉丁美洲展览中心（The Las Americas Exhibition Centre）	墨西哥城（Mexico City）	2016 年	布展总面积约为 3.4 万平方米，并设计有雄伟的标志性建筑，可满足多种类型及层次的国际布展需求

附录三　世界主要会展场馆及中心（非洲）

国别	会展中心名称	所在地	建成时间	面积、功能、设施
南非	约翰内斯堡博览中心（Expo Centre）	约翰内斯堡（Johannesburg）	2016 年	拥有面积超过 4.2 万平方米的室内布展空间，及 8 万平方米的室外场地、12 间多功能会议室、1 座宴会厅
南非	茨瓦内会议中心（比勒陀利亚）（Tshwane Events Centre）	比勒陀利亚（Pretoria）	2018 年	室内展览面积达 4 万平方米，室外布展面积达 4.5 万平方米，共有 10 个同面积展厅、10 间不同功能会议室，并拥有一座用于牲畜拍卖的农业展厅
南非	开普敦国际大会中心（Cape Town International Convention Center，CTICC）	开普敦（Cape Town）	2003 年	拥有总面积约为 1.1 万平方米的展览空间及贸易展位，可根据参展商的不同需求拆分组合成多个会议及宴会场地
南非	德班国际会议中心（Durban International Convention Center）	德班（Durban）	1997 年	总布展面积约为 9270 平方米，由剧院、酒店、会展中心等多座建筑共同组合而成，可根据实际需要划分成 22 个不同的展览空间
南非	东伦敦国际会议中心（East London International Convention Centre）	东伦敦（East London）	2002 年	拥有一个占地总面积约 2303 平方米的展览大厅，会议空间总面积约为 5431 平方米，共拥有 19 间会议室，其中最大的会议室面积约为 1622 平方米
南非	约翰内斯堡世博中心（Johannesburg Expo Centre）	约翰内斯堡（Johannesburg）	1993 年	拥有总面积约为 25 万平方米的布展空间，同时拥有 12 间不同面积多功能会议室及 1 座宴会厅
南非	桑顿会议中心（Sandton Convention Centre）	约翰内斯堡（Johannesburg）	2002 年	该中心大楼建筑共分 12 层，其中拥有总面积超 2.2 万平方米的会议及展览空间
南非	开罗世博城（Cairo Expo City）	开罗（Cairo）	2012 年	占地总面积约 30 万平方米，其中会议场馆设施建设面积约为 5.8 万平方米

附录四　世界主要会展场馆及中心（南美洲）

国别	会展中心名称	所在地	建成时间	面积、功能、设施
巴西	圣保罗博览中心（São Paulo Expo）	圣保罗（São Paulo）	2016 年	展览总面积约 10 万平方米，是巴西圣保罗最重要的国际性展览及会议主办场馆
巴西	巴西里约热内卢国际会展中心（Rio De Janeiro International Convention and Exhibition Center）	里约热内卢（Rio De Janeiro）	1977 年	占地总面积约 20 万平方米，其中包括四座比赛场馆，可承办诸多类型体育赛事，是里约热内卢最大的会议及展览中心
巴西	圣保罗安年比展览中心（Parque Anhembi）	圣保罗（São Paulo）	1970 年	占地总面积约 98 万平方米，其中布展区面积达 7.6 万平方米，共有 5 座可满足不同类型会展的场馆
巴西	本图贡萨尔维斯会展园（Exhibition Center – Bento Goncalves – RS – Brazil）	本图贡萨尔维斯（Bento Goncalves）	2017 年	该展览中心总面积达 5.7 万平方米，可满足各类国际参展商的不同贸易需求，并拥有大型国际家具贸易中心，即 MOVELSUL BRAZIL 家具盛会
巴西	泛美博览中心（Transamérica Expo Center）	圣保罗（São Paulo）	1901 年	布展总面积约 2 万平方米，分为 A、B、C 三个功能区，并于 2006 年新增了 8000 平方米的国际展览 D 区

附录五　世界主要会展场馆及中心（大洋洲）

国别	会展中心名称	具体所在地	建成时间	具体面积、功能、设施
澳大利亚	悉尼会议和展览中心（Sydney Convention & Exhibition Centre Hordern Pavilion）	悉尼（Sydney）	1988 年	总展览面积约为 3.5 万平方米，拥有超过 70 间不同功能的会议室、两个正式宴会厅及 3 个剧院，能同时举行 3 个完全独立的不同活动
澳大利亚	珀斯会议和展览中心（Perth Convention and Exhibition Centre）	珀斯（Perth）	2000 年	总面积约为 2.4 万平方米

续表

国别	会展中心名称	具体所在地	建成时间	具体面积、功能、设施
澳大利亚	阿德莱德会议和展览中心（Adelaide Event and Exhibition Centre）	阿德莱德（Adelaide）	1980 年	场馆总面积约为 2 万平方米，拥有 32 间多功能会议室、10 座可举办不同类型会展的展示大厅
新西兰	新惠灵顿会议展览中心（Wellington Convention and Exhibition Centre）	惠灵顿（Wellington）	2023 年（预计）	此项目预算约为 1.8 亿美元，拥有 1.8 万平方米的布展空间，并可同时容纳 1400 名观众
新西兰	新西兰 Claudelands 展览中心（Claudelands Exhibition Centre）	汉密尔顿（Hamilton）	1999 年	此项目占地约 120000 平方米，并划分为室内和露天两大布展空间，适合举办各类型商务会议及活动

附录六　世界主要会展场馆及中心（亚洲）①

国别	会展中心名称	所在地	建成时间	面积、功能、设施
日本	东京国际展览中心（東京ビッグサイト Tokyo Big Sight）	东京（Tokyo）	1995 年	总面积约 24.3 万平方米，其中布展面积约 11.5 万平方米，由塔楼、西展厅、东展厅三部分组成，共划分为 16 个展区
日本	大阪市 OMM 展馆（MYDOME OSAKA）	大阪（Ōsaka）	2008 年	拥有总面积约 1.5 万平方米的展览厅，包括 8 间会议室，布展面积超 1 万平方米，可满足各类参展商的不同需求
日本	横滨国际平和会议场（パシフィコ横浜 Pacifico Yokohama）	横滨（Yokohama）	1987 年	总布展面积约 2 万平方米，内设国立大厅、会议中心及多间不同面积的展览厅
马来西亚	吉隆坡国际会议中心（Kuala Lumpur Convention Centre，KLCC）	吉隆坡（Kuala Lumpur）	2005 年	拥有总面积约为 2.3 万平方米的灵活功能空间，包括 2 个大礼堂、2 间宴会厅、3 间会议厅、5 个展厅、23 间会议室，以及面积达 1.2 万平方米的无柱展厅
马来西亚	太子世界贸易中心（Putra World Trade Centre，PWTC）	吉隆坡（Kuala Lumpur）	1984 年	占地总面积约 16 万平方米，并拥有约 7.8 万平方米的展览空间，目前是马来西亚唯一的世界贸易中心

① 其中不包含中国，中国单列于附录七中。

续表

国别	会展中心名称	所在地	建成时间	面积、功能、设施
马来西亚	绿野国际会展中心（Malaysia lvye Convention Centre，MIECC）	雪兰莪州（Negeri Selangor）	1991 年	总面积约 3.8 万平方米。该建筑共分三层，可同时容纳 1.5 万人，内设商务咨询、服务中心与媒体中心及一个永久性的家具展览厅，该中心曾举办过亚洲音乐节
马来西亚	吉隆坡谷中城展览厅（Mid Valley Exhibition Centre，MVEC）	吉隆坡（Kuala Lumpur）	2001 年	配备有先进的会展支持设施，可举办研讨会、音乐会、商品博览会等多类型展会，同时也是马来西亚最受欢迎的购物中心之一
马来西亚	贸发局会展中心（MECC）	吉隆坡（Kuala Lumpur）	1993 年	拥有超过 10.6 万平方米的建筑面积，包括塔楼和圆形剧场等多组建筑，是以国际贸易为中心的会议、奖励和展览的最佳场所之一
马来西亚	沙登农业展览馆（Malaysia Agro Exposition Park Serdang）	雪兰莪州（Negeri Selangor）	2020 年	共拥有四座大厅，占地总面积约为 24.6 万平方米，在此举办过马来西亚农业、园艺和农业旅游展等多种与农业有关的展会
马来西亚	马六甲国际贸易中心（MITC）（Malacca International Trade Centre）	马六甲（State of Malacca）	2003 年	展馆占地总面积约 13 万平方米，拥有大宴会厅、礼堂、贵宾厅等不同功能区，可举办展览、会议、音乐会等多种类型活动
马来西亚	沙巴国际贸易中心（SICC）（Sabah International Convention Centre）	沙巴州（Negeri Sabah）	2018 年	总建筑面积超过 15.3 万平方米，包括迎宾区、3 个面积可灵活调整的展示大厅、18 间独立会议室及 1 座表演艺术厅
韩国	首尔国际会展中心（Korea International Exhibition Center）	首尔（Korea）	2005 年	共拥有 5 个展厅，22 间会议室，室内展览总面积约 5.4 万平方米，室外布展总面积约 2849 平方米，活动厅可同时容纳 6000 人
韩国	韩国世界贸易中心（COEX）（Convention & Exhibition Mall）	首尔（Korea）	1979 年	总占地面积约为 8.5 万平方米，共拥有 4 座展厅，并可任意分成 12 个独立空间，拥有可同时容纳多达 7000 人的会议厅

续表

国别	会展中心名称	所在地	建成时间	面积、功能、设施
韩国	韩国国际展览中心（Kintex）（Korea International Exhibition Center）	首尔（Korea）	2005 年	室内布展总面积约 5.4 万平方米，室外展示总面积约 2849 平方米，共拥有 5 个不同规格的展厅
韩国	松岛国际展览中心（Songdo Convensia）	仁川（Incheon）	2008 年	建筑总面积为 5.4 万平方米，展会中心共设有 450 个国际标准展位，适合举办各种类型展会、公演及特别活动等
泰国	曼谷国际会展中心（Bangkok International Trade & Exhibition Centre）	曼谷（Bangkok）	1997 年	共拥有 19 个不同类型的场馆，总面积约为 5.1 万平方米，可用于布展面积为 3 万平方米，可举办 2 万～30 万人不同规模的会议
新加坡	新加坡博览中心（Singapore Expo）	新加坡（Singapore）	1999 年	总占地面积超过 10 万平方米，拥有 10 座多功能展示厅
新加坡	新加坡新达城国际会议与展览中心（Suntec Singapore Convention & Exhibition Centre）	新加坡（Singapore）	1965 年	场馆总面积达 4.2 万平方米，可布展面积为 3 万平方米，据统计，仅 2017 年就承办 44 场不同类型的优质展会
新加坡	新加坡莱佛士城会议中心（Raffles City Convention Center）	新加坡（Singapore）	1986 年	布展总面积超过 6500 平方米，包括 27 间会议室和 3 座大型舞厅，可满足展览会、聚会、舞会、年会等多类型活动场地需求
土耳其	伊斯坦布尔会展中心（Istanbul Congress Center）	伊斯坦布尔（Istanbul）	1948 年	布展总面积约为 10 万平方米，拥有大小不等的多功能会议厅及展览区，目前是土耳其最大的会展中心
阿联酋	迪拜世界贸易中心（迪拜国际会议中心）（Dubai World Trade Centre）	迪拜（Dubai）	2003 年	展览中心总面积约 3.7 万平方米，共有 9 间主展厅。建成第一年就举办了国际货币基金组织和世界银行年度会议
阿联酋	阿布扎比国家展览中心（Abu Dhabi National Exhibitions Company，ADNEC）	阿布扎比（Abu Dhabi）	2008 年	展馆总面积 2.8 万平方米，分为 7 间展示厅、两间豪华会议厅、16 间普通会议厅和一个独立的餐饮区

续表

国别	会展中心名称	所在地	建成时间	面积、功能、设施
阿联酋	沙迦博览中心（Expo Centre Sharjah）	沙迦（Sharjah）	1977 年	总占地面积达 1 万平方米，共拥有 4 座展馆，总布展面积 2 万平方米。举办过顶级的、范围高度集中的 B2B 和 B2C 表演
卡塔尔	卡塔尔国家会议中心（Qatar National Convention Centre）	多哈（Doha）	2011 年	展览总面积约为 4 万平方米，拥有 1 座 4000 个席位的剧院式会议厅、1 座 2300 个席位的剧院、3 座礼堂、52 间空间灵活的会议室，可同时容纳 1 万人参加会议或举办宴会

附录七　世界主要会展场馆及中心（中国）

所在地区	会展中心名称	所在地	建成时间	面积、功能、设施
京津冀地区	中国国际展览中心	北京市	1994 年	总占地面积约 15 万平方米，其中室内展览面积约为 6 万平方米，室外布展面积 0.7 万平方米
	北京雁栖湖国际会展中心	北京市	2015 年	总建筑面积约 7.8 万平方米，是集会议、展览、餐饮、酒店、综合配套服务于一体的综合型国际会展场馆
	中国国际展览中心新馆	北京市	2024 年	此项目总投资约 137 亿元人民币，总占地面积约 64 万平方米，总建筑规模约 60 万平方米
	全国农业展览馆（中国农业博物馆）	北京市	1969 年	总建筑面积约 2.6 万平方米，由 10 座中国传统建筑风格的建筑群共同组成
	北京国际会议中心	北京市	1990 年	是一家五星级会议服务接待场所，最早是为 1988 年 8 月第十一届亚运会提供新闻中心服务而筹建，主体建筑总占地约 2 万平方米，现有总建筑面积约为 6.9 万平方米
	北京展览馆	北京市	1954 年	是首都地区第一座大型综合性展览馆，位于北京西直门繁华商业区，地理位置优越，总建筑面积约 2.3 万平方米
	北京蟹岛国际会展中心	北京市	2000 年	项目总占地面积约 42 万平方米，由 8 座展馆共同组成，布展总面积为 6 万平方米，前期项目总投资 8 亿元人民币

续表

所在地区	会展中心名称	所在地	建成时间	面积、功能、设施
京津冀地区	北京市东六环展览中心	北京市	2003 年	是北京市 27 家大型展览中心之一，投资总额 1.5 亿元人民币，总占地面积约 6.7 万平方米，其中建筑面积约 5 万平方米，展厅面积约 2 万平方米，星级宾馆面积 8000 平方米，附属设施面积 2.2 万平方米
	北京绿港花都国际会展中心	北京市	2009 年	总占地面积约 24.6 万平方米，其中建设用地面积 20 万平方米，主展馆建筑总面积约 9.9 万平方米，物流中心建筑面积约 6 万平方米，多功能厅建筑面积 7489 平方米，室外空间面积 5.3 万平方米，以植物造景、水岸奇石为主的景观公园占地约 27 万平方米
	民族文化宫	北京市	1959 年	该文化宫是一座具有博物馆性质的民族风情展览馆，是中华人民共和国成立十周年首都十大建筑之一。总建筑面积 3.2 万平方米，主楼共分 13 层，建筑高度 67 米
	北京市规划展览馆	北京市	2004 年	位于天安门广场东南侧，主要展示北京悠久的历史和首都城市规划建设的伟大成就，该馆总建筑面积约 1.6 万平方米，布展面积约 8000 平方米
	北京大红门国际会展中心	北京市	2009 年	占地总面积约为 4 万平方米，其中建筑面积 2.4 万平方米，按会展中心与国际场地标准进行设计建设
	海淀展览馆	北京市	2003 年	是北京唯一的绿色园林式会展中心，并按国际标准展馆进行设计配置，总面积 2 万余平方米
	九华国际会展中心	北京市	2009 年	此中心集住宿、餐饮、娱乐、温泉、保健、会议、医疗、体检、购物等多功能于一体，占地总面积达 62.2 万平方米
	京开会展中心	北京市	2006 年	坐落于北京经济技术开发区内，主场馆及配套综合服务楼总面积达 8.5 万平方米，是国内屈指可数的单体全钢结构玻璃建筑群

续表

所在地区	会展中心名称	所在地	建成时间	面积、功能、设施
京津冀地区	天津国际展览中心	天津市	1989 年	是天津举办各类大中型展览的主要场所。总占地面积 5.5 万平方米，其中建筑面积 4.6 万平方米，展览面积约 3.5 万平方米，项目投资金额 175 亿元人民币
	天津体育展览中心	天津市	2010 年	是国内规模最大、设施最先进的展览建筑群之一，由其附设的天津天体展览服务中心进行经营与管理，可为各类国内外会展提供总体设计、特殊装修、广告设计等技术劳务服务
	国家会展中心（天津）	天津市	2019 年	集展览、会议、商业、办公、酒店等多种功能于一体，总建筑面积达 138 万平方米。该项目分两期建设：一期项目总建筑面积约为 80 万平方米，二期项目总建筑面积约为 58 万平方米
	石家庄国际博览中心	石家庄市	2008 年	总占地面积约 70 万平方米，其中地上建筑总面积 16 万平方米，地下建筑总面积 3 万平方米，总投资金额约 20 亿元人民币
	石家庄国际科技博览中心	石家庄市	2003 年	此中心总占地面积 1.5 万平方米，总建筑面积 2.3 万平方米。共分地上三层，地下一层，其中展览面积约 1.1 万平方米。地上第三层拥有两个现代化豪华大型会议室，可同时满足 500 人的会议要求
	石家庄老火车站会展中心	石家庄市	2013 年	该中心是目前石家庄展览面积最大、地理位置最佳的专业性会展场馆，布展面积共计 1.7 万平方米，能举办各种类型且满足不同层次客户需求的展会
	石家庄市人民会堂会展中心	石家庄市	2003 年	该中心项目共投资 3.2 亿元人民币，会堂占地总面积为 7.9 万多平方米，建筑面积约 3.9 万平方米，是一座大型综合性现代化的会展场所
	河北国际会议展览中心	石家庄市	1976 年	由卓达集团独立投资逾 30 亿元人民币建设，场馆主体总建筑面积 25 万平方米，室外广场建筑面积逾 10 万平方米，集会议、展览、体育、赛事、演艺、餐饮、酒店、旅游、度假、休闲、娱乐、购物、贸易等功能于一体，是华北地区设施最先进、配置最齐备、河北境内规模最大的综合性会展及节庆场所，同时也是国内外的大型会议、展览和群体活动的首选地

续表

所在地区	会展中心名称	所在地	建成时间	面积、功能、设施
京津冀地区	石家庄国际会展中心	石家庄市	2008 年	该中心坐落于正定新区，总占地约 70 万平方米，其中地上建筑面积 16 万平方米，地下建筑面积 3 万平方米，展览中心 10 万平方米，会议中心 6 万平方米
	沧州国际会展中心	沧州市	2009 年	该中心位于沧州市新城区，规划占地总面积 18 万平方米，工程概算总投资约为 6.84 亿元人民币，总建筑面积为 6.6 万平方米，由展览、会议、空中景廊、室外展场及开幕式广场等多组建筑共同组成
	唐山国际会展中心	唐山市	2004 年	该中心总占地面积约为 12 万平方米，总建筑面积 3 万平方米，总投资 1.7 亿元人民币。可提供展馆、演出及多功能演示等多种服务
	廊坊国际会议展览中心	廊坊市	2000 年	该中心坐落于廊坊开发区会展中心，是中国北京展览协会会员，拥有齐全、高效、快捷的办公自动化设备，标准四星级会展中心及 3.9 万平方米的多功能布展面积，可根据客户实际需要同时提供 1625 个国际标准展位
	邯郸国际会展中心	邯郸市	2007 年	该中心集会议、展览等多功能于一体，总建筑面积 6.3 万平方米，布展面积 2 万平方米，会议面积达 8000 平方米
	秦皇岛国际展览中心	秦皇岛市	2014 年	该中心是秦皇岛市第一家且唯一一家集展览、会议、技术交流、科普和人才培训于一体的综合性展览馆。总投资金额约 1.2 亿元人民币，展览中心占地面积约为 7 万平方米，总建筑面积 1.9 万平方米
	张家口文化艺术会展中心	张家口市	2013 年	该会展中心位于张家口市高新区，占地面积约 6 万平方米，总建筑面积为 18.8 万平方米，总投资金额约 5 亿元人民币
	通泰国际博览中心	张家口市	2009 年（开工建设）	该博览中心是大型建材商贸物流中心。项目占地约 80 万平方米，总建筑面积 60 万平方米，总投资金额 8 亿元人民币，项目计划分三期实施，开发期为三年

续表

所在地区	会展中心名称	所在地	建成时间	面积、功能、设施
中部地区	郑州国际会展中心	郑州市	2005 年	该会展中心服务范围包括会议、文娱活动、招待会、餐饮、旅游观光及展览等多种形式，总占地面积为 68.57 万平方米，一期工程总投资金额 15.39 亿元人民币
	绿地南昌国际博览城	南昌市	2012 年	该中心总建筑面积约 400 万平方米，该项目得到约 100 亿元人民币的投资，并作为南昌九龙湖示范项目引领新城建设
	青岛红岛国际会展中心	青岛市	2018 年	该会展中心坐落于红岛高新区，项目总投资金额 67 亿元人民币，建筑总面积达到 48.8 万平方米，属于青岛市“一带一路”建设重点项目之一
	武汉国际会展中心	武汉市	2001 年	该会展中心是武汉经济、文化科技、商贸活动及信息交流中心，总建筑面积约 14.7 万平方米
	武汉国际博览中心	武汉市	2014 年	展览总面积约 18 万平方米，总投资金额 500 亿元人民币，包括一期展馆、二期国际会议中心、洲际酒店、海洋乐园、假日酒店等多组建筑，可根据不同需要同时提供 6880 个国际标准展位
长江三角洲地区	上海新国际博览中心	上海市	2001 年	该博览中心是上海大型展览中心，通过全面扩建，室内总面积达到 20 万平方米，室外总面积为 13 万平方米
	国家会展中心（上海）	上海市	2016 年	该中心是集展览、会议、办公及商业服务等多种功能于一体的会展综合体，也是上海市的标志性建筑之一。位于上海虹桥商务区核心区西部，与虹桥交通枢纽直线距离仅 1.5 公里，1～2 小时可到达长三角各主要城市，航空 2～3 小时可直达亚太主要经济城市
	上海世博展览馆	上海市	2009 年	该展馆是高规格、现代化国际性会展场地，总建筑面积约 12.9 万平方米
	上海展览中心	上海市	1955 年	该中心总占地面积约 9.3 万平方米，其中总建筑面积约 8 万平方米，拥有 42 间大小不等的多功能展示厅

续表

所在地区	会展中心名称	所在地	建成时间	面积、功能、设施
长江三角洲地区	上海国际会议中心	上海市	1999 年	该中心总建筑面积达 11 万平方米，拥有多座现代化会议场馆，其中包括 4300 平方米的多功能厅和 3600 平方米的新闻中心各 1 座，可同时容纳 50 ~ 800 人的会议厅 30 余间
	上海世贸商城	上海市	1999 年	该项目建筑总面积为 28 万平方米，总投资额约 19 亿元人民币，是上海市政府十大“重点工程”中的唯一外商投资项目
	上海跨国采购会展中心	上海市	2007 年	该中心是一座集展览、会议、活动及餐饮等多功能于一体的国际现代化的会展中心，拥有总面积 1.6 万平方米的室内展厅、9000 平方米的会议厅、5000 平方米的餐厅及拥有 850 个泊位的地下停车场
	上海汽车会展中心	上海市	2006 年	该中心总投资金额 4 亿元人民币，占地面积约 4 万平方米，总建筑面积约 6.2 万平方米，会议综合楼面积约 3.7 万平方米，建筑总高度 30 米，分为地上 6 层、地下一层
	上海农业展览馆	上海市	1950 年	该展览馆举办过数百场各种类型的农业展览。拥有约 1.2 万平方米的场馆面积，其中布展面积达到了 7600 平方米，并配备了多功能现代化展览设施
	上海国际展览中心	上海市	1992 年	该展览中心共两层，总面积 1.2 万平方米，地处上海繁华商圈，周边云集多座酒店、商务楼等配套设施
	上海世博中心	上海市	2009 年	该中心总建筑面积约 14.97 万平方米，共由 2 座单体建筑组成，东侧为多功能区，西侧为会议区，东西两侧在顶部形成 2 层连廊，下部为挑空的视觉通廊，基础设施投资总金额约 30 亿元人民币
	杭州国际博览中心	杭州市	2016 年	该中心总建筑面积为 85 万平方米，主体建筑分别由地上 5 层和地下 2 层组成，是集会议、展览、餐饮、旅游、酒店、商业、写字楼等于一体的多元商业业态的综合体

续表

所在地区	会展中心名称	所在地	建成时间	面积、功能、设施
长江三角洲地区	义乌国际博览中心	义乌市	2009年	该中心总占地面积约15万平方米，总建筑面积29.6万余平方米，总投资18亿元人民币，其中会展建筑主体展馆总建筑面积24万余平方米，可提供5300个国际标准展位，与之相配套的五星级酒店项目总建筑面积约5.6万平方米，可提供337间（套）客房
	苏州国际博览中心	苏州市	2004年	该中心展览面积10万平方米，其中室内展厅面积12万平方米，并拥有多功能展厅9间，会议室总面积5万平方米，划分为60间不同规格的会议室，还包括一间面积达8000平方米的无柱宴会厅
	南京奥体中心	南京市	2005年	该中心是一座多功能复合型的国家级体育馆，包括体育场、体育馆、游泳馆、网球馆、体育科技中心和文体创业中心等多组建筑。总占地面积约89.7万平方米，其中建筑面积约40万平方米，水域面积为5.9万平方米，中心绿化率为48%，总投资金额21.67亿元人民币
	南京国展中心	南京市	1998年	该中心建筑总面积12万平方米，室内展览面积3.5万平方米，共设有5间多功能展厅，可同时提供2000个国际标准展位，在主建筑物东、南两侧还分别设有室外展场，总布展面积约3万平方米
	南京会展中心	南京市	2008年	该中心由展览部分、会议中心和配套服务设施等共同组成。展览部分由8座单层展馆和一间多功能厅组成，可同时提供5910个国际标准展位
	宁波国际会展中心	宁波市	2003年	该中心总占地面积约4500平方米，总建筑面积达14万平方米，主要由展览馆及会议楼、商务楼等十大建筑共同组成，可一次性同时提供近5000个国际标准展位，其经营范围包括商贸洽谈、展示、餐饮、展览、仓储等经济业态
	温州市展览馆	温州市	2016年	该展馆供展总面积约2500平方米，规划有序厅、南北两大展区、西展厅、书画厅、小展厅及多功能演示厅。总建筑面积约4000平方米，有4000平方米地下车库

续表

所在地区	会展中心名称	所在地	建成时间	面积、功能、设施
长江三角洲地区	国际会展中心	温州市	2002 年	该中心总占地面积达 58 万平方米。其中一期工程建筑占地 2 万平方米，建筑面积约为 7.3 万平方米，广场面积 10 万平方米，其建筑设计划分为展厅、会议中心、酒店三大功能区域，总投资金额约 4 亿元人民币
	太湖国际博览中心	无锡市	2008 年	该博览中心占地 17 万平方米，室内展览面积达 6.54 万平方米，包括 8 间标准展厅及 2 间多用途厅
	无锡体育会展中心	无锡市	2004 年	该中心是无锡市政府 2003—2005 年度重点工程之一，总投资金额 10 亿元人民币。该中心为全钢结构建筑、玻璃幕墙，分上下两层，层高 12 米，总布展面积 1.6 万平方米，可同时提供国际标准展位 800 个，是华东地区硬件设施一流的现代化展馆之一
	乌镇互联网国际会展中心	桐乡市	2016 年	该中心总建筑面积约 6 万平方米，建筑总面积 8.1 万平方米，由会议中心、接待中心和展览中心等三个功能区块共同组成，整体呈“U”形布局，主会议厅可同时容纳 3000 人与会
西部地区	西安国际会展中心	西安市	2020 年	该中心总占地面积约 83 万平方米，包括会议楼、展览馆和进博馆等建筑，其中会议楼总占地面积 17.9 万平方米，包括圆桌会议楼及 5 栋配套的标准化会议楼，展览馆总占地面积为 48.67 万平方米
	成都世纪城新国际会展中心	成都市	1998 年	该中心是集会议展览、星级酒店、文化旅游、商务办公、自然人居、民俗文化等综合配套功能于一体的复合型博览城，其中展览馆区有 17 座面积不等的展馆，总面积 12 万平方米
	天府博览中心	成都市	2012 年	该中心总建筑面积近 8 万平方米，共 4 层，布展总面积达 1.7 万余平方米，可同时设置国际标准展位 700 余个

续表

所在地区	会展中心名称	所在地	建成时间	面积、功能、设施
西部地区	成都国际非物质文化遗产博览园	成都市	2009 年	此遗产博览园内汇集了世界各地非物质文化遗产，拥有总面积达 3 万平方米的大型展示场地，是一座集文化展示、商业服务为一体的多功能现代化综合园区
	成都花博国际展览中心	成都市	2005 年	该中心是四川成都生态型会展中心，分别先后成功举办了第六届中国花卉博览会、第三届中国西部海峡两岸经济科技合作交流会等具有重大社会经济影响力的会展
	成都国际会议展览中心	成都市	1997 年	该中心总投资金额 14 亿元人民币，占地约 10 万平方米，总建筑面积达 21 万平方米，拥有 2 座大型室内国际标准展馆
	四川科技馆	成都市	2006 年	该展馆位于成都市中心城区天府广场北侧，由原四川省展览馆改建而成，占地总面积为 6 万平方米，总建筑面积约 4. 2 万平方米
	金堂恒大国际会议中心	成都市	2012 年	该中心坐拥 2. 8 万平方米原生江景岸线，总占地面积约 2. 4 万平方米，拥有 30 间面积不等的会议室，还配有 3200 平方米的超大空间无柱宴会厅
	东部新城龙泉文化创意会展场馆	成都市	2020 年	该场馆以节庆功能为主，拟规划成为成都市综合节庆活动中心
	北部新城金牛商贸会展场馆	成都市	2020 年	该场馆是以商贸为主题兼顾各型高端会议的国际会展场所，选址位于成都市北部新城现代商贸功能区
	都江堰国际会议中心	成都市	2020 年	该中心是以文化、旅游为主题的大中型高端会议举办场所，选址位于都江堰市翠月湖镇
	四川省规划馆	成都市	2012 年	该展馆共分三层，布展总面积约 6800 平方米，是成都市展示建设全面体现新发展理念的城市重要窗口，其中综合楼总投资金额 6. 215 亿元人民币，占地总面积约 1. 7 万平方米

续表

所在地区	会展中心名称	所在地	建成时间	面积、功能、设施
西部地区	国际会议中心	成都市	1997 年	此中心又称“中国西部国际博览城二期”，位于天府总部商务区，占地面积约 11 万平方米，总投资金额约 36 亿元人民币
	昆明新馆	昆明市	2017 年	该展馆位于昆明滇池北岸、主城南部环湖三个半岛区域，总投资金额约 5.6 亿元人民币，总占地面积约 3 万平方米，总建筑面积约 3.78 万平方米，共分 4 层，以成为“国际先进、国内一流”的规划展示馆为建设目标
	重庆国际博览中心	重庆市	2014 年	该中心集展览场馆、会议中心及会展酒店等多功能区划于一体，总建筑面积约 60 万平方米，展馆建筑总面积约 43 万平方米，其中会议中心建筑面积约 7.8 万平方米，拥有 30 余间不同规格的会议室，并可同时提供 5000 个席位，满足各大型会议需要
	重庆悦来会展城	重庆市	2010 年	该中心总面积约 18.67 平方千米，以会展城、生态城、海绵城、智慧城、文艺城等多主体业态统筹发展为着力点，重点打造国际会展集聚区、生态示范先行区、智慧创新引领区等，成为“山清水秀、美丽之地”的山水城市“样板间”
	南宁国际会展中心	南宁市	2018 年	该中心占地面积约 41 万平方米，建筑总面积 64 万平方米，拥有 18 间不同规格的展示厅，可同时设置 5300 多个国际标准展位，并配有功能齐全的声扩设备、同声传译、多媒体大屏幕等多种现代媒介系统，是会议、推介、洽谈的理想商务场所
	广西科技馆	南宁市	1983 年	该馆设有临时展览、常设科普展览、青少年科学工作室、特效影院、学术交流等场馆，总占地面积约 1.5 万平方米，总建筑面积约 4 万平方米，总投资金额约 2.5 亿元人民币

续表

所在地区	会展中心名称	所在地	建成时间	面积、功能、设施
西部地区	广西展览馆	南宁市	2004 年	该展馆占地面积约 7.6 万平方米，由 28 间彼此相通的展示厅组成，其中最大展厅面积 1034 平方米。全馆总建筑面积约 4.8 万平方米，其中展览建筑面积约 3.1 万平方米，展览配套设施及临街铺面建筑面积约 8000 平方米
	广西博物馆	南宁市	1934 年	该博物馆是自治区级综合性历史与艺术类博物馆，也是全国首批国家一级博物馆之一。馆藏文物 7 万多件（套），时间跨度长达 80 多万年。该博物馆地处南宁市政治、文化、商业中心，占地总面积 4 万多平方米
	桂林国际会展中心	桂林市	2001 年	该中心占地 15 万平方米，建筑总面积 5.28 万平方米，可同时提供 1600 个国际标准展位，展区总面积约 2.89 万平方米，共分为 6 间大展厅、4 间常设展厅、展厅内无建筑立柱，均为大跨度、大空间，可适应各类型国际商务公司的布展需求
	青海国际会展中心	西宁市	2021 年	该中心占地面积约 10 万平方米，展馆总建筑面积约 3 万平方米，建筑总高度达 20.55 米，总投资金额 8000 万元人民币，展示厅可搭建布展面积约 1.4 万平方米，可同时提供国际标准展位 680 个
	彭州濛阳国际会展中心	彭州市	2018 年	该国际会展中心将直观展示“四川蔬菜、天然生态”的绿色理念和都市现代农业田园生态实景
	崇州羊马国际会议中心	崇州市	2014 年	该中心占地面积约 11 平方千米，充分利用成都丰富会议资源和信息，逐步发展成为全国独一无二的以“会议中心”命名的新城市、新经济业态及新型城镇化的模范样板

续表

所在地区	会展中心名称	所在地	建成时间	面积、功能、设施
珠江三角洲地区	广东（潭州）国际会展中心	佛山市	2016 年	该中心总建筑面积约 48.5 万平方米，拥有 10 万平方米无柱室内展示厅、2 万平方米的室外展场、4000 平方米会议室及 4500 个泊车位，是集展览、会议、商业活动等多功能于一体的国际会展综合体
	深圳国际会展中心	深圳市	2019 年	该会展中心包括 19 间室内展厅和 1 个室外展示场地，其中室内展场共分 16 间标准展厅、1 间超大展厅和 2 间多功能展厅，占地总面积约 148 万平方米，规划一期及周边配套设施总投资金额达 867 亿元人民币
	华南城会展中心	深圳市	2006 年	该中心拥有约 7.2 万平方米的超大规模使用面积，五大展馆坐落相近但又不彼此相连。整体具有展馆面积大、各个展馆分隔独立等会展优势，同时还配套四间多功能会议厅，可同时满足近 500 人的会议需求
	中国进出口商品交易会展馆（广交会馆）	广州市	2002 年	该展馆的总建筑面积约为 110 万平方米，其中室内展示厅总面积 33.8 万平方米，室外展场总面积 4.36 万平方米。展馆 A 区室内展示厅面积约为 13 万平方米，室外展场面积为 3 万平方米；展馆 B 区室内展示厅总面积约 12.8 万平方米，室外展场面积约 1.36 万平方米；展馆 C 区室内展示厅面积为 8 万平方米。琶洲区域整体会展总面积超 66 万平方米
	广州琶洲南丰国际会展中心	广州市	1956 年	该中心总占地面积约 3.3 万平方米，总建筑面积约 14.7 万平方米，共分地面 23 层及地下 2 层，其中负一层、裙楼 1 ~2 层为多类型专业门类专业展馆，建筑总面积约 3 万平方米
	广州国际采购（展览）中心	广州市	2012 年	该中心建筑占地面积 10 万平方米，总建筑面积 28 万平方米，可为各类短期展览提供 7.86 万平方米的布展面积，南广场总面积 3 万平方米，可用于室外展览、仓储及物流。整体建筑的地下部分是拥有 1000 个泊位的大型停车场

续表

所在地区	会展中心名称	所在地	建成时间	面积、功能、设施
珠江三角洲地区	广州锦汉展览中心	广州市	2002 年	该中心占地总面积约 2.5 万平方米，共设有 3 座专业性展馆，其中 2 号主展馆共分 3 层，建筑总面积约 2.3 万平方米，周围物流区域可直达展馆各出入口，不受高度限制，可满足不同规模及类型展会物流需求
	保利世贸博览馆	广州市	2008 年	该展馆拥有 6 间国际标准展示厅，总布展面积 8 万余平方米，多功能组合式会议厅有适合不同需求的 16 种可灵活搭建模式，配套酒店公寓可提供 400 余间标准客房
	广东现代国际展览中心	东莞市	2002 年	该中心总占地面积 33 万平方米，可同时提供 7091 个国际标准展位。室外布展面积达 8 万平方米，是亚洲单体面积最大的展馆之一。目前共拥有 6 座展览馆，85 ~ 2400 平方米面积不等的会议室共 11 间，并配有同声传译系统等各种先进会议设施
	东莞国际会展中心	东莞市	2003 年	总建筑面积约 17.5 万平方米，包括展览中心、会议中心和一座标准四星级酒店等多组建筑，其中布展总面积 2.8 万平方米，可同时提供 1200 个国际标准展位，场馆主厅是 1 座面积达 1 万平方米无立柱通透式展览大厅
	常平会展中心	东莞市	2005 年	该中心总占地面积约 2.6 万平方米，总建筑面积约 1.4 万平方米，是集展览、会议、娱乐、休闲、购物于一体的商贸综合体，是配有餐饮、广告、贸易、仓储等多种服务的现代化展览馆
	珠海国际会展中心	珠海市	2014 年	该中心占地面积 26.9 万平方米，规划一期室内净布展面积 3 万平方米，拥有 45 间多功能会议厅室、总面积达 2000 平方米的多功能厅。规划二期项目总建筑面积约 27 万平方米，设有 7500 平方米展示厅、1600 平方米圆桌会议厅等多间不同规格会议室

续表

所在地区	会展中心名称	所在地	建成时间	面积、功能、设施
东北地区	沈阳国际展览中心	沈阳市	2013 年	该中心总占地面积约 96 万平方米。其中综合服务区面积 4 万平方米，室外布展面积 20 万平方米。展馆按照国际专业化水准设计，建筑主体结构由 8 个单层、无柱、大跨度独立展厅共同组成，每间大厅面积可达 1.32 万平方米，可同时提供 625 个国际标准展位
	长春国际会展中心	长春市	2001 年	该中心共投资金额 17.2 亿元人民币，是集展览、会议、商贸、旅游、餐饮、客房、体育赛事、娱乐休闲于一体的现代商务综合体。总占地面积达 64 万平方米，建筑面积 19.4 万平方米，功能齐全，各类会展设施完善，具备承办大型国际博览会的能力
	大连世界博览中心	大连市	2005 年	该中心总建筑面积 15 万平方米，净布展面积达 5 万平方米。一层展厅面积 2.1 万平方米，二层展厅面积约 1.3 万平方米，F 馆总面积 1 万平方米，可一次性同时提供 2700 个国际标准展位，还根据实际需要设有自由组合、面积大小不等，并可容纳 50～1500 人的会议室 23 间，多功能厅高 18 米，面积达 5700 平方米
	大连星海会展中心	大连市	1996 年	该中心占地面积约 8.6 万平方米，建筑总面积 10 万平方米，是一座集展览、会议、贸易、信息、餐饮娱乐等多项商务功能于一体的现代化展览场馆。中心展区总面积约 2.5 万平方米，分为东、西两大展区
	大连国际会议中心	大连市	2013 年	该中心占地总面积约 4.3 万平方米，总建筑面积达 14.68 万平方米，建筑高 59 米。由大连市政府投资兴建，保利商业地产投资管理有限公司运营管理，其主要服务包括举办会议、展览活动、特色餐饮等多项商务服务

续表

所在地区	会展中心名称	所在地	建成时间	面积、功能、设施
港澳地区	澳门旅游活动中心	中国澳门	1994 年	该中心共设有四层，是一座集会议、展览、旅游、文化于一体的多用途场馆。其中地库部分为大赛车博物馆及葡萄酒博物馆；地下一层部分为各类会展展示厅；一楼部分为会堂及餐厅；二楼部分为可同时容纳 550 人与会的会议厅
	澳门东亚运动会体育馆	中国澳门	2005 年	该场馆主场馆建设总高度 20 米，长径 92.5 米，短径 62 米，占地面积约 14 万平方米。体育馆由室内运动场、综合剧院、展览中心和澳门国际会议中心四个独立单元共同组成，同时又可划分为主场馆、副场馆和多功能馆等不同展示区域
	香港会议展览中心	中国香港	1997 年	该中心主要设施包括：5 间展览厅，总面积约 4.6 万平方米；2 间多功能会议厅，总面积 6100 平方米，可同时提供 6100 个座位；2 座世界级会议厅前厅，2 间演讲厅，面积达 800 平方米，拥有 1000 个座位，52 间会议室，总面积 6900 平方米
	亚洲国际博览馆	中国香港	2005 年	该展馆耗资总金额约 23.5 亿元人民币，提供超过 7 万平方米的可租用面积，共设有 10 座位于地面的无柱式展馆，包括可同时容纳 1.4 万名观众的香港最大室内多用途活动场地
海南自贸区（国际旅游岛地区）	博鳌乐城国际医疗旅游先行区	琼海市	2013 年	该中心是我国首个以国际医疗旅游服务、低碳生态社区和国际组织聚集地等为主要内容的国家级试验区
	三亚美丽之冠文化会展中心	三亚市	2003 年	该会展中心由会展表演及美丽博物馆两大功能区组成，建设采用钢索膜结构，建筑总面积约 1.3 万平方米，总体呈椭圆形，长轴直径 106 米，短轴直径 92 米，建筑总高度 37.8 米，可同时容纳 4000 余名观众进行参观
	三亚湾红树林国际会展中心	三亚市	2015 年	该中心是三亚会展业重要的配套设施，总面积约 3.3 万平方米，拥有 1.2 万平方米的室内大型展览厅、可同时容纳 5000 人的超大型宴会厅

续表

所在地区	会展中心名称	所在地	建成时间	面积、功能、设施
海南自贸区（国际旅游岛地区）	亚龙湾会议中心	三亚市	2017 年	该中心总体结构为“一核心五组团”，其核心是国际会议中心，总建筑面积达 1.8 万平方米，共拥有 4 组独立的建筑体，分别为大堂、展示中心、会议中心和餐厅等，具备首脑经贸会议、庆典、宴会、演出和展览等多种商务功能
	三亚保利国际博览中心	三亚市	2019 年	该中心总占地面积 14.9 万平方米，总建筑面积约 17.5 万平方米，分两期开发建设，涵盖会展、办公、商业、酒店等四大核心经济功能区，是一座集展览、会议、大型商业配套、公共服务设施及景观环境等多功能于一体的国家海岸多元业态会展综合体
	海口市旅游医疗服务保障中心	海口市	2011 年	该中心投资总金额 1.3 亿元人民币，总建筑面积约 1.1 万平方米，拥有 83 张床位，并设有 2000 平方米的体检中心。中心将依托海口市人民医院的人才、技术、设备等医疗资源，为游客和投资者提供优质医疗和保健服务
	海口观澜湖酒店会议中心	海口市	2010 年	该中心拥有 13 间多功能会议室、媒体中心及可同时容纳 1600 人的宴会厅，能为各类国际会议及活动提供优越的硬件条件和专业策划团队的智力支持
	海口五源河文体中心	海口市	2018 年	该中心总占地面积约 440 万平方米，总投资金额超 300 亿元人民币，包括 6 万平方米的五源河体育场，可同时容纳 5 万人与会，是中国最大的国际型体育场馆之一
	海南国际会展中心	海口市	2020 年	该中心建筑总面积 13.62 万平方米，由一座展览中心和一座会议中心组成。其中展览中心总面积 7.7 万平方米，拥有 6 间展览大厅和一座近 5000 平方米能够同时容纳 6000 人的室内大厅
	海花岛国际会议会展城	儋州市	2019 年	该会议中心总建筑面积约 10 万平方米，拥有 108 间多功能会议室，还有 5600 平方米的三层楼座式大会堂，及可容纳 2000 人同时用餐的无柱宴会厅

续表

所在地区	会展中心名称	所在地	建成时间	面积、功能、设施
海峡两岸地区	厦门国际会议中心	厦门市	2019 年	该中心由主场馆、国际会展酒店、国际会议中心、海峡大剧院等四大独立建筑组成，主场馆占地面积 47 万平方米，总建筑面积 14 万平方米，其中厦门海峡大剧院总建筑面积达 9.2 万平方米
	台北世界贸易中心	台北市	1985 年	该中心位于中国台湾地区台北市中心区域，为一座多功能的工商及展演服务设施，此中心整体建筑为双层式展览馆，总建筑面积约 3.6 万平方米，建筑高度 40 米，共分地上 7 层、地下 2 层，总楼地板面积约 14.4 万平方米，展览馆整体展场可同时提供 2628 个国际展位，拥有各类型会议室、贸协书廊、交易市场（展售间）等，还包括于 2003 年启用，展览厅面积为 7481 平方米的可同时提供 365 个国际标准展览摊位的展览三馆
	南岗世贸展览馆	台北市	1959 年	此馆为一幢双层建筑，建筑总面积达到 4.6 万平方米，一共分为九层，展馆内部可根据实际需要同时提供约 2628 个国际标准展位，不仅可作为各类展会的举办场地，还可举办其他一些大型活动，具有设计灵活、实用的特点，展馆还包括办公、会议、餐饮等场地
	台北国际会议中心	台北市	1990 年	该中心位于中国台湾地区台北市信义区信义路，总楼体建筑高度为 48.95 米，共分 8 层，总占地面积约 4455 平方米，是岛内举办重要商务会议活动的最佳场地，是台北世界贸易中心的重要组成部分

附录八　全球排名前五位的展览公司

公司及机构	成立年份	总部所在地	组织机构框架	主营业务
励展博览集团（Reed Exhibitions）	1968	英国伦敦	目前首席执行官为 Hugh M. Jones IV，在世界各地雇用 3900 多位不同国籍员工，并形成完善的跨国公司体系	公司主营各类型展览、会议与活动，具体包括旅游业、制造业、家居用品等多种经济业态。 在 42 个国家举办了 500 多个各门类国际展会项目
法兰克福展览集团（Messe Frankfurt ）	1907	德国法兰克福	在全球拥有 28 家子公司、5 个办事处及 52 个国际销售伙伴，业务覆盖 150 多个国家及地区，聘用超过 2500 名不同国籍员工	公司其业务包括租赁展览场地、贸易展览会建设和营销等不同层次业务。目前公司将发展重心转移至亚洲市场
亚洲博闻集团（UBM）	1982	中国香港	拥有强大的国际营销经营商业网络，子公司遍布亚洲诸多国家，并涉足美国本土，在世界 24 个主要城市设 32 个办事处，聘用 1300 名不同国籍员工	公司经营产业和范围覆盖 19 个市场领域，包括 230 个会展项目、定期编辑出版 28 本高质量专业杂志，以及 18 个全年无休在线产品的营运，为全球客户提供定制化的商业服务
智奥会展集团（GL Events）	1978	法国里昂	主营业务分支机构遍布欧洲、亚洲、美洲等地，在全球建立了 90 多个联机网络协同办公室，全球员工雇用总数近 5000 人	公司核心业务由场馆管理、展会主办、活动与体育赛事运营等三大板块构成。 2018 年起分别在深圳、成都、广州、北京等城市成立分公司，与相关部门签署战略合作协议，进一步促进中国会展经济发展
杜塞尔多夫展览集团（Messe Dusseldord GmbH）	1947	德国 斯托库姆	集团拥有 64 家国际代表处和 13 家直接参股的企业和子公司，形成了覆盖 102 个国家和地区的国际会展商务服务网络，员工总人数达到 600 人左右	公司主营新材料与技术、医药卫生、贸易服务、时尚、运动休闲等各类型的国际展览会。在中国内地的业务主要包括：主办国际性展览会、提供活动推广和展览咨询等多经济业态服务

附录九 全球排名前五位的旅游公司

公司及机构	成立年份	总部所在地	组织机构框架	主营业务
美国运通公司（American Express）	1850	美国纽约	在全球共设有1700多个旅游办事处，国际员工总数63700人，该公司致力于增进中美两国的互相了解、改善两国关系，于1979年在北京成立代表处，此后又分别在上海、广州和厦门等城市设代表处	公司主营业务是向全球个人客户提供签账卡、旅行支票及多币种信用卡等多项金融服务支持，向公司客户提供公司卡和开销管理支付工具，同时向国际客户提供旅游及相关咨询等服务工作
日本佳天美集团（JTB）	1912	日本东京	该集团雇佣员工总数达27000人，2007年成立JTB CHINA（佳天美中国企业管理有限公司），旗下拥有4家事业公司，分布于北京、上海和广州等一线城市	主营业务是为旅游及旅游相关会展事业等服务。JTB CHINA公司主要管理中国内地各分支事业机构，经营范围涉及旅游、活动及会展、咨询等多项商务经济业态
纵横美洲（Across America）（又称美国国际旅行社有限公司（U. S. International Travel Service Inc.））	2003	美国旧金山	该公司在夏威夷、旧金山、洛杉矶及纽约等四地拥有专业规划团队、巴士团队、导游团队，雇佣员工总数量达到600人左右。中国总部设在浙江省杭州市，并在上海设立分部，负责签证、销售、票务等商务服务工作，团队共计60余人	该公司与美国各州旅游局、行业协会、著名景点和知名酒店集团保持密切合作，提供全美旅游地接服务；同时为中国各大旅行社提供北美旅游服务，目前是中国最大的美国旅游线路批发商之一
美国海鸥旅游集团（C tour holiday）	2000	美国洛杉矶	该集团旗下有海鸥假期、海鸥巴士等各专业公司，雇佣员工总人数逾350人，挂牌双语资格导游100余人。在中国北京、上海、广州、深圳等一线城市设立分公司，为中国大陆出境组团社提供地接等服务项目	主营业务包括旅游产品批发、散客及团体接待、巴士租赁等，与全球2000多家旅行社对接各类型旅游产品，承接各国际旅行社在美国境内的地接业务
纳美旅游集团（Oriental Tour & Travel）	2002	美国纽约	集团先后在法拉盛、曼哈顿等城市设立分公司	核心业务主要包括国际机票代理、国内游、出境游等多种旅游咨询及为不同需求客户提供定制化服务

附录十　全球性国际会展及旅游组织机构相关信息

组织机构	成立年份	总部所在地	工作内容及规模
国际展览业协会（UFI）	1925	法国巴黎	该协会目前 UFI 共有来自全球超过 80 个国家和地区约 790 名成员
国际展览与项目协会（International Association of Exhibitions and Events，IAEE）	1928	美国达拉斯	该协会代表了展销会、博览会组织者的利益，是全球会展行业协会的旗帜。代表了来自 58 个国家的近 7000 名个人和 1400 多个组织
国际大会及会议协会（International Congress & Convention Association，ICCA）	1963	荷兰阿姆斯特丹	该协会是全球国际会议最主要的机构组织之一，是会务业最为全球化的组织，包括会议的操作执行、运输及住宿等各相关方面的会议专业组织，目前全球共计 80 家成员
国际目的地营销协会（DMAI）	1914	美国华盛顿	该协会代表了来自超过 15 个国家的 600 余目的地营销组织，以及超过 4100 名的从业人员
国际节庆协会	1955	美国博伊西	该协会致力于为会员单位提供一专多能的服务，目前已在全球各领域拥有 3000 余家专业会员单位
国际奖励旅游管理协会（International Festivals & Events Association，IFEA）	1973	美国芝加哥	该协会向会员提供奖励旅游行业的相关信息服务和举办教育性研讨会，目前拥有成员数量 2100 个
国际展览管理协会（International Association for Exhibition Management，IAEM）	1928	美国达拉斯	该协会以促进国际展览业的国际交流与全面发展为重点工作，在中国内地批准成为 IAEM 成员的专业展览公司机构接近 10 家
国际展览运输企业协会（IELA）	1985	瑞士苏黎世	该协会为展览运输业提供交流信息的论坛。最早由来自 5 个国家的 7 家专业公司共同发起成立，截至 1996 年，总成员数量增至 36 个国家和地区的 73 个
酒店销售与营销协会（Hospitality Sales & Marketing Association International，HSMAI）	1927	美国达拉斯	该协会有来自全世界 35 个国家和地区 7000 余名会员，该协会采用独立会员制组织

续表

组织机构	成立年份	总部所在地	工作内容及规模
专业会议管理协会（Professional Convention Management Association，PCMA）	1957	美国费城	该协会成立50年来，已经从过去单纯负责医疗保健专业会议发展成为提供各种服务的综合性国际组织，目前在全球已拥有会员1200多名
国际大会及会议协会（International Congress & Convention Association，ICCA）	1963	荷兰阿姆斯特丹	该协会是全球国际会议最主要的机构组织之一，是会务业最为全球化的组织。目前该协会在全球拥有80个成员国家，我国有20家单位加入，分布于北京、上海、广州、深圳、济南、杭州、扬州、郑州等会展业相对发达的城市
绿色会议产业理事会（Convention Industry Council，CIC）	1971	美国波士顿	该理事会目前在世界各国和地区拥有40个会员
国际专业会议组织者协会（The International Associationof Professional Congress Organizers，IAPCO）	1968	比利时布鲁塞尔	该协会目前在全球有100个会员组织
美国独立组展商协会（The Society of Independent Show Organizers，SISO）	1990	美国芝加哥	该协会是一个专为营利性组展机构的首席执行官和高级管理层提供服务的跨国组织，但本身又为非营利性质。在全世界举办超过3000场贸易展览会。目前拥有会员总数超过200家，在中国内地有3家专业展览公司加入其中
国际协会联盟（Unionof International Associations，UIA）	1910	比利时布鲁塞尔	该联盟的宗旨是收集、研究和传播国际组织包括政府组织和非政府组织会议信息，同时进行国际组织会议发展趋势的预测。目前拥有132个国际机构和13个政府成员
会议策划者国际联盟（Meeting Professionals Internaional，MPI）	1972	美国达拉斯	该协会是引领全球会议业发展的一个重要的组织，主要从事会议与展览业发展趋势的分析和预测。目前在全球拥有19000名会员，同时还在世界各地设有60多个分会

附录十一　国际主要会展及旅游组织机构相关内容（美洲及大洋洲）

组织机构	成立年份	总部所在地	工作内容及规模
美国旅行代理商协会（American Society of Travel Agents，AS - TA）	1931	美国华盛顿	该协会是世界最大的专业旅行社行业组织，目前其会员遍布 140 多个国家和地区
美国会议行业委员会	1942	美国拉斯维加斯	目前有 16 个行业协会加入其中
加拿大旅游委员会（Canadian Tourism Commission，CTC）	1995	加拿大渥太华	该委员会通过计划、指导等措施为整个行业及时提供准确的商业信息，同时为相关企业提供决策参考。目前共拥有会员总数 64 个，并在北京设有办事处
美国饭店与汽车旅馆协会（American Hotel and Motel Association，AHMA）	1910	美国华盛顿	该协会目前拥有 1 万家各类星级酒店和各菜系餐馆的会员
美国展览业研究中心（Center for Exhibition Industry Research，CEIR）	1947	美国得克萨斯	该中心为各类型展览和行业活动提供领先且客观的研究信息数据，总体涉及 20 多个国家和地区
美国市场营销协会（American Marketing Association，AMA）	1937	美国芝加哥	该协会目前在全球共拥有 3 万多名会员，他们在世界各地从事着市场营销以及营销领域的教学与研究方面的工作
美国展览服务和承包协会（Association of Exhibition Contractors，AEC）	1971	美国达拉斯	该协会致力于为展览、会议行业的发展作出贡献。通过与会员、不同客户之间的相互学习与信息交流，提高专业水平，促进各行业展览领域内的全方位深度合作。目前拥有包括美国、加拿大、墨西哥等国家在内的 160 多个成员
美国社团管理者协会（ASAE）	1920	美国华盛顿	该协会为各国非营利组织提升组织综合竞争力而服务。在世界范围内登记注册 2.2 万多名会员，同时拥有来自 50 多个国家的 1.1 万多个国际专业社会团体会员

续表

组织机构	成立年份	总部所在地	工作内容及规模
美国环境保护署（Environmental Protection Agency，USEPA）	1970	美国华盛顿	该机构主要负责维护自然环境和保护人类健康不受环境危害与影响
拉斯维加斯会展和旅游局（LVCVA）	1955	美国拉斯维加斯	其董事会代表旅游业中广泛的利益相关者，有包括克拉克县、县内合并城市以及旅游业、酒店业和娱乐业领袖在内的14名成员
澳大利亚会议与展览协会（EEAA）	1976	澳大利亚墨尔本	该协会是澳大利亚和新西兰两国展览和会议行业的权威组织，由不同的专门委员会共同组成

附录十二 国际主要会展及旅游组织机构相关内容（亚洲）①

组织机构	成立年份	总部所在地	工作内容及规模
亚太旅游协会（Pacific Asia Travel Assorication，PATA）	1951	泰国曼谷	此协会是一个民间性、行业性、地区性的非政府间的国际旅游组织，目前其成员既有国家旅游组织也包括各种类型旅游协会及旅游企业等
亚洲展览会议协会联盟（AFECA）	2005	新加坡	该联盟目前拥有28家协会成员，并在中国上海浦东新区设立办事处，重点负责中国区事务
新加坡国际企业发展局（International Enterprise Singapore，IE Singapore）	1983	新加坡	企发局是促进新加坡企业开展海外经济合作，协助新加坡企业国际化的主要组织。下辖企业部、创业部、国际业务部、企业能力发展部和贸易促进部等5个主要部门，并在全球设有超过35个办事处及联络点
日本观光振兴会（national must - see - japan）	2011	日本滨山	该协会由日本国家观光局发起成立的半官方机构，截至目前拥有100名成员
日本贸易振兴会（Japan External Trade Organization，JETRO）	1958	日本东京	该协会在世界各国和地区设置多个海外事务所和贸易交易会，并定期发布《市场白皮书》，同时派遣调查员进行有针对性的市场调研

① 其中不包含中国，中国单列于附录十四中。

续表

组织机构	成立年份	总部所在地	工作内容及规模
日本展示会协会（Japan Exhibition Association）	1967	日本大阪	该协会目前拥有超过300名成员，具体由组织者、展览场馆管理服务、相关赞助支持企业共同组成，目前已成为日本最大的展览行业集团之一
新加坡展览与会议署（SECB）	1974	新加坡	该机构属于新加坡贸易与工业部下设部门。在推动新加坡成为商务和会展旅游顶级目的地的过程中，发挥了至关重要的作用
新加坡国际旅游咨询理事会（International Advisory Council Singapore）	1999	新加坡	目前该理事会共拥有80名成员，为新加坡作为旅行目的地发挥智库作用

附录十三　国际主要会展及旅游组织机构相关内容（欧洲）

组织机构	成立年份	总部所在地	工作内容及规模
意大利家具展览组织委员会（COSMIT）	1960	意大利米兰	通过多年的发展，该机构逐渐拥有国际家具展、照明器材展、办公家具展、家具工业附件展、半成品及家具部件展、室内装潢展等分工明确的精细化展会
意大利展览协会（ASSOMOSTRE）	1947	意大利米兰	该协会目前由32个功能各异的展览中心和公司共同组成，据统计每年举办28场专业性展会，布展总面积超过55万平方米，各类参展商达1.2万家
意大利工业展览委员会（CFI—Comitato Fiere Insdustrie）	1943	意大利米兰	该委员会是意大利展会业的决策部门，是该国专业展览会行业中最具代表性的机构，每年组织国内及国际性展览77场，目前由32家行业协会和7个地方产业协会共同组成
意大利展览公司协会（AEFI）	1982	意大利米兰	该协会目前共由41家不同类型的展览中心和协会组成
法国海外展览委员会技术工业和经济合作署（CFMU－ACTIM）	1958	法国巴黎	该署目前有1800多家工业企业加入，即该署拥有1800多个成员

续表

组织机构	成立年份	总部所在地	工作内容及规模
巴黎工商会（CCIP）	1803	法国巴黎	该工商会是80名企业家领导成员管理下的公法团体机构，其下属展览中心的展览面积占整个巴黎大区展览面积的1/3。工作涉及经济生活和企业生命的多个领域，目前共有4000名常设工作人员
法国博览会、展览会和会议协会（FSCF）	1904	法国巴黎	该协会由不同的会展协会不断合并形成。目前共有336个会员单位，包括177家展览公司、70座展览场馆、52座会议中心以及一些展览服务公司
法国国际专业展促进会（Promosalons）	1967	法国巴黎	该促进会由巴黎工商会、法国外贸中心、法国展览协会等机构共同发起，属于非营利性的协会团体。对在法国本土以及国外举办的国际性专业展和国际博览会开展各种促进活动，以提高展览会的国际化程度。目前在63个国家和地区设有办公机构（或称为海外代表团），共包括34个分公司和21个合作伙伴机构

附录十四　国际主要会展及旅游组织机构相关内容（中国）

组织机构	成立年份	总部所在地	工作内容及规模
中国会议产业大会（China Meetings Industry Convention，CMIC）	2009	北京	该大会是当前中国会议与奖励旅游行业的年度盛会，定期于每年12月在北京举行
中国国际贸易促进委员会（China Council for the Promotion of International Trade，CCPIT）	1952	北京	截至2017年7月，中国贸促会拥有17个行业分会、48个地方分会、600多个支会和县级国际商会；拥有全国会员企业总数接近7万家

续表

组织机构	成立年份	总部所在地	工作内容及规模
中国旅游协会（China Tourism Association，CTA）	1996	北京	该协会在政府和会员之间发挥桥梁纽带作用，促进我国旅游业的持续、快速、健康发展，其会员代表大会每四年召开一次，并由理事会作为执行机构，每届任期四年，每年召开一次会议
中国展览馆协会（China Association For Exhibition Centers，CAEC）	1984	北京	该协会以会展业为服务重点，已发展成为一个为政府与业界提供信息与交流的完善平台，是我国唯一的全国性展览行业组织，为国家一级社团，也是世界展览业协会（UFI）的国家级会员。截至2020年拥有会员单位总数5000余家，分布在中国大陆各地区，其经营业务范围涵盖了会展业的各个环节
中国会展经济研究会（China Convention and Exhibition Society，CCES）	2006	北京	该研究会是由会展相关行业工作者和团体自愿组织的学术性、全国性的非营利性社团组织，它将以会展的基础理论、应用理论和政策理论为研究方向，紧密联系中国会展经济的实际，截至目前在全国33个省份都有会员单位
中国旅游研究院（China Tourism Academy，CTA）	2008	北京	该院是国家文化和旅游部直属的专业研究机构，目前共设5个研究所（中心）、1个实验室（筹）及博士后流动站
海口市会展局（Haikou convention & exhibition bureau）	2012	海口	海口市会展局与中国国际贸易促进委员会海口市支会（以下简称市贸促会）是“一个机构、两块牌子”，内设办公室、会务处、展览处、对外联络处、法规和信息处等职能机构

附录十五　国际性会展及旅游标准公约相关内容

名称	签约年份	相关内容
《国际会展管理能力标准》（EMICS）	2009	加拿大旅游人力资源委员会同意并且承诺就与活动管理知识相关及能力相关的内容与国际活动管理知识体系委员会联合制定
《会展和商务活动从业人员能力标准》（MBECS）	2012	由国际会议专家协会（MPI）在对活动能力所应具备的标准基础上研究并制定

续表

名称	签约年份	相关内容
《国际博览会联盟章程》(CMP-IS)	1994	由国际展览联盟根据国际博览会发展现状研究出台的相关规定
《国际展览公约》(ICE)	1928	这是由法国政府召集并在巴黎会议上正式签订的人类历史上第一个关于协调和管理世界博览会的建设性公约。中华人民共和国于1993年加入此公约，成为国际展览局的第46个成员国
《保护世界文化和自然遗产公约》(*Convention Concerning the Protection of the World Cultural and Natural Heritage*)	1972	按照《联合国宪章》第102条的相关规定：须应联合国教育、科学及文化组织总干事的要求在联合国秘书处登记，本公约共8部分38条

附录十六　中国各地各级相关部门针对国际会展及旅游产业发展制定的相关政策

制定政策部门	相关政策、规定	颁布年份	相关内容
中华人民共和国原对外贸易经济合作部	《关于出国（境）举办招商和办展等经贸活动加强管理的通知》	1995	包括加强对出国（境）招商活动的集中管理和归口审批；各地区在组织招商活动之前，要认真做好准备工作等相关内容
中华人民共和国海关总署	《中华人民共和国海关对进出口展览品监管办法》	1997	包括接待来华举办展览会的单位，应当将有关的批准文件，事先抄送展出地海关，并向展出地海关办理备案手续等25条规定
国务院	《关于对在我国境内举办对外经济技术展览会加强管理的通知》	1997	包括对展览面积在1000平方米以上的对外经济技术展览会，实行分级审批管理等7条规定
中华人民共和国原对外经济贸易合作部、国家工商行政管理总局	《商品展销会管理办法》	1997	包括未经国务院有关行政主管部门批准，商品展销会名称不得使用“中国”“全国”等在内的25条规定

续表

制定政策部门	相关政策、规定	颁布年份	相关内容
中华人民共和国原对外经济贸易合作部、国家工商行政总局	《关于在境内举办对外经济技术展览会管理暂行办法》	1998	分为总则、举办单位、审批、协调管理、境外展览品监管、法律责任、附则等7章24条内容
中华人民共和国商务部、国家工商行政总局、国家知识产权局	《会展知识产权保护办法》	2006	分为总则、投诉处理、展会期间专利保护、展会期间商标保护、展会期间著作权保护、法律责任、附则等七部分35条内容
国务院	《关于加快发展旅游业的意见》	2009	分为总体要求、主要任务、保障措施等三部分共20条规定
商务部	《关于“十二五”期间促进会展业发展的指导意见》	2011	包括重要意义、基本状况、指导思想、总体目标、基本原则、主要任务、保障措施等七部分内容
中华人民共和国商务部、国家发展改革委等10部门	《关于促进新兴产业发展的指导意见》	2011	分为突出产业特点，明确发展方向；利用全球创新资源，提升产业创新能力；开拓和利用国际市场，转变贸易发展方式等七部分36条内容
中华人民共和国商务部	《商务部“十二五”会展产业发展指导意见》	2011	分为重要意义、基本状况、指导思想、总体目标、基本原则、主要任务、保障措施七部分内容
国务院	《国务院关于推进文化创新和设计服务与相关产业融合发展的若干意见》	2014	分为总体要求、重点任务、政策措施、组织实施等四部分内容
中华人民共和国商务部	《关于建立促进展览业改革发展部际联席会议制度的请示》	2015	分为主要职责、成员单位、工作规则、工作要求等四部分内容
国务院	《关于进一步促进展览业改革发展的若干意见》	2015	分为总体要求、改革管理体制、推动创新发展、优化市场环境、强化政策引导等五部分22条规定
国务院	《“十三五”旅游业发展规划》	2016	提出要牢固树立和贯彻落实创新、协调、绿色、开放、共享的新发展理念，以转型升级、提质增效为主题，以推动全域旅游发展为主线等核心内容

续表

制定政策部门	相关政策、规定	颁布年份	相关内容
中华人民共和国海关总署	《海关总署关于“十三五”期间中西部地区国际性展会相关留购展品免征进口关税的通知》	2016	提出免征进口关税的展览品清单及免税销售限额等各项规定
中华人民共和国国家标准化委员会、商务部	《关于加强展览业标准化工作的指导意见》	2016	聚焦展览业现实需求，明确了未来展览业标准化工作的总体要求、主要任务和保障措施，提出了五大重点领域标准化工作等规定
中华人民共和国商务部、公安部、国家卫健委	《关于展览活动新冠肺炎疫情常态化防控工作的指导意见》	2020	分为指导思想、基本原则、严格落实展览活动举办地防控责任和压实压紧展览活动举办单位、场所单位等疫情防控责任等四部分 17 条内容
海南省人民政府	《海南省旅行社管理暂行办法》	2000	包括旅行社按照核定的经营范围开展经营活动，国内旅行社不得经营国际旅行社业务；国际旅行社未经批准不得经营出境旅游业务和边境旅游业务等 13 条规定
海南省人民政府	《海南省导游人员劳动报酬、福利保障及服务中介费分配暂行办法》	2000	包括合理解决导游人员劳动报酬和福利保障问题，规范旅游购物定点商店和有关旅游活动项目单位的收入二次分配的管理等 4 条规定
国务院	《国务院关于推进海南国际旅游岛建设发展的若干意见》	2009	包括海南国际旅游岛建设发展的总体要求、加强生态文明建设、增强可持续发展能力、发挥海南特色优势等九部分 28 条内容
中华人民共和国财政部	《关于开展海南离岛旅客免税购物政策试点的公告》	2011	包括离岛免税政策的适用对象及条件，离岛免税店及免税商品品种，免税购物离岛次数、金额、数量，离岛免税政策实施流程等四部分内容
海南省人民政府	《海南国际旅游岛建设发展规划纲要（2010—2020）》	2011	分总体思路、空间布局、基础建设、产业发展、保障措施、近期行动计划等六篇共计 17 章内容
海南省人民政府办公厅	《海南省旅游业发展“十二五”规划》	2012	包括发展回顾与问题分析、“十二五”规划的主要内容、保证措施等三部分 13 章相关内容

续表

制定政策部门	相关政策、规定	颁布年份	相关内容
海南省人民政府办公厅	《海南省会展业发展规划(2015—2020年)》	2015	分发展现状、发展目标、发展重点、保障措施等四部分内容
海南省人民政府办公厅	《海南省旅游业发展“十三五”规划》	2016	分发展基础、“十三五”的主要任务、规划实施保障等三大板块，总计十章内容
海南省人民政府办公厅	《海南省人民政府加快发展自驾车旅居车旅游发展的实施意见》	2017	分指导思想、发展目标、主要任务、保障措施等四部分14条内容
海南省人民政府办公厅	《海南省旅游发展总体规划（2017—2030)》	2017	包括总则、综合分析、发展定位、国际化旅游产品规划、旅游产业融合规划、国际化旅游公共服务体系规划、旅游品牌营销规划等九章56条内容
国务院	《中共中央　国务院关于支持海南全面深化改革开放的指导意见》	2018	包括重大意义、总体要求、建设现代化经济体系、推动形成全面开放新格局等十部分共56条内容
河北省人民政府办公厅	《河北省会展发展三年行动计划实施方案》	2017	包括量化和分解目标任务、主要工作措施、保障措施等三部分内容
河南省人民政府办公厅	《河南省人民政府办公厅关于进一步促进展览业改革发展的实施意见》	2017	分总体目标、加强顶层设计与健全组织机构、加大支持力度及科学发展会展经济等三部分内容
福建省人民政府办公厅	《促进展览业改革发展实施方案的通知》	2015	共分市场运营主体的发展目标、四个方面工作举措、六个方面工作任务、六类政策内容等四个大方面
吉林省人民政府办公厅	《关于应对疫情影响支持服务业健康发展的若干政策举措》	2020	提出积极帮助企业做好疫情防控、有序推动企业复工、加大税收减免力度、适度减免租金、强化信贷供给等30项政策举措
内蒙古自治区人民政府办公厅	《内蒙古自治区人民政府关于促进展览业改革发展的实施意见》	2016	分总体任务、主要任务、政策措施三部分19条内容

续表

制定政策部门	相关政策、规定	颁布年份	相关内容
哈尔滨市人民政府办公厅	《哈尔滨市支持第三产业（会展业）发展补贴等三项资金管理暂行办法》	2019	分为总则、补贴范围和补贴标准、承办单位的义务、资金拨付程序、管理和监督、附则等六章27条
北京市公安局	《北京市展览、展销活动消防安全管理暂行规定》	1986	提出凡在本市行政区域内举办和参加展览、展销活动的各级单位，均须遵守本规定
北京市发展和改革委员会	《北京市“十一五”时期旅游业及会展业发展规划》	2006	分为规划背景、“十一五”旅游发展总体思路与目标、发展任务、空间布局、实施规划的保障措施等5部分具体内容
北京市商务委、市发展改革委、市公安局等10部门	《关于进一步促进展览业创新发展的实施意见》	2018	结合北京市展览业发展的现状和趋势，突出展览业创新发展和转型升级，明确了北京展览业发展的总体思路、基本原则、发展目标、重点任务和保障措施等
天津市人民政府办公厅	《天津市人民政府大型活动工作规范》	2015	分为总则、项目确定、组织机构与工作机制、宣传报道、贵宾接待、交通口岸服务、车辆保障、安全保卫、保密工作、知识产权保护、消防安全、安全生产等27章100条相关内容
天津市人民政府办公厅	《关于促进我市旅游业改革发展的实施意见》	2015	提出树立科学旅游观、创新旅游管理体制机制、促进旅游产业融合发展、优化旅游公共服务四部分16条内容
天津市人民政府办公厅	《2016年天津市大型会展论坛活动计划》	2016	提出要按照“三办”（办少、办精和办好）、“三减”（减少经费、批次和领导邀请）和“两提升”（提升实际效果和市场运作水平）的原则，实现节俭办会的总目标
天津市人民政府	《天津市促进外贸回稳向好和转型升级的工作措施》	2016	提出千方百计扩大出口、积极扩大进口、大力发展新兴贸易业态、努力提升便利化水平、加大财税金融支持力度、营造国际化营商环境六部分25条措施

续表

制定政策部门	相关政策、规定	颁布年份	相关内容
天津市人民政府办公厅	《天津市服务贸易创新发展实施方案》	2020	根据国家《全面深化服务贸易创新发展试点总体方案》相关要求，结合天津市实际，试点期间将突出“八项重点任务”，推进“五个重点项目”
上海市商务委员会	《上海会展业“十二五”规划》	2011	包括发展回顾、环境分析、指导思想和发展目标、主要任务和措施、重大会展项目安排等五部分具体内容
上海市人民政府	《上海市展览业管理办法》	2016	分为总则、招展与办展、监管与协调、法律责任、附则等五章30条内容
上海市人民代表大会常务委员会	《上海市会展业条例》	2020	分为总则、促进与发展、服务与保障、规范与管理、进博会服务保障、法律责任、附则七章55条具体内容
上海市商务委员会	《上海市会展行业新冠肺炎防控指南》	2020	提出严格落实疫情防控主体责任、充分做好展前准备、坚持合理控制人流、坚决确保场馆卫生和严密防范各类风险等五项要求
上海市商务委员会	《上海市商务委员会关于统筹做好举办会展活动和疫情防控工作的通知》	2020	提出严格落实疫情防控主体责任、充分做好展前工作、坚持合理控制人流以及坚决确保场馆卫生等要求
上海市商务委员会	《上海市会展活动备案暂行管理办法》	2021	包括目的和依据、适用范围和机构职责、备案的申报、备案确认和结果查询、备案信息变更、展会报告报送、场馆举办情况报送、备案后政务服务、公众查询等16条具体规定
重庆市人民政府	《重庆市人民政府关于进一步促进会展业改革发展的实施意见》	2015	分总体要求、改革管理体制、推动创新发展、优化市场环境、强化政策引导等五部分27条意见
南京市人民政府办公厅	《南京会展行业国际化建设行动计划（2013—2015）》	2012	提出禄口机场周边将预留50万平方米展馆用地、“借船出海”模式将成为会展企业国际化发展的捷径以及加快会展国际人才培养的具体方法之一

续表

制定政策部门	相关政策、规定	颁布年份	相关内容
厦门市人民政府	《厦门市会展产业集群2009—2015年发展规划》	2009	包括会展产业集群界定范围、厦门市会展业发展现状、厦门市会展业发展分析、厦门市会展业发展目标和发展重点、厦门市会展业发展举措等五部分具体内容
厦门市人民政府办公厅	《厦门市大力推动会展业改革创新发展的实施意见》	2016	分为总体要求、发展目标、发展路径、发展重点等四部分12条具体意见
厦门市会展局、财政局	《关于进一步促进会议展览业生计发展的扶持意见》	2017	包括对在厦门市举办、符合条件的经贸类专业展览会进行展位奖补、规模补助和场租补助等9条具体内容
武汉市人民政府	《武汉市人民政府关于加快武汉会展业发展的若干意见》	2004	分为指导思想、总体目标和发展思路，建立健全会展业管理和促进体系等两大部分具体7条意见
武汉市人民政府	《武汉市会展业发展专项资金管理办法》	2018	分为总则，管理部门和职责分工，支持范围，奖励类别和标准，申报、审批和拨付，监督管理及绩效评价和附则等七部分23条内容
武汉市人民政府	《市人民政府关于推动服务业高质量发展打造服务名城的若干意见》	2019	分为总体要求、实施服务业高质量发展八大行动、推动服务业实现差异化发展、培育服务业发展新动能、完善工作推进机制等五部分22条具体意见
杭州市人民政府	《杭州市会展发展“十三五”规划》	2017	分为发展基础、指导思想与发展目标、主要任务、保障措施等四部分共18条具体内容
长沙市人民政府办公厅	《长沙市会展业促进办法》	2015	分为总则、会展培育、优化环境、规范管理、完善保障、附则等六部分32条具体办法
佛山市人民政府	《佛山市关于大力推动会展业创新发展的实施意见》	2017	分为总体要求、发展目标、发展原则、重点工作及分工、工作要求等五部分15条实施意见

续表

制定政策部门	相关政策、规定	颁布年份	相关内容
成都市人民政府办公厅	《成都市人民政府关于加快会展产业发展的意见》	2011	分为指导思想、总体原则、发展目标、主要任务、保障措施等五部分
成都市人民政府	《成都市会展博览业布局规划》	2012	提出形成“一主两副三点”场馆布局以及成都发展会展应具备的四个必要条件
成都市人民政府	《成都市会展产业发展“十二五”规划》	2012	提出了成都市会展产业的发展规模、发展目标和发展重点等具体内容
成都市人民政府办公厅	《成都市加强展会管理服务 促进会展产业发展的暂行规定》	2013	包括将市商务局负责的成都市行政区域内会展业发展的指导监督和管理服务职责划转由市贸促会（市博览局）承担等29条具体规定
四川省质量技术监督局	《成都市展览展示工程企业资质等级划分与评分标准》	2014	分为前言、指导思想、基本原则、使用范围、评定办法、评定内容、申报说明等七部分具体要求
成都市人民政府	《成都市建设国际会展之都三年行动计划（2018—2020年）》	2019	分为国际会展之都建设目标、加速推进成都会展国际化进程、提升发展能级及构筑会展产业新生态等三部分8条具体实施计划
青岛市人民政府	《关于进一步促进会展业发展的实施意见》	2016	分为总体要求、重点任务、保障措施等三部分10条内容
合肥市人民政府办公厅	《合肥市促进会展业规范发展办法》	2018	分为总则、会展管理、会展相关方职责、服务促进、附则等五章28条办法
太原市人民政府办公厅	《太原市会展活动管理暂行办法》	2016	提出鼓励具有合法经营资格的企业在太原市举办会展活动。对依法办结审批手续的会展活动，任何单位和部门不得再对会展活动进行任何形式的其他审批等内容的规定
洛阳市人民政府	《洛阳市人民政府关于促进会展业转型发展的实施意见》	2018	分为总体要求、工作任务、保障措施三部分15条具体意见
银川市人民政府	《银川市旅游业发展条例》	2006	分为总则、旅游资源保护与开发、促进与发展、法律责任、附则等五章37条具体内容

附录十七　中国会展及旅游专业化公司

公司及机构名称	成立年份	注册资本（人民币）	总部所在地	组织机构框架	主营业务
中国国际展览中心集团公司	1988	10090 万元	北京市	分为财务部、信息部、保卫部、项目合作部等 8 个子部门	国内组展、海外出展、国外展览工程、国际贸易、餐饮服务等
智海王潮传播集团有限公司	2017	6000 万元	海口市	分为财务部、市场推广部、人力资源部等 8 个子部门	商务信息咨询；国内外会议及展览策划、组织、接待、会展服务等
中国国际旅行社总社有限公司	1954	87271 万元	北京市	分为战略发展部、财务部、审计部、电子商务部等 18 个子部门	出境旅游业务；承办国际、国内会议和展览；国际及国内车、船、航空客运代理；货物进出口等
中国青年旅行社总社	1980	72384 万元	北京市	分为办公室、人力资源部、业主部、财务部、文旅事业部等 14 个子部门	旅游咨询、境内旅游、入境旅游、出境旅游、国际航线定制服务等
中国康辉旅游集团有限公司	1984	10000 万元	北京市	分为财务部、审计部、人力资源部等 12 个子部门	境内及境外旅游、国际航线定制规划、货物进出口、旅游咨询、签证办理等
上海东浩兰生国际服务贸易（集团）有限公司	2004	220000 万元	上海市	分为办公室、人力资源部、计划财务部、投资发展部、风险管理部等多个核心管理部门	国内外活动策划、承办国内外会展、国际贸易服务业务等
中国对外贸易广州展览有限公司	1985	57000 万元	广州市	分为办公室、人力资源部、财务部、规划法务部、展务部、招标采购部等多个部门	主办、承办、合作举办各类大型国际博览会；组织出国展览；策划组织大型商业活动等

续表

公司及机构名称	成立年份	注册资本（人民币）	总部所在地	组织机构框架	主营业务
上海市国际展览有限公司	1984	6200 万元	上海市	分为办公室、人力资源部、财务部等 6 个子部门	举办和承接海内外经济、贸易、文化展览，安排和组织与展览相关的商务会议等
上海环球展览有限公司	1994	1000 万元	上海市	分为办公室、人力资源部、财务部、策划部等 6 个子部门	举办和承揽各类国际经济贸易展览及会议活动，展览影视、展览广告和展览设计制作发布等
上海雅辉展览服务有限公司	2003	1000 万元	上海市	分为展览部、策划部、国际部、市场部、设计部、搭建部等多个职能部门	在中国境内主办、承办各类经济技术展览会和会议及提供展示、会务、展览策划、企业形象服务等
欧马腾会展科技（上海）有限公司	2014	5000 万元	上海市	分为办公室、人力资源部、策划部、财务部等 8 个子部门	国内外会展服务、展览展示服务、文化创意服务、礼仪服务等
北京京正国际展览有限公司	2001	100 万元	北京市	分为市场部、财务部、国际部、设计部等多个核心部门	承办国内外展览展示活动；会议服务；货物进出口、技术进出口、代理进出口等
宁波江东前程展览有限公司	2005	20 万元	宁波市	设置市场部、财务部、国际部、设计部等部门	国内外会议及展览服务；企业策划、设计；广告服务等
北京京港环球国际展览有限公司	2010	300 万元	北京市	由会展部、对外联络部、综合部、国际部、秘书处等多部门共同组成	承办国内外展览展示；组织文化艺术交流活动；会议服务；经济信息咨询等
南宁展越会展服务有限公司	2005	10 万元	南宁市	设有设计部、会展部等部门	在中国、东南亚、中东以及欧洲地区组织各类型专业展览和会议，提供展位设计、搭建布展服务等

续表

公司及机构名称	成立年份	注册资本（人民币）	总部所在地	组织机构框架	主营业务
广州立升展览服务有限公司	2003	500 万元	广州市	分为财务部、人力资源部、策划部等多个核心部门	主办、承办、合作举办各类大型国际博览会，提供市场调研、大型活动组织策划等多种服务
重庆优创会展有限公司	2018	300 万元	重庆市	由行政办公室、财务部、策划部展览工程部、展览一部、展览二部等部门共同组成	国内外会议及展览展示服务、承办各类型商务文化艺术交流活动等
无锡正邦国际会展有限责任公司	2003	1000 万元	无锡市	分为国际部、财务部、人力资源部、策划部等多部门	承办国内外各类专业展览会、展销会及大型博览会；主办、承办各行业研讨会及行业高端论坛等多项服务
北京东方艾狄尔会展有限公司	2004	2520 万元	北京市	分为招商部、策划部、商务部、技术研发部、法务部等 16 个子部门	提供国内外会议服务；承办各产业门类展览展示活动等
北京辉煌魅力国际商务会展有限公司	2000	100 万元	北京市	由财务部、市场部等子部门组成	承接国内外会议；承办展览展示；提供进出口贸易等服务
广东智展展览有限公司	2000	1001 万元	广州市	分为设计部、财务部等子部门	国内外会议及展览服务；大型活动组织策划等
四川普乐经典商务会展有限公司	2006	350 万元	成都市	分为设计部、策划部、执行部等部门	国内外会议及展览服务；商务信息咨询；大型活动组织；广告策划等
杭州泓翰文化创意有限公司	2011	1000 万元	杭州市	分为设计部、市场部等部门	组织国内外文化艺术交流活动；会议及展览服务；企业形象策划等

续表

公司及机构名称	成立年份	注册资本（人民币）	总部所在地	组织机构框架	主营业务
杭州西博文化传播有限公司	2009	2000 万元	杭州市	分为行政综合部、品牌营销部、商务运营部、场景运营部、创新事业部等部门	会议及展览服务；技术服务、技术开发、技术咨询、技术交流、技术转让、技术推广等
西麦克国际展览有限责任公司	1995	1100 万元	北京市	分为策划部、会展部、设计部、财务部等部门	承办博览会、展览会及展销会；展具租赁和销售；展品购销；经营美工用品、旅游纪念品的设计制作和销售等服务项目
成都市天一展览服务有限公司	1999	100 万元	成都市	分为市场部、财务部、人力资源部等部门	承办商品展览、展销；会议及展览展示服务；市场营销策划等
灵通展览系统股份有限公司	1994	6310 万元	常州市	分设市场部、会展部、工程部等部门	展览设备及其附件、办公家具及隔板、博物馆、商场橱窗设备及有关装饰材料的制造与出口；会展策划、设计、施工等各类型服务项目
德玛吉国际展览有限公司	2012	5000 万元	上海市	由财务部、人力资源部、策划部等部门组成	展览展示设计、会务及礼仪服务、企业形象策划、文化艺术活动交流策划等多项业务
上海现代展览国际展览有限公司	1993	1600 万元	上海市	设经理办公室、市场部、国展一部、国展二部、人力资源部、财务部、展示策划部等部门	国际会务服务；定制化的展览展示；货物运输代理；广告设计、制作、代理、发布；美术设计等
上海贸促展览展示有限公司	2011	1500 万元	上海市	分为设计部、财务部、市场部等部门	承接国际展览、会务服务、物业管理、房地产经纪、商务咨询、建筑装饰装修工程设计及施工等多项业务

续表

公司及机构名称	成立年份	注册资本（人民币）	总部所在地	组织机构框架	主营业务
安宝示展览展示工程（上海）有限公司	2004	1023.955 万元	上海市	由技术部、财务部、市场部等部门组成	开展设计、销售、租赁、安装展台、展架及会展相关工程配件，国际展览展示及会务服务等
上海飞来飞去新媒体展示设计有限公司	2005	1000 万元	上海市	设有设计部、策划部、展览部等部门	开展国内外展览展示服务、各类文体活动策划咨询、承接各种会议等
北京华毅东方展览有限公司	1997	2018 万元	北京市	设有管理部、设计部、营销部、项目部、工程部等子部门	承办各类型展览会及展示活动、会议服务、设备租赁、信息咨询、各类货物进出口业务等
南京新康佳展览用品有限公司	1996	150 万元	南京市	分为销售部、业务部、财务部等部门	开展展览用品销售、展览展示服务、自营和代理各类商品及技术的进出口业务等
广州西码盛视股份有限公司	2005	5059 万元	广州市	设有策划部、设计部、人力资源部等部门	主办国内外展会，广告公关及策划、数字科技、大数据营销等多项业务
深圳澳腾益展览展示策划有限公司	2004	8000 万元	深圳市	分为工程部、技术部、财务部等部门	承办各种展览会，室内外美术设计及工程施工搭建，装饰装潢工程、建筑装饰工程等多项业务
广州振威国际展览有限公司	2012	1000 万元	广州市	分为策划部、市场部、技术部等部门	开展会议及展览、商品信息咨询、企业管理咨询、文化艺术咨询、节能技术开发等多项服务业务
广东佛兴展览服务有限公司	1999	50 万元	广州市	设有财务部、人力资源部、市场部等部门	承办各类商品展览及展销、商业信息咨询等服务项目

续表

公司及机构名称	成立年份	注册资本（人民币）	总部所在地	组织机构框架	主营业务
陕西华商国际会展有限公司	2007	1000 万元	西安市	设置有设计部、策划部、市场部等子部门	提供国内外会议及展览服务；组织多种文化艺术交流活动；开展广告策划、制作及发布等多项业务
河南励展宏达展览有限公司	2012	100 万元	郑州市	由设计部、国际部、市场部、财务部等子部门组成	在境内外举办会议；各类会展设计、制作及发布；代理国内外各类广告等业务
广州市保利锦汉展览有限公司	2002	320 万元	广州市	设有财务部、策划部、人力资源部、业务部等子部门	提供国内外会议及展览服务，室内装饰工程等服务项目
厦门会展金泓信展览有限公司	2004	100 万元	厦门市	拥有业务部、后勤部、技术部等多个部门	提供国内外会议及展览服务；技术进出口；货物进出口；各类广告设计及代理；定制化专业设计服务等多项业务
北京博万国际会展有限责任公司	2010	200 万元	北京市	分为策划部、市场部、财务部、人力资源部等多个子部门	承办国内外展览展示活动，组织各类文化艺术交流活动，提供多种行业会议服务等
环球融创会展文旅集团有限公司	2003	60403 万元	成都市	设置有会展部、旅游部、市场部、财务部、营销部等多个子部门	提供国内外展览展示服务；提供入境旅游招徕、组织、接待业务等重点专项业务
中粮会展（北京）有限公司	2011	1000 万元	北京市	分为财务部、市场部、人力资源部等部门	提供各类会议服务；承办展览展示活动；设计、制作、代理及发布广告；开展不同产业门类企业定制化市场调研等业务
广东九州国际会展传媒科技有限公司	2017	1000 万元	广州市	设有工程部、策划部、技术部、市场部等子部门	开展国内外会议及展览服务、展台设计服务、策划创意服务等业务

续表

公司及机构名称	成立年份	注册资本（人民币）	总部所在地	组织机构框架	主营业务
北京雅森国际展览有限公司	2002	2000 万元	北京市	由市场部、业务部、技术部、人力资源部等子部门组成	承办展览展示活动；各类型货物及技术的相关进出口等业务
北京天施华工国际会展有限公司	2010	200 万元	北京市	设置有设计部、市场部、财务部等子部门	承办国内外展览展示活动；提供各级会议服务、商业经济信息咨询；组织、筹备和策划各类型文化艺术节等
中电会展与信息传播有限公司	2000	200 万元	北京市	分为技术部、策划部、市场部等子部门	组织策划各门类商品展览展示活动；定制化展场搭建；主办境内经济技术会展活动等
北京中印协华港国际展览有限公司	2007	600 万元	北京市	拥有国际部、市场部、财务部等子部门	承接及主办国内外各类型展览及会议服务等业务
宁波华博会议展览有限公司	2002	300 万元	宁波市	设有综合部、财务部、招商部、国际部、市场合作部、团购部等 21 个子部门	承接全球展览服务、各类会务；提供企业形象策划与咨询服务；提供会展相关设备租赁与会场布展等多项服务
广东国际科技贸易展览公司	1993	3000 万元	广州市	分为国际部、策划部、财务部等子部门	承办各类型展览、展销、陈列及技术贸易咨询；提供科技、经贸、展览商务信息咨询服务等多项服务
易通全联（北京）国际展览有限公司	2008	300 万元	北京市	设置有国际部、设计部、财务部等子部门	承办展览展示活动；组织文化艺术交流活动；提供会议服务、经济贸易咨询服务等
广州闻信展览服务有限公司	2009	500 万元	广州市	设置有策划部、业务部、财务部等子部门	承接国内外会议及展览；提供各类商品信息咨询等服务

续表

公司及机构名称	成立年份	注册资本（人民币）	总部所在地	组织机构框架	主营业务
上海百文会展有限公司	2001	200 万元	上海市	由国际部、市场部、财务部、策划部等子部门组成	在中国境内主办及承办国内外各类经济技术展览会和会议，并在境外举办各行业会议等
上海协升展览有限公司	2002	300 万元	上海市	拥有市场部、财务部、人力资源部等子部门	组织与策划各类型展览，展览会务及礼仪，从事货物及技术进出口等服务业务
深圳讯通展览有限公司	2019	200 万元	深圳市	由财务部、策划部等子部门组成	提供国内外经济技术展览展示策划及会务服务、各门类会展信息咨询服务等
华汉国际会议展览（上海）有限公司	2003	166 万元	上海市	设置有营销部、业务部、策划部等部门	在中国境内主办及承办国内外各类经济技术展览会；在境外举办会议；提供商务及市场营销咨询等服务
昆明国际会展中心有限公司	1992	138879 万元	昆明市	拥有财务部、市场部、策划部、人力资源部等部门	主办国内外展览会、博览会及各型会议；物业管理及场馆租赁；提供餐饮、仓储、停车场及体育健身等服务
北京伟士佳合展览策划有限公司	1998	200 万元	北京市	设置有策划部、设计部、市场部、财务部等部门	组织展览展示活动；各门类公司市场调研；企业形象策划；商业经济信息咨询等业务项目
深圳贺戎博闻展览有限公司	2007	500 万元	深圳市	拥有策划部、市场部、财务部、人力资源部等子部门	在中国境内主办与承办国际各类经济技术类展览会和会议；在境外举办各类相关会议；礼仪及会务策划服务等项目
深圳市安博会展有限公司	2005	1000 万元	深圳市	设置有设计部、财务部、人力资源部等子部门	承揽国内外各类型会议及展览、会场装饰工程设计、信息咨询等服务

续表

公司及机构名称	成立年份	注册资本（人民币）	总部所在地	组织机构框架	主营业务
深圳市东博展览有限公司	2013	100 万元	深圳市	分为策划部、市场部、财务部等子部门	进行国际展览展示策划；企业形象策划；展览展示器材的销售；提供文化活动策划等服务
长城国际展览有限责任公司	1995	2000 万元	北京市	拥有经理部、财务部、客服部、自办展一部、自办展二部等 9 个子部门	主办或承办境内对外经济技术展览会；出国（境）举办经济贸易展览会；组织国内企业的出国（境）参、办展览会；主办境内国际科学技术展览会等各类型会展业务

索　引

H

I

J

K

后　记

星夜兼程，通过一年多艰苦的田野调查，相关资料的收集、整理及写作，本专著现已接近尾声。在本书的写作过程中，全球政治经济形势正在悄然发生着深刻的变化，特别是突发的新冠肺炎疫情，给国际会展业及旅游产业造成了巨大的冲击和影响，但事物的发展过程总是同时带来正反两方面的结果。从目前的实际营运情况来看，已经出现新的行业发展机遇，特别是互联网线上深入参与、线下实体展示、新兴媒体与受众的交互式将成为两大行业发展的主流。

在“中国—中亚—西亚”经济走廊框架下，中国与沿线各国的互通互联将会进一步深入，国际会展业与旅游产业的互嵌融合发展也一定能够充分发挥两大产业的优势，将成为国民经济发展的新亮点和新的增长级，并丰富“中国—中亚—西亚”经济走廊沿线各国产业供给，提高经济综合竞争力，共同促进本区域的和平与繁荣！

在本书的写作过程中，我要感谢家人，特别是我的妻子，是她一直默默地支持我、关心我、鼓励我，让我在前行的道路上不再孤单，砥砺前行。同时，在这里也要感谢中国经济出版社贺静编辑的大力支持和帮助，以及感谢给予我帮助的所有人。谢谢大家！

在学术的道路上唯有努力与坚持，才能最终实现梦想。正如习近平总书记2018年3月20日在十三届全国人大一次会议上的讲话中所说的那样：“山再高，往上攀，总能登顶；路再长，走下去，定能到达！”

钟鸣

2022年1月